어른의 인성 공부

수신修身
올바른 사고 능력과 윤리를 갖춘
이성적 존재가 되기 위해 힘써야

제가齊家
행복하고 건강한
가정을 이루어야

한 사람의 제대로 된 성인이 되기 위한
동서양 3천 년의 '이성' 여행

어른의
인성공부

신동기 지음

치국治國
'깨어 있는
민주시민'이 되어야

평천하平天下
인류 보편적 가치를
추구하는 지구인이 되어야

생각
여행

●

머리말 *

율곡 이이,
성균관 학생들의 '인성'을 염려하다

율곡 이이가 대화 형식을 빌려 왕도정치를 설파한 《동호문답》〈논교
인지술〉 편에 나오는 내용입니다.

"'성균관은 선善을 으뜸으로 하는 곳인데, 선비들의 행동이 날로 교활
해지고 공부는 뒷전인 채 오로지 영예와 이익만을 탐합니다. 어떻게 하
면 그것을 개선할 수 있겠습니까?'라고 손님이 묻자, 주인이 '이것은 유

---

* 독자 참고 사항: '머리말' 중 앞부분(p4~p11)은 '인성('본성'과 '이성')' 전체에 대한 안내입니다. 따라서
앞부분은 〈신동기의 인성 공부 시리즈〉 공통으로, '본성'을 다룬 1권《부모의 인성 공부》'머리말' 앞부분
과 내용이 같습니다.

생들의 잘못이 아닙니다. 나라가 그들을 이끄는 방법이 잘못되었습니다. 인재들을 모으면서 오로지 글재주만 높이 사고 도덕과 의로움을 중히 여기지 않기 때문입니다'라고 답한다."

客曰 今之泮宮 首善之地 而士習日偸 不知學問 徒慕榮利 亦何術而可救耶 主人曰 此非儒生之過也 朝廷之導率 未得其道也 今之取人 只以文藝爲重 不以德義爲貴
객왈 금지반궁 수선지지 이사습일투 부지학문 도모영리 역하술이가
구야 주인왈 차비유생지과야 조정지도솔 미득기도야 금지취인 지이
문예위중 불이덕의위귀[1]

　당시 국가 최고 교육기관인 성균관에서 공부하는 학생들의 '인성'에 문제가 많다는 지적입니다. 지금으로부터 450여 년 전인 1569년에 쓰여진 내용입니다. 그때도 '인성'이 문제였던 모양입니다.

'인성'은 내 아이,
그리고 나 본인의 문제

　'인성'이 문제입니다. 초·중·고등학생의 친구 따돌리기나 학교 폭력, 일부 학부모의 살인적인 교사 괴롭힘부터 시작해 하루가 멀다 하고 수시로 발생하는 엽기적인 사건들, 일부 재벌가의 상상을 초월하는 안하무인적 행동, 그리고 일부 위정자들의 뻔뻔하기 이를 데 없는 습관적 거

짓말과 부끄러움을 상실한 저열한 행동들, 사회 전반적으로 '인성'이 위기입니다.

'인성' 문제는 학교 그리고 사회 일각의 문제만이 아닙니다. 내 아이 그리고 나 본인의 문제이기도 합니다. 아니, 바로 정확히 내 아이 그리고 나 자신의 문제입니다.

상식적인 사회에서는 '능력'은 '천재'지만 '인성'은 '천치'인 이들의 치명적 결함이 선명히 드러납니다. '능력 만점' '인성 빵점'의 괴물이 사회에 얼마나 큰 해악을 끼치고 또 어떻게 자신의 삶을 스스로 망가트려 가는지를 우리는 심심치 않게 봅니다. 내 아이가, 그리고 스스로가 불행한 삶을 살기를 원하는 이는 세상 어디에도 없습니다. 누구나 자신이 추구하는 가치 실현을 통해 사회에 기여하면서 주변 사람들로부터 존중받는, 그런 의미 있는 행복한 삶을 살기를 원합니다. '인성'이 중요시될 수밖에 없는 이유입니다.

인간의 정신활동은
'본성'과 '이성'으로 이루어진다

아리스토텔레스는 《정치학》에서 말합니다.

**"인간을 선량하고 도덕적이게 하는 것과 관련된 요소 세 가지가 있다.
바로 '본성'과 '습관' 그리고 '이성'이 그것들이다. '본성'에 있어 인간은**

다른 동물이 아닌 인간으로서 육체, 그리고 인간으로서 일정한 특성을 갖춘 정신을 지니고 태어난다. 그런데 태어날 때부터 지닌 이런 속성 중 어떤 것들은 현실에서 별 의미를 갖지 못한다. 바로 '습관'에 의해 바뀌기 때문이다. '본성' 중 어떤 것들은 두 가지 가능성을 지니는데 이것들은 습관에 의해 선善 또는 악惡으로 발전한다. 인간 아닌 다른 생명체들은 오직 본성에 따라 살며 일부는 어느 정도 습관의 영향을 받기도 한다. 반면 인간은 '이성'에 따라 산다. 유일하게 '이성'을 지닌 존재인 인간은 다른 두 요소와 함께 '이성'을 조화롭게 사용할 필요가 있다. 인간은 어떤 대안이 더 윤리적이라고 이성적으로 확신할 경우 손해를 보더라도 기꺼이 그것을 선택한다. '이성'이 '습관'과 '본성'을 통제함으로써 가능한 일이다."[2]

인간의 정신 속성은 둘로 나뉩니다. '본성'(동양철학의 주류인 맹자에서는 본성을 착한 마음인 선성善性으로 파악)과 '이성'입니다. '본성'은 완성된 상태로 주어지고, '이성'은 개발 가능 상태로 주어집니다. 우리는 '이성' 개발이 거의 완성된 상태로 여겨지는 사람을 '성인'이라 부르고, 아직 개발 중인 상태의 사람을 '미성년'이라 부릅니다.

인간의 '본성'은 육체를 지니고 세상에 태어나면서 두 가지 '감정' 상태로 나타납니다. 본래의 선한 '본성'(동양철학의 주류인 맹자의 주장을 따른다면)을 따르는 '선한 감정'과, 육체를 지닌 존재로서의 '악한 감정'입니다. '선한 감정'은 '남도 위하는 마음과 태도'로 작용하고, '악한 감정'은 '자기만을 위하는 마음과 태도'로 작용합니다.

인간은 육신을 갖추고 세상에 던져진 순간부터 선한 '본성'을 그대로 따르지 못하기도 하고 따르지 않기도 합니다. 그것은 먹을 것을 마련해 육신을 유지해야 하고, 나아가 인간에게만 주어진 자유의지로 생명유지 이상의 쾌락과 인정을 욕망하게 되기 때문입니다. 먹을 거리 등 물질이 한정되어 있는 상황에서 생명 유지 또는 생명 유지 이상의 쾌락·인정 추구는 타인에 대한 '악한 감정', '악한 행동'으로 이어지기 쉽습니다. 그리고 여기에 인간만의 뛰어난 기억력과 상상력이 더해지면 욕망은 무한대로 확장되고, '악한 감정', '악한 행동'은 거악巨惡으로 자라나 한 사회를 뒤흔들기도 합니다.

올바른 인성은 선한 '본성'의 습관화와 '이성' 능력의 향상에서 비롯된다

현실에서 '올바른 인성'을 갖추기 위한 기본 방향은 분명합니다. 바로 '선한 감정'의 원천인 선한 '본성'을 권장하고 습관화함으로써 '악한 감정'을 약화시키고, 아울러 잠재 상태인 '이성' 능력을 향상시키는 것입니다. 그렇게 함으로써 공동체가 공존·번영할 수 있고 개인의 삶 역시 진정한 행복 성취와 함께 의미를 지닐 수 있게 됩니다. 타인에 대한 배려가 없고 범죄가 난무하는 환경에서 인간은 결코 행복할 수 없으며, 인간의 가치 지향 속성상 몰이성 속에서 개인의 건강한 삶 유지는 불가합니다. 올바른 인성이 개인과 공동체 모두를 행복하게 합니다.

그러면 어떻게 하면 선한 '본성'과 '이성'은 키우면서 '악한 감정'은 약화시킬 수 있을까요?

조선 시대 후기 조선왕조의 르네상스를 연 21대 왕 영조는 《대학》서문에서 일찍이 고대 동양에서는 8세가 되면 소학^{小學}에 들어가 공부하고, 15세가 되면 대학^{大學}에 들어가 공부를 했다고 말합니다.[3]

성리학의 주창자인 중국의 주희는 중국 고대시대 소학^{小學}에서 가르쳤으나 남송시대 당시 멸실되었던 소학^{小學}에서의 가르침들을 찾아내 책 《소학》을 썼습니다. 《소학》은 다름 아닌 인간의 선한 '본성'을 다루고 있습니다.

또한 주희는, 중국 북송시대 사마광(1019 - 1086)이 《예기》의 일부 내용(제42편)을 따로 떼어내 독립시킨 책 《대학》을 경^經 1장, 전^傳 10장으로 새로 편집하고, 여기에 자신의 해설을 더합니다. 주희에 의해 유교의 핵심 4서 중 하나가 된 《대학》은, 개인이 사회에 대한 기여를 목표로 '지식 및 사고능력'과 '윤리의식'을 갖춘 다음 그것을 사회에 확산해 나가는, 인간의 '이성' 개발 및 실천 과정을 다루고 있습니다.

인성 공부는 기본적으로 두 단계로 나뉩니다. 인간의 선한 '본성' 강화와 '이성' 능력 향상입니다. 《소학》은 기본적으로 '본성'을, 《대학》은 '이성'을 다루고 있습니다. 그래서 고대 동양에서는 일찍이 8세가 되면 소학에 입학시키고, 15세가 되면 대학에 들어가게 했습니다. 바로 저자가 인성에 대한 탐구의 기본 틀을 《소학》과 《대학》 둘을 중심으로 나누어 잡은 이유입니다.

고전은 시대 상황에 맞게
새롭게 해석되어야

그런데 아직 문제가 하나 남아 있습니다. 인성에 대한 기준이 고대 또는 주희 때의 그것과 지금이 같을 수 있겠는가 하는 의문입니다. 당연히 다를 수밖에 없습니다. 그러나 그 다른 부분은 주로 '신분별 역할'과 '사람 관계', 그리고 '지식의 의미' 정도입니다.

근대 이전 사회는 왕정이었고 지금은 민주주의 사회이고, 근대 이전 사회는 신분제 사회였고 지금은 평등사회·계약사회입니다. 당연히 근대 이전 사회의 '신분별 역할'과 '사람 관계'는 오늘날 민주주의·계약사회와 맞지 않습니다. 새롭게 해석되어야 합니다.

또한 근대 이전의 경제환경은 농업 공동체적이었고 지금의 경제환경은 자본주의와 함께 고도로 분업화된 사회입니다. 따라서 근대 이전, 윤리의 시종이자 신분 공고화의 핵심 수단이었던 '지식'의 의미 역시 21세기 경제환경에 맞게 새롭게 해석되어야 합니다.

인仁·의義·예禮·지智와 같은 인간의 '본성에 대한 통찰', '사고 활동', 그리고 '자유의지에 의한 윤리적 행위'의 강조와 같은 것들은 시대·환경 변화에도 불구하고 불변입니다. 인간이 '더불어 살아야 하는' '이성적 존재'인한 그것들은 앞으로도 영원히 불변입니다. 장자가 《장자(외편)》〈천운〉편에서 말한, "예의와 법도는 시대에 따라 바뀐다"[4]의 대상은 대체로 신분에 따른 역할이나 사람 관계, 그리고 지식의 의미 정도입니다.

흰 비단이 마련된 뒤,
그 위에 그림을 그린다

공자는 일찍이 말했습니다.

"흰 비단이 마련된 뒤, 그 위에 그림을 그린다."

繪事後素

회사후소[5]

인류 역사를 통틀어 최고의 인성 전문가인 공자가 인성 공부의 정곡을 찌르고 있습니다. '흰 비단'은 다름 아닌 선한 '본성'입니다. 그리고 '그림'을 그리는 것은 그 위에 '이성' 능력을 높이는 것입니다.

인성 공부는 선한 '본성' 함양과 '이성' 능력 향상 둘을 목표로 합니다. 따라서 〈신동기의 인성 공부 시리즈〉는 《소학》 내용을 중심으로 한 '본성' 편인 《부모의 인성 공부》와 《대학》 내용을 중심으로 한 '이성' 편인 《어른의 인성 공부》 둘로 나뉩니다.

오로지 단 한 권의 책을 읽어야 한다면, 그것은《대학》

한자말에서 우리에게 매우 친근한 말 중 하나가 '수신·제가·치국·평천하修身·齊家·治國·平天下'입니다. '자신을 바르게 한 다음 한 집안을 가지런히 할 수 있고, 한 집안을 가지런히 한 다음 한 나라를 안정되게 다스릴 수 있고, 한 나라를 안정되게 다스린 다음 천하를 평안하게 할 수 있다'는 말입니다.

이 말의 출처는《대학》입니다. 아니, 출처 정도가 아니라《대학》내용 전체가 '수신·제가·치국·평천하' 하나의 주제에 대한 풀이입니다. '자신을 먼저 제대로 갖추고 난 다음 다른 이에게 영향을 미치는 자리에 나서야 한다'는 경구는 시대·상황 불문하고 절대 진리입니다.

21세기 민주주의 사회는 시민이 국가의 주인이고, 기업조직이 경제활동의 중심이 되는 사회입니다. 민주주의 사회에서 '자신을 갖추는 것'은 곧 '민주시민으로서의 기본 소양'을 갖추는 것이고, 분업과 협업이 전제인 기업 중심의 경제환경에서 '자신을 갖추는 것'은 다름 아닌 '전문지식'을 갖추는 것입니다.

민주시민으로서의 기본 소양과 경제활동 참여자로서의 충실한 역할은 '이성' 능력에 근거합니다. 바로 '인문지식'과 '전문지식', '자유의지에 의한 윤리적 행동' 그리고 이것들과 관계가 깊은 '독립적인 사고 능력'과 같은 것들입니다.

주희는 만약 어떤 사람이 "오로지 단 한 권의 책을 읽어야 한다면 어떤 책을 읽어야 합니까?"라고 자신에게 질문한다면, 《대학》을 추천하겠다고 말합니다.[6] 《대학》은 기본적으로 사회적 존재로서 인간이 갖추어야 할 핵심을 다루고 있습니다. 그것은 오늘날 용어로 '이성'이고, 그 '이성'은 구체적으로 '지식', '윤리적 태도' 그리고 '사유 능력'과 같은 것들입니다.

진실로 "한 사람의 제대로 된 성인成人이 되기 위한 학문"[7], 《대학》입니다.

자운을 기다리며
신동기

차례

I 편 · 8조목
한 사람의 제대로 된 성인成人으로 역할하기 위한 과정

1장. 격물格物
항상 주의 깊게 자연과 인간을 탐구해야

전체 구성 안내

　주희가 편집한 《대학》은 '경문經文 1장'과 '전문傳文 1-10장'으로 되어 있습니다. 참고로, '전傳'은 '경經의 설명'이라는 뜻입니다. 주희에 따르면 '경문經文'은 공자가 한 말을 공자의 수제자 증자가 정리한 것이고, '전문傳文'은 증자가 한 말을 증자의 제자들이 정리한 것입니다. '경문'과 '전문'에는 모두 주희의 주석이 붙어 있습니다. 주희가 편집한 《대학》의 순서는 다음과 같습니다.

　경문 1장
　전문 1장 명명덕의 의미를 풀다(釋明明德석명명덕)
　전문 2장 신민의 의미를 풀다(釋新民석신민)
　전문 3장 지어지선의 의미를 풀다(釋止於至善석지어지선)

전문 4장 근본과 말단의 의미를 풀다(釋本末석본말)

전문 5장 격물치지의 의미를 풀다(釋格物致知석격물치지)

전문 6장 성의의 의미를 풀다(釋誠意석성의)

전문 7장 정심수신의 의미를 풀다(釋正心修身석정심수신)

전문 8장 수신제가의 의미를 풀다(釋修身齊家석수신제가)

전문 9장 제가치국의 의미를 풀다(釋齊家治國석제가치국)

전문 10장 치국평천하의 의미를 풀다(釋治國平天下석치국평천하)

'경문 1장'과 '전문 1-10장'은 당연히 내용상 같습니다. 공자의 가르침인 '경문'을 제자인 증자가 더 자세히 풀어낸 것이 '전문 1-10장'이기 때문입니다.

'경문'과 '전문'은 모두 세 가지 강령인 '3강령三綱領'이 먼저 나오고, 이어 이 '3강령'을 8단계로 세분화한 '8조목八條目'이 나옵니다.

3강령은 '① 명명덕明明德', '② 신민新民', '③ 지어지선止於至善' 세 가지입니다. 3강령의 기본 틀은, '① 자신을 먼저 갖추고', '② 다른 이들에게 영향을 미치고', 마지막으로 '③ 모두 함께 지극히 좋은 상태에 머문다'입니다. 3단계 구분이 시간적·윤리적·논리적으로 매우 적절합니다.

8조목은 '① 격물格物', '② 치지致知', '③ 성의誠意', '④ 정심正心', '⑤ 수신修身', '⑥ 제가齊家', '⑦ 치국治國', '⑧ 평천하平天下', 8단계입니다. 이 8단계 중 '① 격물'부터 '⑤ 수신'까지 5단계가 앞 3강령 중 '① 명명덕'에 해당됩니다. 그리고 '⑥ 제가'에서 '⑧ 평천하'까지 3단계는 '② 신민'과 '③ 지어지선'에 해당됩니다.

3강령, 그리고 8조목은 한마디로 요약됩니다. 바로 우리가 익히 알고 있는 '수기치인修己治人', 즉 '자신을 먼저 갖추고 난 다음, 가까운 이들, 조직 및 사회 향상에 영향을 미친다'입니다.

이 책 《어른의 인성 공부》에서는 다음과 같은 순서로 내용을 전개합니다.

I 편 8조목
한 사람의 제대로 된 성인成人으로 역할하기 위한 과정

1. **격물格物**　　　항상 주의 깊게 자연과 인간을 탐구해야

2. **치지致知**　　　자연의 이치와 인간의 도리를 근본적으로
　　　　　　　　　깨닫기 위해 힘써야

3. **성의誠意**　　　'자발적 윤리 브레이크'를 만들어야

4. **정심正心**　　　마음이 몸의 주인이 되게 해야

5. **수신修身**　　　올바른 사고 능력과 윤리를 갖춘 이성적
　　　　　　　　　존재가 되기 위해 힘써야

6. **제가齊家**　　　행복하고 건강한 가정을 이루어야

7. **치국治國**　　　'깨어 있는 민주 시민'이 되어야

8. **평천하平天下**　인류 보편적 가치를 추구하는 지구인이 되어야

II편 3강령

자신을 먼저 갖추고 난 다음,

가까운 이들, 조직 및 사회 향상에 기여해야

9. 명명덕明明德   이성 능력과 윤리적 태도를 갖추어야

10. 신민新民   사람들에게 선한 영향을 미쳐야

11. 지어지선止於至善   지선至善의 마무리, 그것은 인성人性

위와 같은 순서로 전개하는 이유는 첫째, 주희《대학》에서의 경문과 전문 형식의 내용 중복을 피하기 위해서입니다. 그리고 두 번째로,《대학》의 핵심 그리고 종합 메시지는 '수신·제가·치국·평천하修身·齊家·治國·平天下'로 알려진 8조목인 만큼, 8조목을 앞서 그리고 중심으로 다루는 것이 마땅하기 때문입니다.

주희가《대학》의 새로운 편집과 주석 달기에 나선 것은, 당시 학자들의 '암기해서 외고 글 짓는 것만을 중시하는'[8] '기술 지향적 학문 태도'를 경계하고, 종교의 '현실을 도외시하는'[9] '허무주의적 태도'를 배타하고, 정치인들의 '온갖 수단·방법으로 사람들을 속이는'[10] '혹세무민적 태도'를 견제하기 위한 것이었습니다. 한마디로 지식인으로서 당대가 안고 있는 침고沈痼(오랫동안 앓고 있어 고치기 어려운 병)를 치유하기 위한 것이었습니다.

21세기 사회는 정치적으로 민주주의, 경제적으로 자본주의 그리고 문화적으로는 포스트모더니즘 사회입니다.

사회구성원의 '이성' 능력이 상당히 고양되어 있지 않으면 민주주의는 언제든 중우정치로 타락하고, 자본주의 역시 경제 주체들의 '이성' 능력이 건강치 못하면 부지불식간 탐욕이 시스템 자체를 삼켜버릴 수 있고, 포스트모더니즘 마찬가지로 감성이 '이성'을 지나치게 압도하면 사회는 문화적 풍요로움 대신 애욕과 폭력의 범람을 초래할 수 있습니다.

21세기 사회는 '이성' 강화를 필요로 합니다. 견고한 민주주의, 균형 있는 자본주의, 풍요로운 문화 향유를 위해 그렇습니다.

주희는 《대학》의 〈독대학법讀大學法〉에서 《대학》에 대해 이렇게 말합니다.

"한 사람의 제대로 된 성인成人이 되기 위한 학문"

大人之學
대인지학[11]

그러면서 《대학》의 가르침에 대해 "사람들이 일상의 삶에서 항상 갖춰야 할 도리를 벗어난 다른 어떤 것을 추구하지 않았다"[12]라고 말합니다. 아울러 《대학》은 "학문의 처음과 끝 전체를 다루고 있다"[13]라고 말하고 있습니다.

성인이 미성년자와 달리 가지고 있는 것은 독자적인 '사유 능력'과 그 '사유 능력에 바탕한 윤리'입니다. 그리고 이 둘은 '이성'으로 모아집니다.

21세기 버전의 《대학》인 이 《어른의 인성 공부》는 '이성'을 다룹니다. 그리고 그 '이성'은 주희 《소학》의 21세기 버전인 《부모의 인성 공부》의 선한 '본성'과 함께, 인간이 갖춰야 할 올바른 '인성'을 구성합니다.

독자 참고 사항

1. 한자 등의 번역
인용 또는 참조, 주석 글 중 한문 등의 원문이 함께 나온 내용은 저자가 직접 번역하였습니다. 번역 시 선학들의 여러 훌륭한 번역을 참조했음은 물론입니다. 번역 원칙은 '원문의 의도에 충실'하면서, 동시에 '현대 언어·문장 감각에 어색하지 않고, 오늘날의 정치·경제·문화 환경에 어울리게 재해석'하는 것이었습니다. 따라서 이 책에서 한문 등의 한글 번역에 대한 책임은 전적으로 저자에게 있음을 밝힙니다.

2. 한자 또는 한글 덧붙이기
책 내용이 기본적으로 고전을 바탕으로 한 만큼, 먼저 고전 원문을 궁금해할 독자들을 위해, 또 내용 전개상 중요한 핵심어일 경우 한글에 한자 덧붙이기를 하였습니다. 그리고, 한자에 대한 한글 덧붙이기는 한자 원문을 밝힘과 동시에 그 한글 음을 나타내기 위한 것입니다. 이 책에서 한자는 참조일 뿐으로, 책 내용을 이해하는 데 반드시 필요한 것은 아님을 알려드립니다. 아울러 최소한에 그치기 위해 각 꼭지 단위로 같은 용어가 반복될 경우 가급적 한자 덧붙이기를 피했습니다.

3. 인용
인용문 중 내용이 길거나 새겨두면 좋을 문장은 읽기 편하고 눈에 잘 띄도록 앞뒤로 줄을 띄워 나타냈습니다. 그리고 동일 내용의 인용문이 본문 다른 곳에서 중복해 나오는 경우가 있습니다. 해당 주제를 충실히 설명하는 데 필요한 경우 중복해 인용했습니다.

8조목

·

한 사람의
제대로 된
성인成人으로
역할하기 위한 과정

안으로는 성인聖人의 덕을 쌓고,
밖으로는 현군賢君의 왕업을 이뤄야

일찍이 동양사회 학문의 목적은 군자君子가 되는 것이었습니다. 바로 유덕자有德者로서 '덕을 쌓아(立德입덕)' 정치에 나가, 유위자有位者[1]로서 '나라에 기여하는 것(立功입공)'[2]이었습니다. 한마디로 '내성외왕內聖外王'의 길을 걷는 것이었습니다. 《장자(잡편)》〈천하〉편에서 말하는 고대의 이상적인 제왕상, 바로 '내성외왕'의 길입니다.

"안으로는 성인聖人의 덕을 쌓고, 밖으로는 현군賢君의 왕업을 이룬다."

內聖外王

내성외왕[3]

《대학》의 '8조목'은 학식과 덕행을 갖춰 사회에 기여하는 군자가 되기 위한 구체적인 로드맵입니다. '자신을 먼저 갖추고 난 다음, 가까운 이들, 조직 및 사회 향상에 기여하는' 8단계의 실행 로드맵, 8조목입니다.

8조목은 '자신을 갖추는 것'에서 시작해, '가까운 이들, 조직 및 사회 향상에 기여하는 것'으로 끝납니다. 좀 더 논리적으로 정리하면, 다른 이들, 조직 및 사회 향상에 기여하기 위해서는 반드시 자신을 먼저 갖춰야 하고, 또 역으로 자신을 먼저 제대로 갖추지 않으면 그 사람은 다른 이들, 조직 및 사회 향상에 긍정적으로 기여할 수 없습니다.

'수신·제가·치국·평천하'에 대한 정확한 이해

8조목의 논리 구조는 선명합니다. 먼저 8조목은 크게 '① 격물~⑤ 수신'과 '⑥ 제가~⑧ 평천하' 두 단계로 나뉩니다. '①격물~⑤ 수신'까지는 '자신을 갖추는 단계'이고, '⑥ 제가~⑧ 평천하'는 '가까운 이들, 조직 및 사회 향상에 기여하는 단계'입니다.

'① 격물~⑤ 수신'은 다시 '① 격물~② 치지'와 '③ 성의~④ 정심', '⑤ 수신' 셋으로 나뉩니다. 먼저 '① 격물~② 치지'는 '지선至善(지극히 좋은 상

《대학》 전체 체계와 의미

구분	내용								비고
의의	대인지학大人之學: 한 사람의 제대로 된 성인成人이 되기 위한 학문								대학
방법	내성외왕內聖外王: 안으로는 성인聖人의 덕을 쌓고, 밖으로는 현군賢君의 왕업을 이룬다								장자
	수기치인修己治人: 자신을 먼저 갖추고 난 다음, 가까운 이들, 조직 및 사회 향상에 기여한다								주자대전
8조목	① 격물	② 치지	③ 성의	④ 정심	⑤ 수신	⑥ 제가	⑦ 치국	⑧ 평천하	대학
3강령	명명덕明明德				신민新民, 지어지선止於至善				대학
의미1	입덕立德: 덕을 갖춤				입공立功: 사회에 기여				춘추좌전
의미2	공부				실천				주자어류
의미3	자리自利(자신의 깨달음 추구)				이타利他(다른 이들을 도움)				대승불교
의미4	학문(知지)	수양(行행)		학문·수양	응용과 확장(推行추행)				성학십도
의미5	도문학道問學 (주자학에서 중시): 학문을 좇다 - 지식	존덕성尊德性 (양명학에서 중시): 덕성을 높이다 - 윤리		도문학· 존덕성	응용과 확장				중용
의미6	궁리窮理: 이치를 궁구하다	거경居敬: 경건함에 머물다		궁리·거경	역행力行				주자어류
의미7	소이연所以然: 사물의 이치와 작용 이해	소당연所當然: 자유의지에 의한 윤리적 행동		소이연· 소당연	응용과 확장				대학 혹문
의미8	인식론&존재론 (순수이성비판): 사유 이성	윤리론 (실천이성비판): 도덕 이성		사유이성· 도덕이성	응용과 확장				칸트

태)의 소재를 알기 위해 노력해,'[4] '이제 지선至善의 소재를 알게 된'[5] '학문 (知지)' 단계로, '학문을 좇는' '도문학道問學'[6]에 해당됩니다. 이어 '③ 성의~ ④ 정심'은 '지선至善에 머무를 수 있기 위해 노력해,'[7] '이제 지선至善에 머무를 차례를 확보한'[8] '수양(行행)' 단계로, '덕성을 높이는' '존덕성尊德性'[9]에 해당됩니다. 그리고 '⑤ 수신'은 이 두 단계, 즉 '① 격물~② 치지'와 '③ 성의~④ 정심'의 학문·수양을 종합합니다.

'학문(知지)'·'도문학道問學'은 곧 '사물의 이치와 작용(所以然소이연)을 아는 것'이고, '수양(行행)'·'존덕성尊德性'은 곧 '자유의지에 의한 윤리적 행동(所當然소당연)을 하는 것'입니다.

'⑥ 제가~⑧ 평천하'는 '백성을 새롭게 해 지선에 머무를 수 있도록 노력해'[10] '백성이 지선에 머무를 차례를 확보한'[11] 개인 지식·윤리의 '응용과 확장(推行추행)'[12] 단계입니다.

8조목은 흔히 간략하게 '수신·제가·치국·평천하'로 회자되는데, 그것은 '⑤ 수신'까지의 '① 격물~⑤ 수신' 단계가 '자신을 갖추는 것', 즉 한마디로 묶자면 모두 '수신'에 해당되기 때문입니다.

8조목의 주희 해석과 21세기 현대적 의미

No	8조목	주희 해석	21세기 현대적 의미
1	격물格物	사물에 다가가 이치를 궁구하다	항상 주의 깊게 자연과 인간을 탐구하라
2	치지致知	앎을 지극히 하다	자연의 이치와 인간의 도리를 근본적으로 깨닫기 위해 힘써라
3	성의誠意	뜻을 참되게 하다	'자발적 윤리 브레이크'를 만들어라
4	정심正心	마음을 바르게 하다	마음이 몸의 주인이 되게 하라
5	수신修身	몸을 닦아 행실을 바르게 하다	올바른 사고 능력과 윤리를 갖춘 이성적 존재가 되기 위해 힘써라
6	제가齊家	한 집안을 가지런히 하다	행복하고 건강한 가정을 이루어라
7	치국治國	나라를 안정되게 다스리다	깨어 있는 민주 시민이 되어라
8	평천하平天下	천하를 평안하게 하다	인류 보편적 가치를 추구하는 지구인이 되어라

한 사람의 제대로 된 성인成人이 되기 위한 학문,《대학》

공자는《대학》〈경문 1장〉에서《대학》의 전체를 밝힙니다.

"예부터 천하에 명덕明德을 밝히고자(平天下평천하) 하는 자는 먼저 나라를 안정되게 다스리고(治國치국), 나라를 안정되게 다스리고자 하는 자는 먼저 집안을 가지런히 하고(齊家제가), 집안을 가지런히 하고자 하는 자는 먼저 자신의 몸을 닦아 행실을 바르게 하고(修身수신), 자신의 몸을 닦아 행실을 바르게 하고자 하는 자는 먼저 자신의 마음을 바르게 하고(正心정심), 자신의 마음을 바르게 하고자 하는 자는 먼저 자신의 뜻을 참되게 하고(誠意성의), 자신의 뜻을 참되게 하고자 하는 자는 먼저 자신의 앎을 지극히 하고(致知치지), 자신의 앎을 지극히 하는 것은 다름 아닌 사물에 다가가 그 이치를 궁구하는 데(格物격물) 있다."

古之欲明明德於天下者 先治其國 欲治其國者 先齊其家 欲齊其家者 先修其身 欲修其身者 先正其心 欲正其心者 先誠其意 欲誠其意者 先致其知 致知 在格物
고지욕명명덕어천하자 선치기국 욕치기국자 선제기가 욕제기가자 선수기신 욕수기신자 선정기심 욕정기심자 선성기의 욕성기의자 선치기지 치지 재격물[13]

'① 격물~⑧ 평천하' 8단계 중 핵심은 맨 앞의 첫 번째, 두 번째인 '①

격물'과 '② 치지'입니다. 앞 단계가 뒤 단계의 전제이자 바탕인 만큼 당연히 앞부분에 무게중심이 놓일 수밖에 없습니다. 8단계의 초석인 ① 격물, ② 치지를 단단히 다지지 않으면 그 위에 놓이는 기둥, 대들보, 지붕은 당연히 불안정해져 사상누각이 되고 맙니다. ① 격물과 ② 치지가 특히 중요합니다.

공자의 제자 자하는 《논어》〈자장〉 편에서 군자의 모습을 그립니다.

"군자는 세 가지 다른 모습을 지니니, 멀리서 바라보면 '엄정'하고 가까이서 대하면 '온화'하고 말을 들어보면 '명확'하다."

君子有三變 望之儼然 卽之也溫 聽其言也厲
군자유삼변 망지엄연 즉지야온 청기언야려[14]

'멀리서 바라보면 엄정하고 가까이서 대하면 온화하다'는 것은 바로 '스스로에게는 늦가을 서릿발처럼 엄격하고, 다른 이들을 대할 때는 봄날 꽃바람처럼 부드러운(持己秋霜 待人春風지기추상 대인춘풍)' '이성에 바탕한 군자의 윤리적 태도'를 의미합니다. '명확한 말'은 학습과 사고로 고양된 '이성 그 자체'입니다. 《대학》은 '한 사람의 제대로 된 성인成人이 되기 위한 학문'[15]인 만큼 8조목의 지향점은 마땅히 '이성'적 인간입니다.

1장

격물
格物

·

항상 주의 깊게
자연과 인간을
탐구해야

 '격물格物'은 8조목의 두 번째 단계인 '치지致知'와 함께 그 해석이 하나로 통일되어 있지 않습니다. 여러 해석이 존재합니다. 대표적으로, 주희는 '격물格物'에서의 '격格'을 '~에 이르다'라는 의미의 '지至'로 해석하는 반면, 왕양명은 '격格'을 '~을 바로잡는다'는 의미의 '정正'으로 해석합니다.

 해석이 다양하게 갈리게 된 데는 배경이 있습니다. 주희가 《대학》의 중요성을 간파해 《대학》의 내용 편집에 들어갈 당시 격물과 치지에 대한 해석이 아예 존재하지 않았습니다. 맹자 이후 《대학》이 전수되는 과정에서 격물, 치지에 대한 해석 내용이 그만 망실되어 버린 것입니다.[1] 주희는 자신이 직접 '격물', '치지' 해석에 나섭니다. 바로 남아 있는 한자 기존 6자에 128자를 보충해 만든 이른바 〈격물치지보망장格物致知補亡章〉[2]이 그것입니다. 주희 이후 일부 학자들은 격물, 치지에 대한 해석을 주희와 달리합니다. 유학의 주류가 주희로부터 시작된 주자학인 만큼 이 책에서는 격물, 치지와 관련해 주희의 해석을 따릅니다.

 《대학》〈전문 5장 석격물치지釋格物致知〉편에 실린 주희의 〈격물치지보망장格物致知補亡章〉 134자 내용입니다. 《대학》 전체를 이해하는 데 가장 근간이 되는 부분입니다.

"이른바 '치지致知가 격물格物에 있다'는 것은, '나의 앎을 지극히 하기 위해서는 사물에 다가가 그 이치를 깊이 따져봐야 한다'는 말이다. 대체로 인간의 영명함이 알지 못할 것이 없고 세상 사물이 모두 각자 자신의 이치를 갖추고 있을진대, 사람이 사물의 이치를 궁구하지 않음으로써 그 앎이 지극한 상태에 이르지 못하고 있다. 따라서 《대학》에서는 배움을 시작하는 이들로 하여금 세상 모든 사물에 나아가, 기존에 자신이 알고 있는 사물들의 이치에 더해 새로운 사물들의 이치를 궁구하게 하여 그 앎을 극치에 이르게 한다. 이런 노력이 꾸준히 지속되다 어느 날 문득 활연관통豁然貫通 상태에 이르게 되면 '뭇 사물들의 표리정조表裏精粗에 이르지 않음이 없고' '마음속에 전체全體와 대용大用이 밝지 않음이 없게 되니', 전자를 일러 '격물格物'이라 하고 후자를 일러 '치지致知'라 한다."

所謂致知在格物者 言欲致吾之知 在卽物而窮其理也 蓋人心之靈 莫不有知 而天下之物 莫不有理 惟於理 有未窮 故其知有不盡也 是以大學始敎 必使學者 卽凡天下之物 莫不因其已知之理 而益窮之 以求至乎其極 至於用力之久而一旦 豁然貫通焉 則衆物之表裏精粗 無不到 而吾心之全體大用 無不明矣 此謂物格 此謂知之至也

소위치지재격물자 언욕치오지지 재즉물이궁기리야 개인심지령 막불유지 이천하지물 막불유리 유어리 유미궁 고기지유부진야 시이 대학시교 필사학자 즉범천하지물 막불인기이지지리 이익궁지 이구 지호기극 지어용력지구이일단 활연관통언 즉중물지표리정조 무부 도 이오심지전체대용 무불명의 차위격물 차위지지지야[3]

무엇인가를 근본적으로 알기 위해서는 '경험'과 '생각' 또는 '사실 관찰' 과 '논리 전개' 과정이 있어야 합니다. 그리고 그것은 이성 능력의 향상 으로 이어집니다. '격물格物'은 '특정 사물에 다가가 그 사물의 이치를 파 고드는 것'이고, '치지致知'는 '그런 사물들의 보편적 이치를 깨닫는 것'입 니다. '경험' 또는 '사실 관찰'은 '격물格物'에 해당되고, '생각' 또는 '논리 전 개'는 '치지致知'에 해당합니다.

그래서 주희는 《주자대전》에서 말합니다.

"'격물格物'은 단지 하나의 사물에 다가가 그 한 사물(예를 들어 '해피'라는 '개 한 마리')의 '이치(理리)'를 극진히 궁구하는 것이고, '치지致知'는 단지 사물(예를 들어 '개'라는 동물 종種)의 '이치(理리)'를 궁구하여 얻는 것이다."

格物 只是就一物上 窮盡一物之理 致知 便只是窮得物理
격물 지시취일물상 궁진일물지리 치지 편지시궁득물리⁴

이 장에서는 인간의 이성 능력 향상에 있어 그 출발인 '경험' 또는 '사 실 관찰'의 '격물格物'에 대해 알아봅니다. 알아보는 순서는 첫째, '사물事 物 – 무엇을 알아야 하는가?', 둘째, '태도 – 어떻게 잘 알 수 있는가?' 셋 째, '윤리와 지식 – 이성은 왜 '윤리'와 '지식'이어야 하는가?' 그리고 마지 막 네 번째로, '정명正名 – 이름을 이해하면 '지식'과 '윤리'가 따라온다'입 니다.

사물事物

무엇을 알아야 하는가?

안다는 것은 '자연의 이치', '사람의 이치'를 아는 것

주희는 《주자어류》〈대학이경하〉 편에서 이렇게 말합니다.

"격물格物에서의 물物은 사물事物을 가리킨다."

物謂事物也

물위사물야[5]

'사물事物'의 사전적 의미는 '일(事사)과 물건(物물)을 아울러 이르는 말'로,

'사事'는 '일 사事'라는 한자 의미 그대로 능동적 작용인 '인간의 행위'를 말하고, '물物'은 '물건 물物'이라는 한자 의미 그대로 수동적 대상인 '자연적 물질'을 말합니다.[6]

율곡 이이는 《성학집요》〈궁리〉 편에서 이렇게 말합니다.

"자연(物물)과 사람(身신)의 이치는 당연히 모두 파고들어야 한다. 다만 자연(物물)은 그 범위가 매우 넓어 간략히 말하고, 사람(身신)에게 있는 이치는 긴요하고 절실해 상세히 말한다. -중략- 가까이서 얻은 지식과 경험을 유추해 끝까지 확장해 나가면 '한 자연의 세밀한 부분'이나 '한 사람의 작은 행위'까지 그 이치를 통찰하지 못할 것이 없다."

理之在物在身者 皆所當窮 但在物者 博而泛 故略言之 在身者 要而切
故其論稍詳 -중략- 近思而類推 無所不盡 則一物之細 一事之微 莫不
洞明其理
이지재물재신자 개소당궁 단재물자 박이범 고략언지 재신자 요이절
고기론초상 -중략- 근사이유추 무소부진 즉일물지세 일사지미 막부
동명기리[7]

'사물에 다가가 그 사물의 이치를 파고드는' '격물格物'은 다름 아닌 '사람에 대한 이치'와 '자연에 대한 이치', 즉 오늘날 학문 범주로 말하면 '인문과학'과 '자연과학'을 말합니다.

'과학'의 범주, 그리고 '인문학'의
범주가 모호한 이유

우리가 무엇인가를 안다고 할 때, 그 앎은 흔히 단순한 앎, 지식, 과학, 지혜 차원으로 단계를 나눠볼 수 있습니다.

'단순한 앎'은 '어떤 사실이나 존재, 상태에 대해 의식이나 감각으로 깨닫거나 느끼는 것'입니다. 그리고 '지식'은 간접적인 배움이나 직접적인 경험을 통해 갖게 된 '명확한 인식이나 이해'를 말합니다. 이런 지식이 특정한 목적을 위해 보편성과 객관성을 확보하고 체계를 갖추면 '과학'이 됩니다. 지혜는 '이치에 맞게 적절하게 일을 처리하는 정신적 능력'을 의미하며, 때로는 '인생을 어떻게 살아야 할 것인가?'와 같은, 지식이나 과학의 범주를 넘어선 질문에 대한 해법 제시 능력을 의미하기도 합니다.

과학은 대상에 따라 크게 '자연과학', '사회과학', '인문과학'으로 나뉩니다. 그리고 '좁은 의미'로는 '자연과학'만을, '넓은 의미'로는 '자연과학', '사회과학', '인문과학' 모두를, 또 때로는 '자연과학'과 '사회과학'만을 '과

지식·과학·지혜의 구분[8]

구분	사전적 정의
단순한 앎 ('알다')	1. 교육이나 경험, 사고 행위를 통하여 사물이나 상황에 대한 정보나 지식을 갖추다. 2. 어떤 사실이나 존재, 상태에 대해 의식이나 감각으로 깨닫거나 느끼다. 3. 심리적 상태를 마음속으로 느끼거나 깨닫다.
지식	어떤 대상에 대하여 배우거나 실천을 통하여 알게 된 명확한 인식이나 이해
과학	보편적인 진리나 법칙의 발견을 목적으로 한 체계적인 지식
지혜	사물의 이치를 빨리 깨닫고 사물을 정확하게 처리하는 정신적 능력

학'이라 부르기도 합니다.[9]

　과학의 범주가 들쑥날쑥한 것은 '보편적인 진리나 법칙의 발견을 목적으로 한 체계적인 지식'이라는 '과학'의 정의에 사실은 '자연과학'만 맞아떨어지기 때문입니다. 다른 둘, 그중에서도 특히 '인문과학'은 이 정의와 상당히 거리가 있습니다. 사실의 관찰과 실험에 의한 합리성과 실증성 확보에 '자연과학'은 전형적으로 충실하지만, 뒤의 '인문과학' 쪽으로 갈수록 그 충실도는 크게 떨어집니다.

　세 분야 사이에 그런 차이가 나는 이유는 자명합니다. '자연과학'의 대상인 '자연'은 전적으로 본성적이고 물질적이어서 인과관계가 법칙적인 반면, '인문과학'의 주요 대상인 '인간'은 의지적이고 때로는 창조적이기까지 해 획일적이지 않고 객관화하기도 어렵기 때문입니다. '인문과학'을 보통 '인문과학'이라 하지 않고 흔히 그냥 '인문학'이라 부르는 이유도 바로 여기에 있다고 볼 수 있습니다.

　인간관계에서 일어나는 사회현상과 인간의 사회적 행동을 연구 대상으로 하는 '사회과학'은 '자연과학'과 '인문과학'의 중간 정도라 할 수 있습니다. 연구 대상인 사람들의 사회적 행위가 반드시 사람으로만 이루어지지 않고 자연인 물질도 함께 개재되는 경우가 많기 때문입니다. '경제학' 같은 경우, 사람들의 행위가 연구의 중심이기도 하지만 그 행위가 재화와 관계되는 만큼 당연히 물질인 재화도 함께 연구 대상이 됩니다.

구분	자연과학	사회과학	인문과학(인문학)
정의	자연현상을 연구 대상으로 하는 과학. 일반적으로 과학이라고 함	인간사회의 여러 현상을 과학적·체계적으로 연구하는 모든 경험과학	인간과 관련된 근원적인 문제나 사상, 문화 등을 중심으로 연구하는 학문
구성	- 기초: 물리학·화학·생물학· 천문학·지학 등 - 응용: 농학·공학·의학·약학	- 기초: 심리학·사회학· 경제학 등 - 응용: 교육학·가정학· 경영학 등	철학·역사·문학· 예술·비평 등
효용	- 전문지식 - 생활지식	- 시민의식 - 전문지식	- 삶의 의미 등 정신적 가치·지혜 - 전문지식

학문 범주 설정에 있어서의 모호함은 '자연'의 속성을 바탕으로 한 '과학' 측면에서만 발생하지 않습니다. '인문학' 입장에서도 발생합니다. '인간'의 속성과 문화 등에 대한 지식을 다룰 때 직접적으로는 인간과 인간의 문화만이 그 대상이지만 넓게 보면 사실 인간이 만들어가는 '사회' 역시 여기에 해당됩니다. 그리고 인간이 자신들의 의지와 창조의 대상으로 삼는 '자연'도 전혀 관련이 없을 수 없습니다.

따라서 '인문학'의 영역을 따질 때 좁은 의미로는 그 범주가 '인문과학'에 한정되지만, 넓은 의미로는 '사회과학', 심지어 '자연과학'까지 포함되기도 합니다.[11]

'사물에 나아가 그 이치를 살피는' '격물格物'의 대상은 기본적으로 '사事'인 '사람에 대한 이치', 즉 '인문과학'과 '물物'인 '자연에 대한 이치', 즉 '자연과학'의 기본 지식들입니다. 그리고 둘의 혼합이라 할 수 있는 '사회과학'의 기본 지식 역시 격물의 대상입니다.

'이성적 시민', '자립 능력을 갖춘 경제인', 그리고 '자기실현을 추구하는 교양인'으로 가기 위한 격물格物

그러면 '사물에 다가가 그 이치를 살피는' 격물格物에서 구체적으로 우리는 무엇을 알아야 할까요?

먼저, 민주 국가의 주인 된 자로서 '시민의 역할을 올바로 하기 위한 것들'을 알아야 합니다.

'민주주의', '자유', '평등'과 같은 민주주의 핵심 가치들에 대한 개념적·역사적 명확한 지식, '권리와 의무의 균형'에 대한 체화된 지식과 같은 것들입니다.

더불어 우리나라와 같은, 남북 간 이데올로기 대립이라는 특수 상황에서는 경제체제로서의 '자본주의', '사회주의(또는 공산주의)'에 대한 정확한 개념 구분 및 각각의 장단점, 경제체제(자본주의 vs. 사회주의 또는 공산주의)와 정치체제(민주주의 vs. 전체주의)의 구별에 대한 내용도 명확히 알아야 합니다.

정치는 사람들의 삶을 규정하는 가장 기본적이고도 근본적인 환경입니다. 그리고 민주주의 사회에서 그 정치 환경은 결국 주권자인 시민들 스스로가 정합니다. 따라서 21세기 우리나라 상황에서 민주주의와 관련된 핵심 개념들과 남북 간 차이의 본질을 정확히 이해하는 것은 이 땅에서 주권자로서의 역할을 제대로 행사하기 위해, 그리고 상식이 통하는 건강한 사회를 만드는 데 그 무엇보다 중요한 일들입니다.

정치와 관련된 지식들은 주로 '사회과학'에 해당되고, 그 원리나 역사적 배경은 철학, 역사 등의 '인문학'이 담당합니다.

두 번째로 '자신과 가족 부양을 위한 경제 능력 확보에 필요한 지식'을 갖추어야 합니다.

21세기 보편적 경제 환경은 시장경제(Market economy)입니다. 시장경제에서는 누구나 모두 상인입니다. 어느 한 사람 예외 없이 시장을 통해 자신의 재능을 팔아 자신과 가족의 생활을 영위합니다.

재능은 그것이 기술이든 지식이든 경쟁력 또는 상품으로서 가치가 있을 때 비로소 시장에서 거래됩니다. 따라서 현대인은 모두 생계를 위해 자신의 재능과 관련된 전문지식을 갖춰야 합니다. 전문가로서 제대로 된 지식을 갖추지 못하면 인간으로서 최소한의 문화생활을 포기해야 하거나 심한 경우 생계 자체를 위협받을 수 있습니다.

전문지식은 생계와 관련된 재능의 분야에 따라 그 주요 영역이 '자연과학'이거나 '사회과학' 또는 '인문학'일 수 있습니다. 한 사회 속 사람들의 욕구와 삶의 방식이 다양해지고, 또 삶의 수준이 생존 지향에서 가치·의미 지향적으로 바뀌어가면서 생계 관련 전문지식의 영역은 '자연과학'에서 '사회과학'으로, 그리고 또 '인문학'으로 확장되어 갑니다.

세 번째로 문화 또는 인간의 근원과 관련된 지식 또는 지혜를 갖추어야 합니다. 인간은 빵만으로 살지 않습니다. 오로지 황금만을 향해 달리지도 않습니다. 아름다움, 공감, 염치, 자존감, 인정, 공존, 명예, 자기희생, 자기만의 삶의 의미와 같은, 다른 동물들에서는 절대로 찾아볼 수 없는 정신적 가치를 추구합니다.

정신적 가치 추구는 그 자체로 본인 스스로 행복해지고 또 스스로를 존중하는 마음이 들게 합니다. 때로는 인간의 탐욕을 제어하거나 인간 합리성의 한계를 보완함으로써 실질적인 이익을 가져다주기도 합니다.

정신적 가치와 관련된 지식 또는 지혜는 주로 인문학이 제공합니다. 인문학은 존재하는 것들의 원리와 근본을 돌아보게 하고, 자연과학·사회과학에 새로운 관점, 긴 호흡의 나아갈 방향을 제시하기도 합니다. 그리고 무엇보다 인간을 더욱 인간답게, 동물 아닌 인간답게 만드는 역할을 합니다.

인간은 정치·경제·문화적으로 두루 건강할 때 현실에 굳건히 발을 딛고 각자 자신만의 의미 있는 삶을 추구할 수 있습니다. 정치·경제·문화적 건강은 곧 '이성적 시민'이 되고, '자립 능력을 갖춘 경제인'이 되고, '자기실현을 추구하는 교양인'이 되는 것입니다.

'이성'과 '자립 능력', '교양'은 '무엇인가를 아는 것', 즉 '격물格物'로부터 시작됩니다.

태도

어떻게 잘 알 수 있는가?

윤편이 수레바퀴 만드는 법을
설명하지 않은 이유는?

주희(1130-1200)는 《주자대전》〈답황자경〉 편에서 말합니다.

"격물格物은 하나의 사물에 다가가 그 한 사물의 이치(理리)를 극진히 궁
구하는 것이다."

格物 只是就一物上 窮盡一物之理

격물 지시취일물상 궁진일물지리[12]

서양 고전 경험론의 창시자 프랜시스 베이컨(1561-1626)도 경험론자답게 일찍이 같은 취지의 말을 합니다.

"인간은 자연을 관찰하고 그 법칙을 사색하는 한에서만 그것의 상당 부분을 이해할 수 있으며 또 뭔가를 할 수 있다."[13]

모든 지식은 경험인 '격물'로부터 시작됩니다. 물론 그 격물에는 '직접적 격물'뿐만 아니라 '간접적 격물'도 포함됩니다. '직접적 격물'은 자신이 직접 경험한 것이고, '간접적 격물'은 다른 이가 경험을 통해 남긴 기록을 접하는 간접적 경험 방식입니다.

문명이 발달하고 우리를 둘러싼 환경이 복잡해질수록 사람들이 알아야 할 지식은 폭발적으로 늘어납니다. 동시에, 동시대 사회구성원 각자의 경험 및 사고 활동을 통한 사회적 지식 축적 역시 같은 속도로 늘어납니다. 사람들은 하루 24시간의 시간적 한계로, '자신이 실제로 해보거나 겪어보는' 직접적 경험 또는 직접적 격물 방식으로 모든 지식을 다 추구할 수 없고 또 그렇게 할 필요도 없습니다. 필요한 지식을 독서나 강의 등 간접적 격물 방식을 통해 얻으면 되고 또 대부분 그렇게 하고 있습니다. 그러나 여전히 직접적인 경험을 통하지 않고서는 얻을 수 없는 지식들이 있습니다. 바로 '암묵지(Tacit knowledge)'에 속한 것들입니다.

지식은 그 내용을 문자나 언어로 표현할 수 있느냐 없느냐에 따라 '형식지(Explicit knowledge)'와 '암묵지(Tacit knowledge)'로 나뉩니다.

《장자(외편)》〈천도〉편에서 윤편이라는 목수가 제나라 환공에게 이런 말을 합니다.

"수레바퀴를 깎을 때 바퀴통이 헐거우면 단단하지 못하고, 반대로 빡빡하면 들어가지 않는다. 헐겁지도 빡빡하지도 않게 하는 것은 손으로 터득하고 느낌으로 알 뿐, 말로 설명할 수 없다."

斲輪徐則甘而不固 疾則苦而不入 不徐不疾 得之於手而應於心 口不能言

착륜서즉감이불고 질즉고이불입 불서부질 득지어수이응어심 구불능언[14]

정확히 '암묵지(Tacit knowledge)' 개념에 대해 말하고 있습니다. 손기술, 운동, 예능처럼 '몸(오감) 기억'을 필요로 하는 지식은 기본적으로 암묵지일 수밖에 없습니다. 설령 문자나 언어로 표현되고 또 의식으로 그것들을 기억하더라도 몸 감각이 그것들을 기억해 내지 못하면 문자, 언어 그리고 의식은 별 의미가 없기 때문입니다.

수영은 직접 물속에서 헤엄을 치는 것이 지식입니다. 바이올린 연주는 직접 활로 현을 켜 소리를 내는 것이 지식입니다. 헤엄치는 방법 그리고 바이올린을 연주하는 방법에 대한 머릿속 암기 자체는 그것들에 대한 지식의 본령이 아닙니다.

부처가 꽃을 들자,
가섭이 말없이 미소 짓다

　불교 선禪 수행법의 연원은 부처의 영산 설법입니다. 부처가 영산에서 설법할 때 '연꽃을 손에 들고 제자들에게 보여주자(拈華示衆염화시중)' 제자 중 가섭이 '부처님 손안의 꽃을 보고 말없이 미소 짓습니다(拈華微笑염화미소)'. 그 순간 말이 아닌 '마음에서 마음으로 가르침이 전해져(以心傳心이심전심)', 가섭이 '자신의 마음속 불성을 본 순간 바로 깨달음을 얻습니다(見性成佛견성성불)'.

　깊은 깨달음과 같은 '심오한 의식 작용'이나 극한의 슬픔, 주체할 수 없는 기쁨과 같은 '극한적인 감성 작용'은 말이나 글로 표현할 수 없습니다. 그래서 불교의 깨달음과 같은 '심오한 의식 작용'은 화두, 참선과 같은 특별한 수단을 통해 수행자 스스로 그것을 파악하는 방식으로 지혜가 전달됩니다. 또 '극한적인 감성 작용'은 '이루 말로 다 할 수 없는 기쁨'이라든지 '형언할 수 없는 슬픔'과 같은 표현처럼, 말로 나타낼 수 없는 '암묵지'라는 것을 직접 드러내는 방식으로 극한 상태를 묘사합니다.

같은 부류는 대체로 서로 닮으니, 어찌 유독
사람에 있어서만 그렇지 아니하겠는가?

　인류 역사 내내 수많은 사람들의 경험과 사고 활동에 의해 축적된 지식인 형식지를 통한 간접적 경험은 '거인의 어깨 위에서 시작하는' 격물입니다. 간접적 경험의 대표적인 방식은 독서와 강의 청취입니다. 독서는 적은 비용으로 가장 큰 효과를 볼 수 있는 지식 습득 방식입니다. 아울러 그런 효율적인 수단인 만큼 체계적이고 계획적인 접근이 필요한 것이 또 독서입니다.

강의 청취는 가장 손쉽게 해당 지식을 습득할 수 있는 방식입니다. 반면 손쉽게 습득되는 만큼 비판적 수용과 자기 생각이 배제되기 쉽습니다. 듣는 데 집중하다 보면 따져볼 여유 없이 강사의 말 따라가기에 급급하게 되고, 또 그 주장에 끌려가기 쉽습니다.

직접적 경험을 통한 지식은 생생하고 그리고 오랫동안 기억이 유지된다는 장점이 있습니다. 반면 시간과 수고 그리고 비용이 많이 듭니다.

지식을 습득하는 데 있어 관건은 사실 지식 습득의 방법보다 지식을 습득하는 사람의 태도입니다. 개인 간 보유 지식에 차이가 있다면 그것은 대체로 지식 습득의 방법이 아닌, 지식을 습득하는 개인의 태도 차이 때문입니다.

사람들은 지식 습득에 다양한 방법이 있다는 것을 모두 익히 알고 있습니다. 그리고 각자 주어진 상황에 따라 현실에서 자신에게 적절한 지식 습득 방법을 선택할 여지도 가지고 있습니다.

지식을 습득하는 태도에 있어 첫 번째로 생각해 보아야 할 것은 개인 간 자질 차이에 대한 사람들의 인식에 대해서입니다.

맹자는《맹자》〈고자장구상〉 편에서 이렇게 말합니다.

"대체로 같은 부류의 것들은 모두 서로 닮으니 어찌 유독 사람에 있어
서만 그렇지 아니하겠는가? 마땅히 성인聖人도 보통 사람과 다를 것이
없다."

凡同類者 擧相似也 何獨至於人而疑之 聖人與我同類者
범동류자 거상사야 하독지어인이의지 성인여아동류자[15]

고대 로마의 정치가이자 철학자인 키케로(BC106-BC43)는《법률론》〈제
1권〉에서 이렇게 말합니다.

"이성이라는 그 하나로 우리가 짐승보다 훌륭하고, 그 이성으로 우리
는 추정을 하고 논증을 하고 반박을 하고 토론을 하고 무엇인가 작성하
고 결론에 이르는데, 바로 그 이성이 모든 사람들에게 공통으로 있다는
말일세. 비록 지식이 다를지라도 배우는 능력만큼은 동등하다는 말일
세."[16]

동서양 두 현자의 주장 모두 사람의 이성 능력에 개인 간 차이가 없다
는 것입니다. 자신의 지식 부족에 대해 '나는 원래 머리가 나빠', '그 친구
는 타고났잖아'와 같이 말한다면 그것은 자기 합리화, 자기 핑계에 불과
하다는 이야기입니다.

재능 있는 이들이 한 번에 해낸다면
자신은 열 번을 해야

지식 습득 태도에 있어 두 번째로 생각해 보아야 할 것은 노력하는 자세에 대해서입니다. 《중용》〈제20장〉에 실린 내용입니다.

"처음부터 배우지 않을지언정 일단 무엇인가를 배우기 시작했다면 능숙해질 때까지 그만두지 않아야 할 것이며, 처음부터 묻지 않을지언정 일단 묻기 시작했다면 충분히 이해가 될 때까지 묻기를 멈추지 않아야 할 것이며, 처음부터 생각하지 않을지언정 일단 생각하기 시작했다면 확실하게 파악될 때까지 생각하기를 멈추지 않아야 할 것이며, 처음부터 따지지 않을지언정 일단 따지기 시작했다면 명료해질 때까지 따지기를 그만두지 않아야 할 것이며, 처음부터 행동에 나서지 않을지언정 일단 행동에 나섰다면 최선을 다해야 할 것이며, 재능 있는 이들이 한 번에 해낸다면 자신은 열 번을 하고 재능 있는 이들이 열 번에 해낸다면 자신은 천 번을 해야 한다. 이렇게 하다 보면 어리석은 자라 할지라도 반드시 현명해질 것이며, 유약한 자라 할지라도 반드시 강해질 것이다."

有弗學 學之弗能弗措也 有弗問 問之弗知弗措也 有弗思 思之弗得弗措也 有弗辨 辨之弗明弗措也 有弗行 行之弗篤弗措也 人一能之己百之 人十能之己千之 果能此道矣 雖愚必明 雖柔必強
유불학 학지불능불조야 유불문 문지불지불조야 유불사 사지불득불

조야 유불변 변지불명불조야 유불행 행지불독불조야 인일능지기백
지 인십능지기천지 과능차도의 수우필명 수유필강[17]

지식을 습득하는 데 특별한 왕도가 없다는 이야기입니다. 꾸준한 노
력만이 결과를 만들어내고, 스스로 재능이 떨어진다고 생각되면 그것
또한 노력을 배가하는 것 외 달리 방법이 없다는 가르침입니다.

자기 밭은 팽개쳐두고 남의 밭의 김을 매는 이들

세 번째로 생각해 보아야 할 것은 적지 않은 사람들이 자신의 삶을 소
중히 여기지 않는 것에 대해서입니다. 맹자는 《맹자》 〈진심장구하〉 편
에서 이렇게 말합니다.

"사람들의 병통은 자기 밭은 팽개쳐두고 남의 밭의 김을 매는 것이니,
남의 일에 끼어드는 것은 중하게 여기면서 자신의 일은 가볍게 여기기
때문이다."

人病 舍其田而芸人之田 所求於人者重 而所以自任者輕
인병 사기전이운인지전 소구어인자중 이소이자임자경[18]

인생에 주어진 시간과 에너지를 하나뿐인 자신의 삶을 돌보는 데 쓰

지 않고 다른 이들의 삶을 참견하는 데 허투루 사용하는 이들이 적지 않다는 이야기입니다. 그것도 부정적으로 관심을 갖는 일에. 그렇게 되면 정작 자신을 위해 써야 할 시간과 에너지에는 결핍을 느끼게 됩니다. 아니, 결핍을 느끼는 것이 아니라 정확히 말해 결핍을 주장합니다. '시간이 없어', '난 너무 바빠'와 같은 언어 습관으로.

자기 밭의 잡초는 팽개치고 남의 밭에만 관심을 두는 것은 자기 삶에 정면으로 맞닥트리기를 두려워해서입니다. 자신의 인생을 전적으로 책임지려는 용기를 내지 못하고 있는 거죠.

애덤 스미스는 《도덕감정론》〈제2장 칭찬받는 것과 칭찬받을 만한 사람이 되는 것을 좋아함〉 편에서 이렇게 말합니다.

> "우리 가슴속에 있는 반신반인(demigod)은 시인들이 말하는 반신반인들과 마찬가지로 부분적으로는 신의 혈통이지만 부분적으로는 인간의 혈통인 것처럼 보인다. 이러한 반신반인의 판단이 칭찬할 가치가 있는 것과 비난받아 마땅한 것을 구별하는 정확한 감각에 의해 확고부동하게 방향이 지어질 때에는, 그는 자기의 신의 혈통에 맞게 행동하는 것으로 보인다."[19]

인간은 '불완전한 이성'을 지니고 이 세상에 왔습니다. 따라서 인간은 누구나 '완전한 이성'을 향해 달려나가야 할 자발적 의무를 갖습니다. 창조론이든 진화론이든 다 그렇습니다. 조물주가 있어, 불완전한 이성적 존재를 만들었다면 그것은 피조물 스스로의 의지로 완전한 이성인 조물주를 향하라는 의도이지 비이성적 존재인 미물로 전락하라는 의도일 수 없고, 인류 역사 전체를 두고 볼 때도 그것은 이성 완성을 향한 진화의 장도長途였지 그 반대는 아니었기 때문입니다.

'불완전한 이성'으로서의 인간은 마땅히 그 무엇보다 먼저 스스로의 이성 향상에 매진해야 합니다.

아는 것이 적으면 불편할 일이 많고, 이성적으로 성숙치 못하면 공동체에 피해를 준다

마지막 네 번째로 생각해 보아야 할 것은 평소 사물이나 상황을 대하는 자세에 대해서입니다. 인간의 의식은 깨어 있는 동안 항상 무엇인가를 대상으로 삼습니다. 이런 '의식이 어떤 대상을 향하는 작용 일반'[20]을 '지향성(Intentionality)'이라 합니다.

지식을 구체적으로 습득하는 단계에 있어 가장 중요한 것은 '지향성'입니다. 항상 무엇인가를 향하는 이 의식의 '지향성'에서 '그 대상을 무엇으로 하고' '그 지향성의 순도를 얼마나 높게 유지하는가'에 따라 한 사람의 지식영역과 질이 결정됩니다.

잡생각과 같은 지향성은 지식 습득에 별 도움이 되지 않습니다. 대상이 두서없이 얽혀 있어 그 순도가 극히 낮을 뿐만 아니라, 의식 흐름에 그냥 생각을 내맡김으로써 특정의 유용성을 기대하기 힘들기 때문입니다. 물론 창의성 발휘에는 일정 부분 도움되는 측면이 있습니다.

주희가 강조한 궁리窮理, 즉 '마음속으로 이리저리 따져 깊이 생각하는 것'도 결국은 이 지향성을 제대로 활용하라는 것에 다름 아닙니다. 어차피 깨어 있는 내내 쉬지 않고 무엇인가를 향할 수밖에 없는 인간의 의식 작용이라면 그 대상을 자신의 의지로 선택하고, 그리고 거기에 자신의 시간과 에너지를 집중하는 것이 인간적입니다. 그렇게 하는 것이 자기 실현의 출발입니다.

고대 그리스의 역사가 헤시오도스는 아리스토텔레스의 《윤리학》〈제1권〉에서 이렇게 말합니다.

"모든 것을 스스로 깨닫는 자가 가장 훌륭한 사람이고, 남의 옳은 말을 따르는 자도 훌륭한 자이지만, 스스로 깨닫지도 못하고, 남의 좋은 말도 듣지 않는 자는 아무짝에도 쓸모가 없는 자이니라."[21]

공자는 《논어》〈계씨〉 편에서 같은 말을 합니다.

"태어날 때부터 아는 자는 상등급이고, 스스로 공부해서 알게 된 자는 그다음 등급이고, 곤경을 겪고 난 다음 공부를 한 자는 그다음 다음 등급이고, 무지의 곤경을 겪으면서도 배우려 하지 않는 자는 최하등급이다."

生而知之者上也 學而知之者次也 困而學之又其次也 困而不學 民斯爲下矣

생이지지자상야 학이지지자차야 곤이학지우기차야 곤이불학 민사
위하의[22]

아는 것이 적으면 스스로 불편할 일이 많고, 이성적으로 성숙치 못하
면 공동체에 피해를 줍니다. 스스로 불편을 느끼고 공동체에 누를 끼치
면서 알기에 분발하지 않는다면 그것은 비도덕적입니다. 헤시오도스의
말처럼 자신을 아무짝에도 쓸모없는 존재로 만드는 것이고, 공자의 말
처럼 스스로 최하등급이기를 자처하는 일입니다.

최소한 공동체에 피해를 주지 않기 위해, 그리고 스스로의 행복을 위
해 사람은 늘 궁리하고, 의지적으로 의식을 지향해야 합니다.

03

윤리와 지식

이성은 왜 '윤리'와 '지식'이어야 하는가?

'윤리'와 '지식'이 상호
상승 작용할 수 있도록 해야

주희는 《대학혹문》〈권1〉, 《주자대전》〈권64〉에서 각각 이렇게 말합
니다.

> "천하 사물은 반드시 '소이연지고(그리된 까닭)'와 '소당연지칙(마땅한 법
> 칙)'을 지니고 있으니, 이른바 이치(理리)다."

> 天下之物則必各有所以然之故 與其所當然之則 所謂理也
> 천하지물즉필각유소이연지고 여기소당연지칙 소위리야[23]

"궁리窮理는 사물의 '소이연(그리된 까닭)'과 '소당연(마땅한 법칙)'을 알려는 것일 뿐이다. '소이연'을 앎으로써 생각에 의혹이 없어지고, '소당연'을 앎으로써 행동에 어긋남이 없어진다."

窮理者 欲知事物之所以然與其所當然者而已 知其所以然 故志不惑
知其所當然 故行不謬
궁리자 욕지사물지소이연여기소당연자이이 지기소이연 고지불혹
지기소당연 고행불류[24]

여기서 '끝까지 그 이치를 따지는' '궁리'의 대상인 '소이연'과 '소당연'은 구체적으로 무엇일까요? 그것은 바로 '지식'과 '윤리'입니다. '끝까지 그 이치를 따지는' 작용으로서 '이성'의 대상은 다름 아닌 '지식'과 '윤리'입니다.

《중용》〈제27장〉에서는 이렇게 말합니다.

"군자는 '덕성을 높이고(尊德性존덕성)' '학문에 힘쓰니(道問學도문학)', 광대함을 이루고 정미함을 다하며 고명을 극진히 하고 중용을 좇는다."

君子尊德性而道問學 致廣大而盡精微 極高明而道中庸
군자존덕성이도문학 치광대이진정미 극고명이도중용[25]

지성인으로서 갖춰야 할 두 가지가 있으니 그것은 존덕성尊德性, 곧 '윤

리'와 도문학道問學, 곧 '지식'이라는 이야기입니다. 주희는 '윤리'인 존덕성과 '지식'인 도문학을 궁극적으로 상호 상승 작용하는 관계로 이해합니다. 《주자문집》〈권74〉에 실린 내용입니다.

"군자의 배움은 '존덕성'으로 그 큰 것을 온전히 하고 난 다음 반드시 '도문학'으로 작은 것들을 남김없이 채워야 한다. -중략- 배우는 자는 여기에서 반드시 '존덕성'을 중심에 두지만 '도문학'에도 역시 힘을 기울이지 않으면 안 된다. 마땅히 이것들을 번갈아 증진시키면서 서로 밝히게 하면 자연히 모든 것을 통달하게 되어 학문하는 자로서 부족함이 없게 된다."

故君子之學 旣能尊德性以全其大 使須道問學以盡其小 -중략- 學者於此固當以尊德性爲主 然於道問學亦不可不盡其力 要當使之有以交相滋益 互相發明則自然該貫通達而於道體之全 無欠闕處矣
고군자지학 기능존덕성이전기대 사수도문학이진기소 -중략- 학자어차고당이존덕성위주 연어도문학역불가부진기력 요당사지유이교상자익 호상발명즉자연해관통달이어도체지존 무결궐처의[26]

동서양 모두 일찍이 '윤리'와 '지식'은 둘이 아닌 하나였다

《맹자》〈등문공장구〉 편에 고대의 학교와 가르침에 대한 내용이 나옵니다.

"일찍이 상庠·서序·학學·교校라는 학교를 두어 백성들을 가르쳤으니 '상庠'은 봉양한다는 뜻이요, '교校'는 가르친다는 뜻이요, '서序'는 활쏘기를 익힌다는 뜻이다. 학교를 하夏나라에서는 '교校'라 하였고, 은殷나라에서는 '서序'라 하였고, 주周나라에서는 '상庠'이라 하였으며, '학學'은 세 왕조 공통으로 두었으니, 이는 모두 '인륜을 밝히기 위한 것'이었다."

設爲庠序學校 以敎之 庠者養也 校者敎也 序者射也 夏曰校 殷曰序
周曰庠 學則三代共之 皆所以明人倫也
설위상서학교 이교지 상자양야 교자교야 서자사야 하왈교 은왈서
주왈상 학즉삼대공지 개소이명인륜야[27]

이 내용에 대해 《맹자》〈등문공장구〉 편에서 주희는 이렇게 해설합니다.

"인륜의 '윤倫'은 차례를 말하는 것이니 곧 부자유친, 군신유의, 부부유별, 장유유서, 붕우유신으로 사람이 지켜야 할 큰 윤리들이다. 상庠·서序·학學·교校는 모두 이것을 밝히려 했을 뿐이다."

倫序也 父子有親 君臣有義 夫婦有別 長幼有序 朋友有信 此人之大倫
也 庠序學校 皆以明此而已
윤서야 부자유친 군신유의 부부유별 장유유서 붕우유신 차인지대륜

야 상서학교 개이명차이이[28]

'윤리'가 곧 '지식'이었다는 이야기입니다. 일찍이 '윤리'가 '지식'이었던 것은 동양만이 아닙니다.

버트런드 러셀은 《서양철학사The History of Western Philosophy》의 〈소크라테스Socrates〉 편과 〈스토아학파Stoicism〉 편에서 각각 이렇게 말합니다.

> "윤리와 지식이 긴밀히 관련되어 있다는 것은 소크라테스와 플라톤 철학의 특징이다. 어느 정도까지 이 특징은 고대 그리스 사상 전체에서 찾아볼 수 있다."

> "The close connection between virtue and knowledge is characteristic of Socrates and Plato. To some degree, it exists in all Greek thought." [29]

> "제논도 로마의 스토아 철학자들처럼 모든 이론적인 연구를 윤리학에 예속시켰다. 그에 의하면, 철학을 하나의 과수원이라 친다면 논리학은 그 과수원의 울타리와 같고 자연학은 과일나무들과 같으며 윤리학은 열매와 같다는 것이다. 또 철학을 달걀에 비유하면 논리학은 달걀의 껍질과 같고 자연학은 흰자와 같으며 윤리학은 노른자 격이라고 한다."

> "But Zeno, as well as the Roman Stoics, regarded all theoretical

studies as subordinate to ethics: he says that philosophy is like an orchard, in which logic is the walls, physics the trees, and ethics the fruit; or like an egg, in which logic is the shell, physics the white, and ethics the yolk."[30]

서양 역시 동양과 마찬가지로 일찍이 '지식'이 곧 '윤리'였다는 이야기입니다. 동서양을 막론하고 고대에는 '윤리'가 곧 '윤리'이자 동시에 사실상의 '지식'이었습니다.

'윤리 우위의 이성'에서 '지식 우위의 이성'으로의 전환점,《군주론》

'끝까지 그 이치를 따지는' '궁리窮理', 즉 이성 추구에 있어 인간은 그 대상인 '윤리'와 '지식'을 언제나 균등하게 추구하지는 않습니다. 고대로 거슬러 올라갈수록 '윤리'가 더 강조되고 현대에 가까워질수록 '지식' 쪽으로 기웁니다.

고대는 생활환경이 단순해 '지식'이라 할 만한 것이 많지 않았습니다. 또 문명화 초기로, 일반 동물로부터 사람을 구분하는, 즉 사람을 사람답게 만드는 것이 무엇보다 급선무였습니다. 따라서 이른바 '사람의 도리'인 '윤리'가 강조될 수밖에 없었습니다. 이때 그 역할을 떠맡고 나선 것이 종교입니다. 종교가 핵심 교리에 대동소이하게 신에 대한 믿음 이상으로 윤리 내용을 많이 담고 있는 것이 바로 이런 배경에서입니다.

문명화가 진행되면서 이성의 주요 관심은 '윤리'에서 '지식'으로 옮겨 갑니다. 기술 발전과 함께 사회가 복잡해지고 문화가 성장하면서, 생존을 위해 또는 생존 이상의 삶의 의미 추구와 문화 향유를 위해 사람들은 점점 더 많은 그리고 더 다양한 지식을 필요로 하게 됩니다.

서양에서 윤리 우위의 이성이 지식 우위의 이성으로 넘어가는 상징적 사건은 1513년 출간된 《군주론》의 등장입니다. 마키아벨리의 《군주론》은 근대 정치학의 효시로 평가받습니다. 바로 서양 정치론 역사 최초로 '윤리'를 배제하고 냉정한 현실 인식에 입각해 정치의 '지식' 또는 '기술' 그 자체만을 다루었다는 이유에서입니다.

16세기 초는 중세(5-15세기)의 종말과 함께 자연과학(1543년 코페르니쿠스 지동설 주장)이 태동하던 때입니다. 바로 4세기 이후 내내 서양사회의 '윤리' 규정 역할에 독점적 지위를 누리던 가톨릭의 권위에 균열이 일어나고 천문학·물리학을 중심으로 한 과학으로서의 '지식'이 새로운 권력으로 등장하는 시기입니다.

자연과학의 태동으로 시작된 '지식'의 부상은 17세기에 이르러 기독교를 '이성'과 화해시키려는 이신론理神論(신의 존재와 진리의 근거를 인간 이성이 인식할 수 있는 자연적인 것에서 구하는 이론, Deism)의 등장을 낳기까지 합니다. 그리고 18세기 경제학, 19세기 사회학, 20세기의 경영학과 같은 사회과학의 등장으로 이어지면서, 지식은 이제 절대 반지를 꿈꾸는 상황에까지 이릅니다. 지식에 바탕한 계몽주의, 사회주의가 종교를 대신해 세상의 구원을 자신하고, 급기야 1899년 미국의 특허청은 발명될 만한 것은 모두 발명되어 이제 더 이상 발명할 것이 남아 있지 않다는 지식 완결 선언을 하기에까지 이릅니다.

'지식'은 반드시 '윤리'의 안내를 받아야

칸트(1724-1804)는 《판단력 비판》〈서론〉에서 이렇게 말합니다.

"감성적인 것인 자연 개념의 구역과 초감성적인 것인 자유 개념의 구역 사이에는 헤아릴 수 없는 간극이 견고하게 있다. ─중략─ 후자는 전자에 대해 어떤 영향을 미쳐야만 한다. 곧 자유 개념은 그의 법칙들을 통해 부과된 목적을 감성 세계에서 현실화해야만 하며, 따라서 자연은 또한, 그것의 형식의 합법칙성이 적어도 자유 법칙들에 따라서 자연에서 실현되어야 할 목적들의 가능성과 부합하는 것으로 생각될 수 있지 않으면 안 된다."[31]

'지식'은 인간의 자유의지에 근거한 '윤리'와 함께해야 하며, '지식'은 반드시 이 '윤리'의 안내를 받아야 한다는 경고입니다.

한번 '윤리'의 고삐를 빠져나간 '지식'은 칸트의 경고에 아랑곳없이 폭

주에 나섭니다. 20세기 들어서의 제 1차·2차 세계대전이 바로 그것들입니다. 16세기 이후 빠른 속도로 축적된 인류의 자연과학 지식은 대량 파괴, 대량 살상에 총동원됩니다. 인명 피해로만 병사·시민 합쳐 제1차 세계대전 2,000만 명, 제2차세계대전 4,700만 명 죽음이라는 가공할 비극을 초래합니다.

　두 차례의 세계대전은 인류의 '이성'에 깊은 상처와 짙은 회의를 남깁니다. 깊은 상처는 인간 자존의 근거인 '윤리'에 대한 것이고, 짙은 회의는 역사 내내 축적해 온 인간의 자부심인 '지식'의 의미에 대한 것이었습니다.

'지식'과 '윤리'는
불가분

　극도의 공포와 좌절, 혼돈을 겪은 인간의 이성은 비로소 지식 일변도 지향에서 벗어나 다시 균형 회복을 시도합니다. 1942년, 영국의 베버리지 보고서(Beveridge Report)로 촉발된 사회보장제도의 도입 및 확대로 '정치'에 '윤리'가 회복되기 시작하고, 1960년대 등장한 기업의 사회적 책임(CSR: Corporate Social Responsibility) 개념 이후 윤리경영, CSV(Creating Shared Value), ESG(Environmental, Social and Governance) 개념 등의 등장으로 '경제'에 '윤리' 잣대가 더해지기 시작합니다. '정의 실현'을 지향하는 정치 영역에서뿐만 아니라 '이익 실현'을 지상 가치로 삼는 경제 영역에 있어서까지 '윤리'가 강조되고 있습니다.

공자는 《논어》〈옹야〉 편에서 말합니다.

"널리 배우고, 예禮로써 요약하라."

博學於文 約之以禮
박학어문 약지이례[32]

고대 로마의 철학자 플루타르크는 《플루타르크 영웅전》〈티몰레온〉 편에서 이렇게 말합니다.

"인간의 마음은 사실 자기가 가지는 판단이나 품고 있는 목적이 이성적으로 증명되어 강한 힘을 얻기 전에는 남의 말에 흔들리기가 쉽다. -중략- 행동의 원동력이 되는, 덕성이나 명예 같은 좋은 생각들도 뒷받침되는 것이 없으면 곧 마음속에서 사라져 버리기 때문이다. 그러나 반면에 지식과 이성에 뿌리를 박은 결심은 비록 행동이 실패로 돌아간다 할지라도 변하지 않는 것이다."[33]

공자의 말은 '지식'은 결국 '윤리'로 나타나야 한다는 것이고, 플루타르크의 주장은 '윤리'는 '지식'이 뒷받침될 때 비로소 지속 가능할 수 있다는 이야기입니다. 결국, '지식'과 '윤리'는 불가분의 관계라는 이야기입니다.

'절차탁마'의
깊은 뜻

열심히 노력하는 자세를 나타낼 때 흔히 '절차탁마切磋琢磨'라는 표현을 씁니다. 절차탁마는 원래 '지식', '윤리'를 추구하는 자세를 나타내는 말입니다.

공자의 도를 계승한 증자는 《대학》〈전문 3장〉에서 이렇게 말합니다.

"'자르고 간 듯하다'는 '절차切磋'는 '학문하는 자세'를 이르는 것이고, '쪼고 다듬은 듯하다'는 '탁마琢磨'는 '스스로를 수양하는 태도'를 이른다."

如切如磋者 道學也 如琢如磨者 自修也
여절여차자 도학야 여탁여마자 자수야[34]

중국 명나라 때의 학자 등림은 위 증자의 말을 이렇게 풀이합니다.

"'자르고 간 듯하다'는 '절차切磋'는 군자가 이치를 파고듦이, 강습을 통해 연구하고 토론을 통해 분별함으로써 배우고 알아 자세히 아는 데 이르는 것을 말한다. '쪼고 다듬은 듯하다'는 '탁마琢磨'는 군자가 욕망을 억제하기를, 스스로 반성하고 살펴 그것을 막고 다스림으로써 욕망을 물리쳐 자신을 닦아 치밀함에 이르는 것을 말한다."

如切如磋者 言君子之窮理 講習而究之 討論而辨之 學而知之 以至精
也 如琢如磨者 言君子之遏欲 省察以防之 克治以去之 修而行之 以至
密也

여절여차자 언군자지궁리 강습이구지 토론이변지 학이지지 이지정
야 여탁여마자 언군자지알욕 성찰이방지 극치이거지 수이행지 이지
밀야[35]

인간은 끊임없이 절차탁마해야 합니다. 이성은 '윤리'와 '지식' 둘 다를
지향합니다. 동물 아닌 이성적 존재라면 마땅히 '윤리'와 '지식' 둘 모두
를 갖추도록 노력해야 합니다.

정명正名

이름을 이해하면 '지식'과 '윤리'가 따라온다

'도장' 관련 사건이
'산산조각 난 구슬' 사건으로 바뀐 까닭은?

이름은 모든 것의 출발입니다. 이 세상 모든 사물에 대한 '지식'이 이름에서 시작되고 이 세상 모든 인간의 '윤리' 역시 이름으로부터 시작됩니다.

영국 고전 경험론의 창시자 프랜시스 베이컨은 《신기관》〈잠언 1권〉에서 이렇게 말합니다.

"삼단논법은 명제로 구성되어 있고, 명제는 단어들로, 단어는 개념의 상징으로 이루어진다. 따라서 개념 자체가 혼란스럽거나 그것이 사실 (fact)에서 조악하게 추상된 것이라면 그것으로 논리의 상부 구조를 구축하기는 어려울 것이다.”[36]

이름이 그 대상인 실체를 적절하게 추상하지 못하고 있거나 실체의 개념을 제대로 담고 있지 못하면 그 이름을 포함한 문장은 제대로 된 논리를 갖추기 힘들다는 이야기입니다.

주간지에 ‘… XXX 옥쇄 파동 연상시켜’라는 기사 제목이 실렸습니다. 한 정당의 대표가 당 내부 갈등으로 잠적하는 사건이 발생했습니다. 그러자 주간지가, 2016년 같은 당의 당시 대표가 국회의원 총선 공천장에 날인할 대표 직인을 가지고 잠적한 사건에 빗대어 단 제목이었습니다. ‘옥쇄玉碎’는 ‘구슬 옥玉’, ‘부술 쇄碎’로 ‘옥이 산산이 부수어지다’라는 의미입니다. 비슷한 발음으로 ‘옥새玉璽’라는 말이 있습니다. 조선시대 ‘임금의 도장’을 의미하는 ‘구슬 옥玉’, ‘옥새 새璽’의 그 ‘옥새玉璽’입니다.

2016년 있었던 사건은 당시 당 대표가 ‘당 대표 도장(옥새)’을 가지고 잠적한 것이지, ‘구슬을 산산이 부수거나(玉碎옥쇄)’ 하지 않았습니다. 따라서 기사 제목은 당연히 사실에 부합해 ‘옥새 파동’이어야지 ‘옥쇄 파동’이어서는 안 됩니다. 기자가 머릿속으로는 ‘옥새玉璽’ 개념’을 생각하면서 손으로는 ‘옥쇄玉碎’로 ‘이름’을 잘못 쓴 경우입니다. ‘옥쇄玉碎’의 의미를 따르면, 당연히 기사 제목은 논리적이지 않고 사실을 제대로 반영하고 있지도 못합니다. ‘이름’이 대상의 ‘개념’을 잘못 담아 벌어진 해프닝입니다.

'우리 문자'는 아니지만,
'우리말'이긴 한 한자음漢字音

'순수 우리말'이라는 말을 사용할 때가 있습니다. 어떤 어휘가 '순수 우리말'임을 강조하기 위해서입니다. 그 이야기는 우리가 사용하는 말 중 '순수 우리말'이 아닌 말이 적지 않다는 의미입니다.

우리가 사용하는 용어 중 70% 이상, 특히 학술용어는 90% 이상이 한자에서 온 말이라고 합니다. 우리나라는 1446년 한글이 창제되기 전까지 '우리말'은 있었지만 '우리 문자'는 없었습니다. 따라서 일찍부터 이웃 중국의 '문자'인 한자를 빌려 우리말'을 표현할 수밖에 없었습니다. 바로 향찰鄕札, 이두吏讀, 구결口訣과 같은 방식들이었습니다. 오늘날 우리가 사용하는 말에 당연히 한자 용어가 많을 수밖에 없습니다.

한자는 '표의表意문자'입니다. 글자가 '음(소리)'을 나타내는 '표음表音문자'인 한글과 달리, '뜻(의미)'을 나타냅니다. 따라서 한자 용어는 용어 자체에 그것이 나타내고자 하는 '실체의 의미'가 이미 드러나 있습니다.

예를 들어 '민주주의民主主義'라는 말은 '백성 민民', '주인 주主', '주된 주主', '뜻 의義'의 4개 한자로 이루어진 말로, '백성이 주인이 되는 것을 주된 뜻으로 삼다'라는 의미가 이름 자체에 담겨 있습니다. '민주주의

(Democracy)'의 어원인 그리스어의 'demo(국민)', 'kratos(지배)'의 '국민의 지배'라는 의미가 충분히 담겨 있는 것이죠.

'노파심'은 '필요 이상으로 남의 일을 걱정하고 염려하는 마음'이라는 뜻입니다. 바로 '나이가 많이 든 여자'라는 의미의 '노파老婆'와 '마음 심心'이 더해진 말입니다.

'구상권'은 '구할 구求', '보상 상償', '권한 권權'자로 이루어진 말로, '다른 사람을 위하여 그 사람의 빚을 갚은 사람이 다른 연대채무자나 주된 채무자에게 상환을 요구할 수 있는 권리'라는 의미입니다. 따라서 언론의 기사 제목에 심심치 않게 등장하는 '구상권 청구'와 같은 말은 잘못된 표현입니다. '구상권'이라는 말 자체에 이미 '청구(求구)'의 의미가 포함되어 있어 '구상권 행사'라 해야 맞습니다.

'호의호식'은 '좋을 호好', '옷 의衣', '좋을 호好', '음식 식食'의 '좋은 옷을 입고 좋은 음식을 먹다'라는 뜻입니다. 인간의 기본 생활조건인 의衣·식食·주住에서 옷(衣의)과 먹을 것(食식)이 풍족하니, 한마디로 '잘 먹고 잘 산다'는 의미입니다. 따라서 인터넷상에서 심심치 않게 볼 수 있는 '호위호식'이라는 말은 한자 의미를 새기지 않음으로써 발생한 잘못된 표현입니다.

'~에서 직접 공수하다.' 할 때의 '공수'는 '항공수송航空輸送'의 줄임말인 '공수空輸'로, '항공기로 운반하다'는 뜻입니다. 따라서 '시장에서 직접 공수한 낙삼볶음'과 같은 표현은 잘못된 말입니다. 시장에서 집까지 자신이 직접 탑승해 낙삼볶음을 운반할 수 있는 항공기가 아직까지 우리나라에 존재하지 않습니다. '공수空輸'에서 '나를 수輸' 자를 '손 수手' 자 정도로 생각하고, 그 '수手' 자에 생각이 꽂혀 잘못 사용한 경우가 아닌가 싶습니다. 덤으로, 군대 공수부대의 '공수'는 바로 '항공기로 운반하다'라는 의미의 그 '공수空輸'입니다. 전쟁이 일어나면 초기에 항공기로 전투지역 또는 적 후방에 투입해 작전을 수행할 목적으로 편성된 특수부대가 바로 이 공수부대입니다.

'가짜'를 의미하는 '사이비'라는 말은 한자말입니다. 공자가 자신이 가장 미워한 향원鄕愿을 표현할 때 사용한 말입니다. '사이비'는 '닮을 사似', '그러나 이而', '아닐 비非', 즉 '진짜와 닮긴 했지만 진짜는 아니다'라는 의미입니다. 밖으로 딱 보니 나쁜 놈이거나 나쁜 짓을 대놓고 하는 사람은 사실 그렇게 위험하지 않습니다. 사람들이 미리 알아서 조심하기 때문입니다. 제일 위험하고 나쁜 놈은 밖으로는 선하고 믿음도 깊고 인격자인 양 점잖게 행동하면서 속으로는 그 반대인 경우입니다. 공자가 볼 때 당시 시골의 토호인 향원들이 그랬습니다. 그래서 공자는 그들을 '사이비似而非'라 표현하며 증오했습니다.

한자 공부의 지름길은
외우기 아닌 이해하기

한자는 '6가지 원리(六書육서)로 만들어졌습니다. 이 중 '형성법形聲法'에 의해 만들어진 것이 전체 한자의 80-90%를 차지합니다. 형성법은 두 요소로 글자가 구성되는데, 한 요소는 그 글자의 '의미(形형)'를 나타내고, 다른 한 요소는 '소리(聲성)'를 나타내게 조합하는 방식입니다.

예를 들어 '공수空輸' 할 때의 '나를 수輸' 자는 '의미(形형)'를 나타내는 '수레 거車'와 '소리(聲성)'를 나타내는 '대답할 유兪'가 조합되어 만들어진 글자입니다. 그래서 '유兪'와 비슷한 소리(한자의 중국 발음과 우리나라 발음상의 차이도 있음)인 '수'로 발음하면서, 의미는 '수레 거車'의 뜻을 살려 '나르다'라는 뜻이 됩니다.

'할머니 파婆' 자는 '의미(形형)'를 나타내는 '여자 녀女'와 '소리(聲성)'를 나타내는 '물결 파波'의 조합으로 만들어진 글자입니다. 그래서 발음은 '파'로 하고, 의미는 '여자'와 관련된 '할머니'가 됩니다.

한자에서 온 낱말은 습관적으로 그 낱말의 한자 의미를 새겨보는 것이 좋습니다. 앞의 '옥쇄'나 '공수', '호위호식'과 같이 용어를 잘못 사용하는 일을 방지하기 위해 그렇기도 하지만, '민주주의', '사이비'와 같이 용어의 의미를 정확하게 이해하면 그 자체로 지식·인식의 확장이 이루어지기 때문입니다. 그리고 그런 과정이 축적되면, 처음 접하는 한자말도 그 낱말만으로 의미, 맥락 등 여러 가지 '추론'이 가능하게 됩니다. 한마디로 '이성 능력' 향상까지 기대할 수 있습니다.

서양에서 지식을 추구하는 이들은 라틴어, 그리스어에 관심을 갖습니다. 영어를 비롯한 오늘날 유럽 언어들이 라틴어, 그리스어 그리고 더 거슬러 올라가면 산스크리트어와 같은 언어들의 영향을 받았기 때문입니다. 모든 지식과 사고의 바탕은 '이름'입니다. '이름'의 정확한 의미, 생성 배경을 이해하게 되면, 우리는 그 자체로 이미 그것과 관련된 기본 지식을 확보하게 됩니다.

'윤리', 그것은 '실상'을 '이름'에 일치시키는 것

사물 또는 상황에 대한 이름을 정확히 이해하는 것이 '지식'의 시작이라면, 사람의 신분이나 역할 이름을 정확히 이해하는 것은 '윤리'의 출발입니다. 사물·상황에 대한 이름이 그 사물 또는 상황의 '속성'을 드러내는 기능을 한다면, 사람의 신분·역할에 관련된 이름은 그 신분이나 역할의 '의무'를 끊임없이 상기시키는 기능을 합니다. 물론 사물의 이름이나 사람의 이름 둘 다 '명실상부名實相符', 즉 '이름과 실상이 서로 꼭 맞음'을 지향합니다.

공자는 《논어》〈안연〉 편에서 이렇게 말합니다.

"군주는 군주다워야 하고, 신하는 신하다워야 하고, 아비는 아비다워야 하고, 아들은 아들다워야 한다."

君君臣臣父父子子
군군신신부부자자[37]

공자의 '정명론正名論'입니다. 신분제 사회에서 상하질서를 강조하려는 의도가 담겨 있긴 하지만, 기본적으로 '이름에 상응하는 실상'을 주장하는 '정명론正名論' 의미 그대로, 사람의 이름값 역할을 강조하고 있습니다.

우리는 많은 이름을 가지고 삽니다. 먼저 누구나 다 '인간'이고 한 사회의 '시민'입니다. 그리고 이를테면 집에서는 '가장'이고, 회사에서는 '영업팀장'이고, 부모에게는 '아들'입니다. 따라서 사람은 누구나 먼저 '인간'으로서의 이름값과 '시민'으로서의 이름값을 하지 않으면 안 됩니다.

성서에서 선악과를 먹음으로써 '이성'을 갖추게 된 인간에게 일어난 첫 번째 일은 '부끄러움'을 알게 된 것입니다. 동양의 경전인 《맹자》에서는 인간과 동물의 경계를 '부끄러움(恥치)'을 아는 것이라 말하고 있습니다. 동서양 모두 '부끄러움'을 모르면 그는 '인간'이라는 '이름'에 해당되지 않는다는 이야기입니다.

'시민'의 사전적 의미는 '국가 사회의 일원으로서 그 나라 헌법에 의한 모든 권리와 의무를 가지는 자유민'입니다. 그런데 시민으로서 법이 정한 그런 권리를 행사하고 의무를 수행하는 데는 상당한 이성 능력, 권리·의무에 대한 균형 의식 등이 요구됩니다. 본인의 노력 부족과 잘못된 의지로 올바른 이성 능력을 갖추지 못했거나, 권리만 주장하고 의무에는 소홀하다면 그것은 올바른 '시민'이라 할 수 없습니다.

'가장'은 주된 역할인 가정의 경제 문제 등을 책임지는 이입니다. '영업팀장'은 회사의 영업 담당 중간간부로서 주어진 영업목표 실적을 완수하는 이입니다. '아들'은 부모에게 자식된 도리를 다하는 이입니다.

사람의 '윤리'는 다름이 아닙니다. 바로 '실상'을 '이름'에 일치시키는 것입니다.

한 사회가 공정치도 정의롭지도 않다면 그것은 그 사회구성원들이 '이름값'을 제대로 하지 않기 때문

공자는 《논어》〈자로〉 편에서, 자로의 정치에 대한 질문에 이렇게 대답합니다.

> "반드시 이름(名명)을 바로(正정) 잡겠다 -중략- 이름이 바르지 않으면 말이 이치에 닿지 않고, 말이 이치에 닿지 않으면 일이 제대로 이루어질 수 없다."

必也正名乎 -중략- 名不正 則言不順 言不順 則事不成
필야정명호 -중략- 명부정 즉언불순 언불순 즉사불성[38]

한 사회가 선진국에 들어섰음에도 불구하고 그리 공정치 않다는 생각이 든다면, 그것은 그 사회구성원들이 '이름(名명)'에 '바르게(正정)' 행동하지 않고 있기 때문입니다.

정치인의 행동이 '국민들이 인간다운 삶을 영위하게 하고 상호 간의 이해를 조정하며, 사회질서를 바로잡는 따위의 역할'[39]인 '정치'라는 이름에 걸맞지 않거나 심지어 그 반대이기 때문입니다.

정의 실현의 최후 보루인 판관들이 "검사는 그 직무를 수행할 때 국민 전체에 대한 봉사자로서 헌법과 법률에 따라 국민의 인권을 보호하고 적법절차를 준수하며, 정치적 중립을 지켜야 하고 주어진 권한을 남용하여서는 아니 된다"(검찰청법 제4조③항)는 '검찰' 역할과, "법관은 헌법과 법률에 의하여 그 양심에 따라 독립하여 심판한다"(대한민국헌법 제103조)는 '판사' 역할에 충실하기보다, 법조 카르텔 보호, 기소권·재판 거래 등에 더 관심을 두고 있기 때문입니다.

언론이 '사회를 비판적으로 바라보고 정부를 감시하는 역할'[40]이라는 '언론' 본연의 사회적 소금 역할을 망각하고, 권력과 자본의 이익 대변에 앞장서고 있기 때문입니다.

그리고 그 무엇보다, '국가 사회의 일원으로서 그 나라 헌법에 의한 모든 권리와 의무를 가지는 자유민'[41]인 그 사회의 '시민'이 의무교육 과정에서 충분히 배우고도 남을 시민으로서의 민주주의 정신 수호와 시민 역할을 팽개치고 이런 부조리들을 용인하고 있기 때문입니다.

사회의 규칙을 정하고, 그 규칙에 따라 시시비비를 가리고, 그 규칙 제정과 운용 과정을 감시할, 정치인·판관·언론의 '실상'이 그들 '이름'과 일치되지 않은 상태에서 그 사회가 공정하다면 그것이 오히려 이상한 일입니다.

국가의 주인인 시민 중 적지 않은 이들이 정치인의 지역감정 자극에 휘둘리고, 언론의 이데올로기 말장난에 한술 더 떠 열 올려 동조하고, 누구를 뽑는 것이 자신의 재산 보존·증식에 더 도움될까에 골몰하면서 투표장으로 향한다면, 그 사회는 공정은 고사하고 다시 야만의 시대로 퇴보할 수밖에 없습니다.

'명분이 서지 않는다', '○○답지 못하다', '○○로서 할 일이 아니다', '이름이 부끄럽다'와 같은 말들은, 모두 '이름'에 자신의 '행동'을, '실상'을 맞추는 것이 '인간'에게 얼마나 중요한 것인가를 보여주는 표현들입니다.

이름은 모든 것의 출발입니다. 이 세상 모든 사물에 대한 '지식'이 이름에서 시작되고 이 세상 모든 인간의 '윤리' 역시 이름으로부터 시작됩니다. '이름'을 정확하게 이해함으로써 우리는 좀 더 현명해지고, '이름'을 늘 마음속에 새김으로써 우리는 스스로를 좀 더 가치 있는 인간으로 성장시켜 나갈 수 있습니다.

'사물의 이름'은 '지식의 주춧돌'이고, '사람의 이름'은 '윤리의 북극성'입니다.

2장

치지
致知

·

자연의 이치와
인간의 도리를
근본적으로
깨닫기 위해 힘써야

　'치지致知'는 앞 장의 '격물格物'과 함께 8조목 중 가장 중요합니다. 격물·
치지 2조목이 뒤따르는 6조목의 전제이자 초석이기 때문입니다. 즉, 격
물과 치지 2조목이 이루어지지 않으면 뒤의 6조목이 성립할 수 없고, 이
루어지더라도 부실하게 갖춰지면 뒤따르는 6조목 역시 함께 부실해지
고 맙니다. 그런데 아쉽게도 맹자 이후《대학》전수 과정에서 이 2조목
에 대한 해설 내용이 망실되고 말았습니다. 주희는 '격물'과 '치지' 해석
에 직접 나섭니다. 〈격물치지보망장格物致知補亡章〉이 바로 그것입니다.

　주희는《대학》〈전문 5장 석격물치지〉편에 실린〈격물치지보망장〉에
서 이렇게 말하고 있습니다.

　"이른바 '치지致知가 격물格物에 있다'는 것은, '나의 앎을 지극히 하기
　위해서는 사물에 나아가 그 이치를 깊이 따져봐야 한다'는 말이다. -중
　략- 활연관통豁然貫通 상태에 이르게 되면 '뭇 사물들의 표리정조表裏精
　粗에 이르지 않음이 없고' '마음속에 전체全體와 대용大用이 밝지 않음이
　없게 되니', 전자를 일러 '격물格物'이라 하고 후자를 일러 '치지致知'라
　한다."

所謂致知在格物者 言欲致吾之知 在卽物而窮其理也 -중략- 豁然貫通
焉 則衆物之表裏精粗 無不到 而吾心之全體大用 無不明矣 此謂物格
此謂知之至也
소위치지재격물자 언욕치오지지 재즉물이궁기리야 -중략- 활연관통
언 즉중물지표리정조 무부도 이오심지전체대용 무불명의 차위물격
차위지지지야[1]

그리고 《주자대전》〈권51〉에서는 이렇게 말합니다.

"'격물格物'은 '단지 하나의 사물에 다가가 그 한 사물의 이치를 극진히
궁구하는 것'이고, '치지致知'는 곧 '사물의 이치를 끝까지 궁구해 얻음으
로써 나의 지식이 다하지 않음이 없게 하는 것'이다."

格物只是就一物上 窮盡一物之理 致知便只是窮得物理盡后我之知識
亦無不盡處
격물지시취일물상 궁진일물지리 치지편지시궁득물리진후아지지식
역무부진처[2]

격물이 '사물 하나하나'(예를 들어 철수네 집 대나무, 영희네 집 대나무)에 다
가가 그 사물들의 이치를 직접 살피는 것'이라면, 치지는 '자신의 생각
을 통해 그 각각의 사물을 관통하는 하나('대나무'라는 사물)의 이치를 깨
닫는 것'입니다.

이 장에서는 지식 축적과 함께 이성의 힘을 키우는 구체적 방법인 '생각하기'의 '치지致知'에 대해 알아봅니다. 알아보는 순서는 첫째, '생각-생각하는 존재, 인간', 둘째, '추리-생각은 추리다', 그리고 마지막 세 번째로 '이성의 날-이성을 갈고닦아야'입니다.

생각

생각하는 존재, 인간

상대성이론은
실험실에서 탄생하지 않았다

"특허국 공무원으로 일하면서 버는 돈은 저녁때나 일요일에 선술집에 들러 썼으며 한가로운 산책을 하기도 했다. 무엇보다도 그는 많은 시간을 생각하는 데 보냈다. ─중략─ 아인슈타인은 가끔씩 쉬는 시간이 생길 때면 사무실 책상 서랍 안에 있는 종이를 꺼내서는 뭔가 갈겨쓰곤 했다. 그는 우스갯소리로 그 서랍을 자신의 '이론 물리학과'라고 불렀다. ─중략─ 지난 몇 달 동안 늘 머릿속을 맴돌던 생각들이 조금씩 윤곽을 드러내기 시작했는데, 풀릴 듯하면서도 명쾌하게 해결되지 않는 뭔가가 있어서 답답했다. 그날 밤도 여전히 그걸 알아내지 못한 채 잠이 들었다. 하지만 다음 날 아침 잠에서 깨어난 그는 매우 흥분되어 있었다. 그는 대여섯 주 만에 38장의 논문 초안을 완성했다. 그 논문이 바로 상대성이론의 시작이었다. -중략- 아인슈타인은 한 친구에게 보충한 논문에 관해 얘기하면서 자신의 이론이 얼마나 정확한지는 자신이 없다고 고백했다."[3]

상대성이론(Theory of relativity)은 실험실에서 탄생하지 않았습니다. 아인슈타인의 머릿속 '생각'에서 탄생했습니다. 사무실에서 짬이 날 때마다, 그리고 자신의 집 침대에서 생각의 끈을 놓지 않고 결론이 날 때까지 끝까지 파고든 끝에 마침내 찾아낸 것이 'E=mc²'입니다. 인류 역사상 가장 위대한 발견이자 인간의 삶을 가장 크게 바꾸어놓은 공식 'E=mc²'.

머릿속 '생각'으로 하는 '사고실험(Thought experiment)'을 통한 자연과학의 위대한 발견은 아인슈타인의 '상대성원리'에 그치지 않습니다. 갈릴레이의 관성의 법칙(The law of inertia), 열역학에 있어서 맥스웰의 도깨비(Maxwell's demon) 이론, 양자역학에서 하이젠베르크의 불확정성의 원리(Uncertainty principle)와 슈뢰딩거의 고양이(Schrödinger's cat) 이론 등[4] 많은 원리와 이론들이 순수한 '생각'인 사고실험에서 시작되거나 사고실험을 통해 발견되었습니다.

인문학, 사회과학의 발전은 말할 것도 없이 실험실이 아닌 '사고실험', 즉 '생각'으로부터 시작되었습니다. 인간과 사회에 대한 사유의 출발인 공자와 플라톤의 주장들이 '생각'으로부터 나왔고, 중세 주희의 신유학과 토마스 아퀴나스의 신학이 '생각'에서 나왔고, 근대를 선도한 홉스, 로크, 루소의 자유주의 사상들이 당연히 '생각'에서 나왔습니다.

성인聖人도 생각하지 않으면 바보가 되고, 어리석은 이도 생각을 하면 성인聖人이 된다

주희는 《대학》의 〈경문 1장〉 해설에서 이렇게 말합니다.

"지지知至는 내 마음의 아는 바가 다하지 않음이 없는 것이다."

知至者 吾心之所知無不盡也
지지자 오심지소지무부진야[5]

'내 마음의 아는 바가 다하지 않음이 없는' 상태는 어떤 의문이나 문제가 생겼을 때 답이 나올 때까지 그 이상 더 할 수 없을 정도로 자신의 '생각'을 거기에 집중하는 것입니다. 물론 그 '생각'에는 여러 가지 방법을 모색하는 것까지 포함됩니다. 핵심은 '생각'에 집중하는 것입니다. 어떤 자료를 찾아봐야 할지, 무엇을 먼저 알아봐야 할지 등에 대한 답도 모두 스스로의 '생각'으로부터 나옵니다.

작가인 한 지인은 오래전 자신이 쓴 글을 읽고 한 번씩 놀랄 때가 있다고 합니다. 어떻게 이런 흥미로운 관점을 생각해 낼 수 있었을까? 어떻게 이런 멋진 표현을 떠올릴 수 있었을까? 아무리 봐도 자신이 쓴 글이 아닌 것 같다는 생각이 든다는 것입니다. 다시는 그런 특별한 관점, 그런 멋진 표현을 생각해 내지 못할 것 같다는 것입니다. 그러나 다시 글을 쓸 때 그는 그 이상의 새로운 관점, 그 이상의 멋진 표현을 또 생각해 냅니다. 그렇게 되는 이유는 다름이 아닙니다.

일단 글쓰기에 들어가면 작가는 해당 주제에 자신의 에너지와 모든 생각을 집중합니다. 운동하면서도 그 주제를 떠올리고, 식사하면서도 그 주제를 새기고, TV를 시청하면서도 마음 한쪽은 여전히 그 주제로 꽉 차 있습니다. 들리는 것, 보이는 것, 느끼는 것, 주위의 모든 것들이 자연스럽게 그 주제로 연결됩니다. 당연히 평소 한 번도 생각해 본 적 없었던 기발한 아이디어가 갑자기 머릿속에 떠오르고, 또 그것이 꼬리에 꼬리를 물며 이어지는 과정에서 놀라운 아이디어 확장이 일어납니다. 글 쓰는 것만이 아닌 다른 모든 일에서도 마찬가지입니다. 무심코 지나칠 때와 집중적으로 '생각'할 때의 결과는 그야말로 하늘과 땅 차이입니다.

사서삼경 중 하나인 《서경》 〈다방〉 편에 이런 내용이 실려 있습니다.

"성인聖人이라 할지라도 생각하지 않으면 바보가 되고, 어리석은 이라 할지라도 생각을 하게 되면 성인聖人이 된다."

惟聖 罔念作狂 惟狂 克念作聖
유성 망념작광 유광 극념작성[6]

오늘날의 일상적 표현으로 바꾸어보면, '일류대를 졸업하고 초일류 회사에 들어간' 이라 할지라도 오랫동안 시키는 일만 하면서 깊이 생각하기를 귀찮아하다 보면 시간이 지나면서 간판밖에 내세울 것 없는 일류바보가 되고, 초등학교만 졸업한' 이라 할지라도 자기 주도적으로 일을 하면서 문제가 발생할 때마다 그것을 근본적으로 해결하기 위해 끝까지 고민하다 보면 시간이 지나면서 그것들이 쌓여 지혜를 갖춘 현명한 이가 된다' 정도 내용이 되겠습니다. 어떤 다른 것도 아닌, '생각'하는 습관 여부가 시간이 지나면서 사람을 지혜로운 이로 변화시키기도 하고 어리석은 이로 퇴보시키기도 합니다.

그대가 이 꽃을 보았을 때 꽃은 비로소 그 모습을 환하게 드러내었으니

사실 '생각'을 하는 것은 기본적으로 위대한 발견이나 현명한 사람이 되기 위한 어떤 특별한 것이 아닙니다. 먼저 인간으로서의 본질적 행위입니다. 생각하는 것 자체가 매우 '인간적'입니다.

시인 김춘수는 시《꽃》에서 이렇게 노래했습니다.

내가 그의 이름을 불러주기 전에는
그는 다만
하나의 몸짓에 지나지 않았다.

내가 그의 이름을 불러주었을 때

그는 나에게로 와서

꽃이 되었다.

(이하 생략)

시인이 이름을 불러주기 전까지 '그'는 그냥 의미 없는 몸짓에 불과했습니다. 시인이 이름을 불러주었을 때 '그'는 비로소 '꽃'이 되었습니다. 사람의 관심, 사람의 생각이 무의미를 의미로 바꿉니다.

주희의 성리학과 대립해 '마음(心심)'의 중요성을 강조했던 왕양명도 일찍이 '꽃'으로 생각의 의미를 나타냈습니다. 《전습록》〈황성중의 기록〉 편에서 한 사람이 왕양명에게 묻습니다.

"선생께서는 천하에 마음 밖의 사물이란 없다고 하셨습니다. 그렇다면 저 깊은 산속에서 저 홀로 피고 지는 꽃은 제 마음과 어떤 관계가 있는 것입니까?"

天下無心外之物 如此花樹 在深山中自開自落 於我心亦何相關
천하무심외지물 여차화수 재심산중자개자락 어아심역하상관[7]

왕양명이 답합니다.

"그대가 이 꽃을 보지 않았을 때 이 꽃은 그대 마음과 같이 그냥 적막 그 자체였다. 그대가 이 꽃을 보았을 때 꽃은 비로소 그 모습을 환하게 드러내었으니, 곧 이 꽃은 그대의 마음 밖에 있는 것이 아니다."

你未看此花時 此花與汝心同歸於寂 你來看此花時 則此花顔色一時明 白起來 便知此花不在你的心外
니미간화차시 차화여여심동귀어적 니래간차화시 즉차화안색일시명 백기래 편지차화부재니적심외[8]

산속에 그냥 저 혼자 피고 지는 꽃은 있어도 있는 것이 아닙니다. 사람의 마음속에 들어와 인식되었을 때 비로소 꽃은 한 송이의 아름다운 꽃으로 존재합니다. 앞의 시인이 관심을 가지고 그의 이름을 불러주었을 때 그가 비로소 '꽃'이 될 수 있었던 것처럼.

인간의 생각이 무엇인가를 향할 때 그것은 존재하고, 인간이 생각을 거두면 그 존재 역시 거두어진다는 이야기입니다. '생각하는 인간' 또는 '인간의 생각'이 없다면 이 세상에 존재도 없다는 이야기입니다. 호모 사피엔스(Homo sapiens 지혜가 있는 사람), 인간은 '생각'하는 존재입니다.

칸트의 코페르니쿠스적 전환, '인식이 없으면 존재도 없다'

칸트는 《순수이성비판》을 통해 새롭게 내놓은 자신의 인식론을 '코페르니쿠스적 전환(Kopernikanische Wendung)'으로 표현합니다. 코페르니쿠스가 '천동설'에서 '지동설'로 천문학 '관점'을 바꾼 것처럼, 자신은 사물에 대한 사람의 인식 '관점'을 기존의 '사물 중심(객관)'에서 '인간 중심(주관)'으로 전환시키는 '사고의 혁명'을 일으켰다는 것입니다.

칸트는 《순수이성비판》에서 사물은 사람의 오감五感에 닿아 저절로 인식되는 것이 아니라, 인간의 '감성'과 '지성(또는 오성, Verstand)'의 주도적인 역할에 의해 인식되는 것이라고 말합니다. 뒤집어 말하면, 인간의 '감성'과 '지성'이 작동하지 않으면 사물 자체가 실제 존재하더라도 인식될 수 없어 그것은 존재하지 않는 것이나 마찬가지가 된다는 이야기입니다.

칸트의 주장을 간단히 정리해 보면, '감성'은 인간에게 선험적(Transcendental)으로 주어진 '공간'과 '시간'이라는 '두 개의 주관적 직관 형식'으로, 대상 사물의 '현상現象(Erscheinung, 사물 자체가 아닌 사물의 바깥 모양)'을 수용합니다. 이어 '지성'은 이 수용된 '현상'에 선험적으로 주어진 12가지의 범주를 적용해, 그 현상을 하나의 '개념'으로 인식합니다. 그리고 감각 경험적 인식의 '개념화' 과정에서 '지성'은 '판단'을 합니다. '사물 현상의 개념화를 위한 사고 형식'인 12가지 '범주'는 ① 양量과 관련된 세 가지, ② 질質과 관련된 세 가지, ③ 관계關係와 관련된 세 가지 그리고 ④ 양태樣態와 관련된 세 가지, 총 12가지입니다.[9]

"내용 없는 사상思想들은 공허하고, 개념 없는 직관들은 맹목적이다"[10]라는 칸트 본인의 주장대로, 칸트에게 있어 사람의 '인식'은 언제나 '감

성'을 통해 수용된 '현상'과 '지성'을 통해 판단된 '개념', 이 둘의 종합을 거쳐 완성됩니다.[11]

　사람의 '생각'은 무의미를 의미로 바꿉니다. 이 세상에 사람이 없다면 만물은 그냥 적막 그 자체일 뿐입니다. 그리고 세상에 '생각'하는 능력인 '이성'을 가진 인간이 존재하더라도 그들이 '생각'하기를 게을리한다면 이때 역시 만물은 그 존재 의미를 제대로 드러낼 수 없습니다. 사람이 치열하게 궁구해, 끝 모를 심연 저 깊은 곳까지 그 생각이 이를 때 비로소 세상의 모든 존재들은 자신의 자리를 찾고 자신의 의미를 제대로 드러낼 수 있습니다.

소극적인 생각하기와 적극적인 생각하기

　칸트는 '이성'이라는 말의 의미를 세 가지 차원으로 구분해 사용합니다. ①'가장 넓은 의미의 이성'으로 '인간의 의식 작용 전체'(사변이성, 실천이성, 판단력, 상상력, 감정 등), ②'넓은 의미의 이성'으로 '지식 능력 일반'인 '사변이성(이성, 지성, 감성)', 그리고 ③'좁은 의미의 이성'으로 '지식 능력 일반' 중 일부인 '이성', 즉 '추리'입니다. 《순수이성비판》에서 칸트가 대상으로 하는 '이성'은 중간인 ②'넓은 의미의 이성'의 '지식 능력 일반', 즉 '사변이성'입니다.[12]

칸트가 말하는 '이성'의 세 가지 차원[13]

구분	인간의 의식작용 전체							비고
	사변이성(지식 능력 일반)			실천이성	판단력	상상력	감정 등	
	이성	지성	감성					
	추리[1]	개념화[2]	현상수용[3]					
① 가장 넓은 의미의 이성	●	●	●	●	●	●	●	
② 넓은 의미의 이성	●	●	●					'순수이성비판'의 이성
③ 좁은 의미의 이성	●							

1. 알고 있는 것을 바탕으로 알지 못하는 것을 미루어 생각
2. 현상을 12가지 범주로 판단해 개념화
3. 사물의 현상 수용

칸트의 《순수이성비판》 체제[14]

순수이성비판[1]	Ⅰ. 초월적 요소론		1. 초월적 감성학(공간&시간)	
		2. 초월적 논리학	1) 초월적 분석학	(1) 개념의 분석학(지성)
				(2) 원칙의 분석학(판단력)
			2) 초월적 변증학 (순수이성의 변증적 추리 형태)(이성)	
	Ⅱ. 초월적 방법론 - 이성의 일반적 성격과 사용의 구분			

1. 순수이성비판=사변이성=논리적 이성 기능 전반=로고스의 학문=이성의 학문=초월논리학

'사변이성'에서의 '감성'은 앞서 말한 대로 '사물'의 '현상(사물 자체가 아닌 사물의 바깥 모양)'을 수용합니다. 그리고 '지성'은 그 '현상'을 '12가지 범주'에 비추어 '판단'해 '개념화'합니다.

시인과 왕양명의 '꽃이 의미를 지니게 되는 것', 즉 사람의 사물에 대한 인식은 바로 이 ② '넓은 의미의 이성' 중 '감성'과 '지성' 둘의 역할에 의한 것입니다.

그리고 앞의 아인슈타인의 상대성이론 발견을 비롯한 갈릴레이 등의 사고 실험, 작가의 글쓰기 등은 ② '넓은 의미의 이성' 중 하나이자, ③ '좁은 의미의 이성'인 '이성'의 역할에 해당됩니다. 바로 '알고 있는 것을 바탕으로 알지 못하는 것을 미루어 생각하는'[15] '추리' 기능의 '이성'[16]입니다.

'감성'과 '지성'이 '소극적인 생각하기'라면, ③ '좁은 의미의 이성'인 '추리' 기능의 '이성'은 '적극적인 생각하기'입니다. '감성'과 '지성'이 인간의 존재 조건이라면, '추리'의 '이성'은 인간의 성장 조건이자 행복 조건입니다. '추리'의 '이성'이 고양될 때 사람이 성장하고 더불어 사회도 풍요로워집니다.

'자연'은 '생각' 속으로 들어옴으로써 '존재'하고, '문명'은 '생각'이 밖을 향함으로써 '창조'된다

데카르트는 《방법서설》〈형이상학의 토대〉 편에서 이렇게 말합니다.

"나는 하나의 실체이고, 그 본질 혹은 본성은 오직 '생각'하는 것이며, 존재하기 위해 하등의 장소도 필요 없고, 어떠한 물질적 사물에도 의존하지 않는 것임을 알게 되었다."[17]

인간은, 아니 이 세상 만물 중 오로지 인간만이 이성, 즉 '생각'하는 능력을 지니고 있고, 그 '생각'을 하는 데는 기본적으로 어떤 제약도 없습니다. 그냥 이 세상에 내가 살아 있기만 하면 그것으로 충분합니다. 어떤 부족함도 없습니다.

'자연'은 인간의 '생각' 속으로 들어옴으로써 '존재' 의미를 갖습니다. '문명'은 인간의 '생각'이 적극적으로 밖을 향함으로써 '창조'됩니다. 그 가운데에 내가 있습니다. '생각'의 주인인 이성적 존재, 나 자신이 있습니다.

추리

생각은 추리다

신神의 흔적,
추리

　많은 이들이 추리소설의 백미로 움베르토 에코의 《장미의 이름》을 꼽습니다. 아마 그 이유는 지적 소설이면서도 동시에 추리소설로 스토리 전개가 매우 뛰어나기 때문일 것입니다.

　《장미의 이름》은 시대 설정상으로는 14세기 초 중세를 배경으로, 황제와 교황 간의 대립, 교회 내 청빈을 둘러싼 교황과 프란체스코 수도회 간의 갈등, 기독교 교리 해석의 주요 역할에 있어 플라톤에서 아리스토텔레스로의 전환 등 여러 역사적 사실에 바탕하고 있습니다. 그리고 스토리상으로는, 수도원에서 발생한 수도사들의 의문의 연쇄 죽음과 그 죽음의 비밀을 밝혀가는 주인공 윌리엄의 기발한 추리 과정을 그리고 있습니다.

주인공인 프란체스코 수도회의 수도사 윌리엄이 시자인 아드소와 함께 소설 배경인 베네딕트 수도원에 도착하기 며칠 전, 이 수도원의 수도사 아델모가 수도원 담벼락 아래서 갈가리 찢긴 시신으로 눈에 묻힌 채 발견됩니다. 그리고 윌리엄 일행이 도착한 다음 날(2일째) 베난티오의 시신이 오른쪽 손가락 두 개의 끝이 까맣게 된 상태로 돼지 피를 담아놓은 항아리에 머리를 박은 채 발견되고, 3일째 날에는 베렝가리오가 오른손 가운데 손가락과 혀가 까맣게 변색된 상태로 욕조에서 시신으로 발견됩니다. 5일째 날에는 본초학자로, 일할 때 항상 가죽 장갑을 사용하는 세베리노가 천구의에 머리를 맞아 죽은 채 발견되고, 6일째 날에는 말라키아가 성가 연습 중 몸이 굳어지면서 의자에서 고꾸라 떨어져 숨을 거둡니다. 혀와 오른쪽 손가락 3개가 까맣게 변색된 상태로입니다.

수도원의 최연장자인 알리나르도는 이들 수도사들의 죽음을 신의 의도로 해석합니다.[18] 연이은 수도사들의 죽음이 〈요한묵시록〉의 신의 심판 내용과 유사하다는 이유에서였습니다. 바로 일곱 천사가 나타나, 첫째 천사가 나팔을 불자 우박과 불덩어리가 피범벅이 되어 땅에 떨어지고, 둘째 천사가 나팔을 불자 바닷물의 3분의 1이 피로 변하고, 셋째 천사가 나팔을 불자 큰 별이 떨어져 강과 샘물을 덮치고, 넷째 천사가 나팔을 불자 태양의 3분의 1과 달의 3분의 1, 별들의 3분의 1이 타격을 받아 세상이 어두워지고, 다섯 번째 천사가 나팔을 불자 하늘로부터 별 하나가 땅으로 떨어진다는 내용입니다.[19] 주인공 윌리엄은 '사실'을 바탕으로 '추리'를 합니다. 그리고 마침내 일련의 죽음의 비밀을 밝혀냅니다.

칸트가 말하는 '좁은 의미'의 '이성'은 다름 아닌 '추리(Inference)'[20]입니다. '사변이성'인 '사유思惟'를 이루는 '개념·구성·판단·추리'[21] 중 하나인 '추리'입니다.

'개념', '판단'은 앞의 '① 생각-생각하는 존재, 인간' 내용에서처럼, 칸트가 말한 개념화 과정에서 '지성'의 역할입니다. '구성'은 '몇 가지 요소를 모아 일정한 전체를 짜는 것'[22]으로, 예를 들어 '단맛'이라는 '개념'을 처음 만들 때 경험적으로 꿀도 먹어보고, 사탕수수도 먹어보면서 다양한 공통된 감성적 인상을 총괄하는 것을 말합니다.

'추리'는 '알고 있는 것을 바탕으로 알지 못하는 것을 미루어서 생각함'[23]입니다. '추리'를 가장 좁은 의미의 이성으로 보는 것은 '추리'가 바로 이성의 최고봉이기 때문입니다. 완전한 이성인 신의 특징이 자유와 창조라 할 때, 신의 창조만큼은 아니지만 창조에 가장 가까운 역할을 하는 것이 바로 이 '추리'입니다.

귀납추리는 원리·법칙을 만들고, 연역추리는 그 원리로 현실 문제 해결

'추리(또는 추론, 현대논리학에서는 주로 '논증'이라는 말을 사용한다)'[24]에는 두 가지가 있습니다. 바로 연역법(Deduction, Deductive method)과 귀납법(Induction, Inductive method)입니다. 이 세상 모든 지식은 이성 중의 이성인 '추리', 즉 연역법演繹法과 귀납법歸納法에 의해 만들어집니다.

'연역법'을 뜻하는 'deduction'은 라틴어 동사 'deduco'에서 나왔습니다. 'deduco'는 '~로부터(from)'라는 뜻의 'de'와 '끌어당기다(lead)'라는 뜻의 'duco'가 합쳐진 말로, '~로부터 이끌어내다'라는 뜻입니다. '연역법'의 사전적 의미는 '① 일반적 사실이나 원리를 전제로 하여 개별적인 특수한 사실이나 원리를 결론으로 이끌어내는 추리 방법'[25] 또는 '② 명제의 옳고 그름을 경험에 의하여 정하지 않고, 논리적인 추론에 의하여 판정하는 것'[26]입니다.

'추리(좁은 의미의 이성)'와 '치지致知'

구분	의미	역할	한계	치지致知	비고
연역법 (Deduction)	① 일반적 사실이나 원리를 전제로 하여 개별적인 특수한 사실이나 원리를 결론으로 이끌어내는 추리 방법 ② 명제의 옳고 그름을 경험에 의하여 정하지 않고, 논리적인 추론에 의하여 판정하는 것	원리·법칙의 응용	진리 보존적	모든 일의 적용에 대응 (應萬事之大用 응만사지대용)[27]	삼단논법, 수학, 법률 적용, 윤리 판단 등
귀납법 (Induction)	개별적인 특수한 사실이나 원리를 전제로 하여 일반적인 사실이나 원리로서의 결론을 이끌어내는 연구 방법	원리·법칙의 창출	개연성	여러 이치를 하나의 전체적 형태로 갖춤 (具衆理之全體구중리지전체)[28]	자연과학

＊지식의 의미
① 원리적·통일적으로 조직되어 객관적 타당성을 요구할 수 있는 판단의 체계[29]
② 행동 및 의사결정에 이용할 가치가 있다고 판단된 정보[30]

귀납법을 뜻하는 'induction'은 라틴어 동사 'induco'에서 나왔습니다. 'induco'는 '~안으로(into)'라는 뜻의 'in'과 '끌어당기다(lead)'라는 뜻의 'duco'가 합쳐진 말로, '~으로 끌고 들어가다'라는 뜻입니다. '귀납법'의 사전적 의미는 '개별적인 특수한 사실이나 원리를 전제로 하여 일반적인 사실이나 원리로서의 결론을 이끌어내는 연구 방법'[31]입니다.

연역법 하면 사람들은 흔히 삼단논법(Syllogism)을 머리에 떠올립니다. 그런데 삼단논법은 연역법의 한 형식일 뿐입니다.[32]

연역법은 피타고라스(BC582?-BC497?)의 수학 논증으로부터 시작해,[33] 근대 들어 수학자이자 철학자인 데카르트(1596-1650)에 의해 과학적인 연구 방법으로 자리 잡습니다. 공리公理로부터 사유만으로 답을 구하는 수학은 풀이 과정 그 자체가 연역법입니다.[34] 그런데 수학에서 삼단논법으로 답을 구하는 경우는 거의 없습니다. 즉, 수학은 삼단논법과는 구분되는 또 하나의 연역추리 방식입니다.

삼단논법이 연역법의 대명사처럼 인식되게 된 것은 아리스토텔레스(BC384-BC322)에 의해서입니다. 아리스토텔레스와 그의 후계자들이 연역적 추리를 곧 삼단논법으로 여겼기 때문입니다.[35] 물론 삼단논법도 사유, 즉 논리만으로 답을 도출합니다.

연역법에 대해 '전제가 참이고 추론 과정이 논리적이면 그 어떤 오류도 있을 수 없다'[36]라는 입장은 연역법의 출발이라 할 수 있는 수학과, 연역법의 대명사로 인식되는 삼단논법에 한정된다고 할 수 있습니다.

귀납법은 아리스토텔레스로부터 시작되지만 그 중요성이 인식되게 된 것은 '경험'이 중시되는 자연과학이 등장하면서부터입니다. 자연과학의 발달과 함께 프랜시스 베이컨(1561-1626) 등이 근대 귀납법의 체계를 갖추기 시작하면서 귀납법은 2천 년 이상 지식 생산 방식에서 절대 우위를 점했던 연역법을 누르고 사람들의 관심을 모으기 시작합니다.

'추리'에 의해 만들어지는 '지식'의 개념 정의는 다양합니다. 엄밀한 뜻으로는 '원리적·통일적으로 조직되어 객관적 타당성을 요구할 수 있는 판단의 체계'[37]를 의미하기도 하고, 넓은 뜻으로는 '행동 및 의사결정에 이용할 가치가 있다고 판단된 정보'[38]를 의미하기도 합니다. B. 러셀은 "귀납법은 새로운 지식을 줄 수 있지만, 연역법은 그렇지 못하다"[39]고 말합니다. B. 러셀의 지식 개념은 앞의 두 '지식' 정의 중 전자인 '엄밀한 뜻'으로의 '지식'입니다.

귀납법은 엄밀한 의미에서, '확실치는 않지만 대체로 그럴 것으로 여기는' '개연성蓋然性'의 한계를 지니긴 하지만, 자연과학에서처럼 기본적으로 개별적 사실들에 대한 관찰, 실험 등을 통해 객관적 타당성을 갖는 보편적 원리를 만들어 냅니다. 반면 연역법은 기본적으로 '진리보존적(Truth preserving)', 즉 '전제 속에 결론 내용이 이미 포함'되어 있어 전제 속 일부 정보를 명확히 할 뿐, 엄밀한 뜻에서의 새로운 지식 확장을 가져오지는 못합니다.[40]

그러나 연역법은 우리 생활에서 귀납법 이상으로 일상적으로 이용되고 또 유용합니다. 법률 적용[41]과 윤리 판단[42], 수학적 경제 예측과 같은 영역들이 대체로 연역법으로 이루어집니다. 바로 '넓은 의미'에서의 '지식'이라 할 수 있는, '행동 및 의사결정에 이용할 가치가 있다고 판단된 정보'에 해당되는 것들입니다. 물론 자연과학 지식의 적용을 통한 문제해결이나 수학 풀이도 연역법으로 이루어집니다.

귀납법이 우리에게 원리, 법칙의 지식을 주로 가져다준다면, 연역법은 현실 문제 해결에 있어 원리·법칙의 응용 지식을 제공해 줍니다. 이성 활동인 추리에 있어, 귀납추리가 원리·법칙을 만들어낸다면, 연역추리는 그 원리로 현실의 문제를 해결합니다.

'전체 이치'와 '큰 적용'에 밝지 아니함이 없게 되면, 그것이 곧 '치지致知'

명나라 때의 유학자 등림은 주희의 〈격물치지보망장〉을 해설하면서 이렇게 말합니다.

"사람의 마음은 신령스러워 본연의 앎이 있지 않음이 없고 천하의 사물은 모두 저마다 이치를 지니고 있지 않음이 없다. 그러나 사물의 이치가 오로지 사물에만 머물러 있다면 사람은 그 이치를 알아내는 성과를 더할 수 없다. -중략- 대학에 입학한 자는 반드시 천하의 사물에 나가 자신이 이미 알고 있는 이치로부터 더욱 깊이 생각해, 앎이 지극한 상태에 이르지 않음이 없도록 해야 한다. 노력을 지속하다 어느 날 갑자기 의문이 풀리며 환히 깨닫는 상태에 이르게 되면, 여러 사물들의 이치, 혹은 외적인(表표) 대강과 내적인(裏이) 체계, 혹은 세밀하고(精정) 조야한(粗조) 것들을 모두 볼 수 있는 상태에 이르게 된다. 아울러 자신의 마음이 '여러 이치를 하나의 전체적 형태로 갖춰'(具衆理之全體구중리지전체) '모든 일의 적용에 대응하게 되고'(應萬事之大用응만사지대용), 그런 이유로 밝지 아니함이 없게 된다. 사물의 표리정조表裏精粗에 이르지 아니함이 없게 되면 그것이 바로 대학에서의 격물格物이고, 마음이 전체 이치(全體전체)와 큰 적용(大用대용)에 밝지 아니함이 없게 되면 그것이 곧 대학에서의 치지致知다."

人心之虛靈 莫不有本然之知 而天下之事物 莫不各有當然之理 惟於理之在物者 未加窮究之功 -중략- 必使入大學者 卽凡天下之物 莫不因吾心已知之理 而益加窮究之功 以求至乎其知之極也 至於用力之久 而一旦 豁然開悟貫通焉 則衆物之理 或表而大綱 裏而節目 或精而細微 粗而淺近 見無不到 而吾心 具衆理之全體 應萬事之大用 亦通其故 而無不明矣 夫物之表裏精粗 無不到 卽經文物格之謂也 吾心之全體大用 無不明 卽經文 知至之謂也

인심지허령 막불유본연지지 이천하지사물 막불각유당연지리 유어리지재물자 미가궁구지공 -중략- 필사입대학자 즉범천하지물 막불인오심이지지리 이익가궁구지공 이구지호기지지극야 지어용력지구이일단 활연개오관통언 즉중물지리 혹표이대강 이이절목 혹정이세미 조이천근 견무부도 이오심 구중리지전체 응만사지대용 역통기고

이무불명의 부물지표리정조 무부도 즉경문물격지위야 오심지전체
대용 무불명 즉경문 지지지위야[43]

격물치지格物致知에서의 '치지致知'는 '① 여러 이치를 하나의 전체적 형
태로 갖춰'(具衆理之全體+중리지전체), '② 모든 일의 적용에 대응하는 것'(應萬
事之大用응만사지대용)입니다. '① 여러 이치를 하나의 전체적 형태로 갖추는
것'(具衆理之全體구중리지전체)은 곧 개별적 사실로부터 일반적인 법칙을 끌어
내는 '귀납법'에 해당합니다. '② 모든 일의 적용에 대응하는 것'(應萬事之
大用응만사지대용)은 현실 문제에 기존의 원리 또는 법칙을 적용시켜 문제를
해결하는 '연역법'에 해당합니다.

'지식'은 '사변이성'에 의해 만들어지고, '지식의 목적'은 '실천이성'에 의해 정해진다

프랜시스 베이컨은 자신의 근대 경험론을 세상에 알린 저서 《신기관》
을 이런 내용으로 시작합니다.

> "인간은 자연을 관찰하고 그 법칙을 사색하는 한에서만 그것의 상당
> 부분을 이해할 수 있으며 또 뭔가 할 수 있다. 그 이상의 것은 이해할
> 수도 없고 뭔가 할 수도 없다."[44]

그러면서 프랜시스 베이컨은 사람들에게 인간의 정신을 좀먹는 네 가

지 우상을 버릴 것을 요청합니다. 바로 종족의 우상(Idols of the Tribe), 동굴의 우상(Idols of the Cave), 시장의 우상(Idols of the Market Place), 극장의 우상(Idols of the Theater)[45] 네 가지입니다.

소설 《장미의 이름》에서 수도원의 최연장자인 알리나르도는 인간의 '이성' 아닌 '우상'으로 살인사건을 해석합니다. 소설의 주인공 윌리엄은 '우상' 아닌 '이성'으로 살인사건을 해결합니다. '사실'을 관찰하고, '추리'를 한 다음, 현장을 '확인'하는 것입니다.

세상 모든 것에는 이치가 있습니다. 물질의 운동 이치를 '물리物理'라 하고, 사람의 마음이 움직이는 이치를 '심리心理'라 합니다. 그리고 인간의 이성이 스스로에게 적용하는 이치를 칸트는 '윤리倫理'라 했습니다.
'물리'는 법칙적입니다. 물질은 어떤 생각 작용도 의지도 없기 때문입니다. '심리'는 어느 정도 법칙적입니다. 심리, 즉 '마음의 작용과 의식의 상태'는 물질인 육체의 영향을 어느 정도 받을 수밖에 없기 때문입니다. '윤리'는 의지적입니다. 그것은 바로 정신의 속성인 이성의 관할이기 때문입니다.

이성은 세상에서 유일한 자유와 창조의 영역입니다. 마땅히 자율적·의지적일 수밖에 없습니다. 윤리倫理의 '리理'가 '일종의 원리' 또는 '법칙으로서의 이치(理이)'를 의미한다면, 그것은 오로지 절대 성선설性善說의 경우에 한해서입니다. 절대 성선설을 벗어날 때 결국 윤리는 기계적 원리 아닌 자기 의지적, 자기 규정적 준칙입니다.

칸트는 이성을 '인간의 의식 작용 전체'를 말하는 '가장 넓은 의미의 이성', '지식 능력 일반'을 말하는 '넓은 의미의 이성', 그리고 '지식 능력 일반' 중의 일부인 '이성'만을 나타내는 '좁은 의미의 이성', 세 가지 차원으로 구분합니다.

'가장 넓은 의미의 이성'은 크게 '사변이성'과 '실천이성'으로 나눕니다. 바로 이성의 특성 중 '창조'에 기반한 '사변이성'과, '자유'에 기반한 '실천이성'입니다. '사변이성'의 핵심은 이성 중의 이성인 '추리' 능력입니다. 바로 모든 피조물과 그 피조물들의 특성 중 유일한 창조기능인 '인간'의 '추리' 능력입니다.[46]

'실천이성'은 다름 아닌 인간의 자기 규정적 '윤리'입니다. 자연법칙이 아닌 스스로 정한 목적에 따라 움직이는 자기 의지적 준칙의 '윤리'입니다.

'지식'은 '사변이성'에 의해 만들어집니다. 그리고 그 '지식의 목적'은 '실천이성'에 의해 정해집니다. '이성'은 좁게는 '새로운 것'을 만들고, 넓게는 '그 방향'까지 설정합니다.

이성의 날

이성을 갈고닦아야

이성의 날이 서 있어야 그 사회가 자유롭고,
풍요롭고, 행복할 수 있다

주희(1130~1200년)가 《대학》의 편집과 주석 달기에 나선 것은 당시 사회가 안고 있는 시대적 문제들을 해결하기 위해서였습니다.

혹세무민으로 세상을 혼탁하게 하는 정치인들의 권모술수權謀術數[47]를 견제하고, 궁극적으로 인간이 추구해야 할 인격 도야는 소홀히 한 채 오로지 글재주 기술만을 일삼는 지식인들의 기송사장記誦詞章(암기해서 외고 글 짓는 것만을 중시하는 지적 태도)[48]을 경계하고, 현실의 실재를 부정하고 과도하게 초현실 세계에 집착하는 서민들의 허무적멸虛無寂滅(현실을 도외시하는 도교와 불교의 생사관)[49]을 치유하기 위해서였습니다.

l 편 · 8조목: 한 사람의 제대로 된 성인으로 역할하기 위한 과정

주희가 고뇌했던 현상들은 그가 살았던 12세기, 대륙의 왕정 시대에 한정되지 않습니다. 21세기 대한민국 사회 마찬가지로 닮은 부분이 있습니다. 정치인들의 궤변과 음모가 틈만 나면 민주주의를 훼손하려 들고, 윤리·철학이 배제된 자본의 끝없는 탐욕이 끊임없이 자본주의의 지속 가능을 위협하고, 사람들의 깊은 사유 회피 심리와 자본의 상업주의 야합이 빚어낸 감성의 범람이 사람들의 논리적 사고를 방해합니다.

정치인들의 정치적 언행 이면의 진실을 꿰뚫어 보기 위해서는 이성의 날이 서 있어야 합니다. 인간의 자기실현 욕구와 궁합이 맞는 경제체제가 온존하기 위해서는 인간의 욕망에 합리 이상의 윤리·철학이 더해져야 합니다. 풍요로우면서도 건강한 문화가 창달되기 위해서는 인간 정신의 두 영역인 감성과 이성이 균형을 이루어야 합니다. 결국 정치·경제·문화적으로 한 사회와 그 구성원이 자유롭고 풍요롭고 행복하기 위해서는 그 사회구성원들의 이성 능력이 상당한 수준으로 고양되어야 합니다.

'비판적 사고'를 위한 사고 '구성 요소' 10가지와 그 요소에 대한 '평가 기준' 10가지

그러면 어떻게 해야 상당한 수준의 이성 능력을 갖출 수 있을까요? 그것은 기본적으로 '비판적 사고' 능력을 갖추는 것입니다. '비판'은 종종 '비난'으로 인식됩니다. '비판'은 '사물을 분석하여 각각의 의미와 가치를 인정하고, 전체 의미와의 관계를 분명히 하며, 그 존재의 논리적 기초를 밝히는 일[50]로, 가치 중립적이고 이성적 태도와 관련이 있습니다. 이에 반해 '비난'은 '남의 잘못이나 결점을 책잡아서 나쁘게 말함'[51]이라는 의미로 가치 편향적이고 감정적 태도와 관련이 있습니다.

많은 이들이 '비판'을 '비난'으로 인식하는 것은 오랫동안 지속되어 온 이 땅의 권위주의 환경 탓이 큽니다. '비판' 자체를 불온시하는 민주주의의 대척점인 그 권위주의.

'비판적 사고(Critical thinking)'는 '어떤 사태에 처했을 때 감정 또는 편견에 사로잡히거나 권위에 맹종하지 않고 합리적이고 논리적으로 분석·평가·분류하는 사고 과정, 즉 객관적 증거에 비추어 사태를 비교·검토하고 인과관계를 명백히 하여 여기서 얻어진 판단에 따라 결론을 맺는 것'[52]을 말합니다. 한마디로 인간의 고유 속성인 '이성'에 입각한 사고, 곧 '추리'의 또 다른 이름입니다.

'비판적 사고' 능력을 갖추기 위해서는 그 방법에 앞서 먼저 알아두어야 할 것들이 있습니다. 바로 '비판적 사고' 시 사고의 '구성 요소'와, 그 요소들을 평가하는 데 참고할 '평가 기준'입니다.

김희정 등이 쓴 《비판적 사고를 위한 논리》를 참조하면, 먼저 '비판적 사고' 시 고려해야 할 사고의 '구성 요소'로, ① 목적(Purpose), ② 현안(Question at issue), ③ 개념(Concept), ④ 가정(Assumption), ⑤ 정보(Information), ⑥ 추론(Inference)을 통한 결론(Conclusion), ⑦ 관점(Point of view), ⑧ 결론이 함축(Implication)하는 귀결(Consequences), ⑨ 맥락

(Context) 그리고 ⑩ 대안(Alternatives), 10가지가 있습니다.

　① '목적(Purpose)'에 있어서는 주장의 정확한 '목적'이 무엇인지, '목적'이 주장의 전체 내용과 잘 들어맞는지 등을 살펴봐야 하고, ② '현안(Question at issue)'은 그 목적을 달성함으로써 해결하고자 하는 '현안懸案'이 무엇인지를 파악해야 하고, ③ '개념(Concept)'은 주장을 충분히 이해하는 데 필요한 주요 '개념'들을 정확히 이해해야 한다는 것입니다.

　또, ④ '가정(Assumption)'은 주장이 명시적이든 비명시적이든 '전제'하고 있는 가정이 무엇인지를 파악하는 것이고, ⑤ '정보(Information)'는 주장과 관련해 필요한 '정보'가 무엇인지를 파악함과 동시에 그 내용들을 알아보고, ⑥ '추론(Inference)을 통한 결론(Conclusion)'은 주장이 옹호하고자 하는 결론을 비판자 스스로의 '추론'을 통해 따져봐야 한다는 것입니다.

　또한, ⑦ '관점(Point of view)'은 이 주장을 보는 자신의 '관점'을 살펴본 다음, 의견이 다른 이들의 '관점'은 어떤 것인지를 알아보고 아울러 자신을 스스로 그들의 '관점'에 세워 그들의 주장을 살펴보아야 한다는 것이고, ⑧ '결론이 함축(Implication)하는 귀결(Consequences)'은 주장의 결론이 '함축'하고 있는 의미를 따져봐야 한다는 것입니다. 그리고 ⑨ '맥락(Context)'은 이 주장이 발생하게 된 '맥락'과 배경을 살펴보고, 마지막으로, ⑩ '대안(Alternatives)'은 앞 9가지 각 요소 차원에서 '대안'이 필요한 부분은 없는가를 살펴, 대안을 제시하는 것입니다.

　두 번째로, 앞 '비판적 사고'의 '구성 요소' 10가지에 대한 '평가 기준'

입니다. '평가 기준은 ① 명확성(Clarity), ② 정확성(Accuracy), ③ 정밀성(Precision), ④ 적절성(Relevance), ⑤ 중요성(Significance), ⑥ 깊이(Depth), ⑦ 폭(Breadth), ⑧ 논리성(Logicalness), ⑨ 공정성(Fairness), ⑩ 충분성(Sufficiency)과 같은 것들입니다.

① '명확성(Clarity)'은 주장 내용들의 명료함이나 구체성 정도를 말하고, ② '정확성(Accuracy)'은 주장 내용이 실제와 얼마나 일치하는지 그 정도를 말하고, ③ '정밀성(Precision)'은 확실한 내용 이해에 필요한 세부 내용의 제공 정도를 말합니다.

④ '적절성(Relevance)'은 주장 내용이 목적, 현안 등과 얼마나 잘 맞아떨어지는지에 대한 정도를 말하고, ⑤ '중요성(Significance)'은 목적·여건 등에 비추어 각 요소에서 얼마나 더 중요한 것에 집중하고 있는가를 말하고, ⑥ '깊이(Depth)'는 내용의 깊이 정도를 말합니다.

⑦ '폭(Breadth)'은 '비판적 사고'를 위한 사고 '구성 요소'의 '⑦ 관점'과 관계가 깊은 것으로서, 얼마나 다양한 관점으로 주제를 살펴보고 있는가를 말하고, ⑧ '논리성(Logicalness)'은 주장에 있어 결합된 사고들 간의 지지(이치에 닿거나 사리에 맞는 상태) 정도를 말합니다.

⑨ '공정성(Fairness)'은 의도적 또는 무의식적으로 중요 정보를 빠트린다든지 하는 자기기만·자기중심적 태도를 얼마나 잘 배제하고 있는지의 정도를 말하고, 마지막으로, ⑩ '충분성(Sufficiency)'은 관련 사항들을 목적에 충실하게 얼마나 철저하게 고려하고 있는지의 정도를 의미합니다.[53]

'비판적 사고'를 위한 사고의 '구성 요소' 10가지와 이 요소들에 대한

'평가 기준' 10가지는 비판적 사고 시 상황에 맞춰 적절히 사용합니다. 어떤 주장을 따져보는 데 있어 그 주장 내용이나 목적에 따라 '구성 요소' 10가지 중 일부만 사용할 수 있고, 마찬가지로 각 '구성 요소'를 평가하는 데 있어서도 '평가 기준' 10가지 중 일부만 적용하고 또 그 적용에 우선순위를 둘 수도 있습니다. 중요한 것은 '비판적 사고'를 위해 '구성 요소' 10가지와, 이 요소들을 평가하는 '평가 기준' 10가지의 카테고리 내용을 대체로 염두에 두고, 이것들을 적절히 활용하면서 합리적인 사고 습관을 들이는 것입니다.

논증상의 '형식적 오류'와 '비형식적 오류'

'비판적 사고'에 필요한 '구성 요소'와 '평가 기준'을 살펴보았으면, 다음은 '비판적 사고' 자체를 알아볼 순서입니다. '비판적 사고'는 논증 시 다름 아닌 오류 없는 '추론(또는 추리)', 즉 오류 없는 '논증(Argument)'을 하는 것입니다. '추론(또는 추리)'은 '어떠한 판단(전제)을 근거로 삼아 다른 판단(결론)을 이끌어내는 사고 과정'[54]이고, 이것을 말이나 글과 같은 진술 형태로 나타내면 그것이 '논증'입니다. 논증은 두 가지 방식으로 나뉩니다. 바로 앞 '② 추리 - 생각은 추리다'에서 알아본 '연역법'과 '귀납법', 즉 '연역 논증'과 '귀납 논증' 둘입니다.

논증에서의 오류는 크게 '형식적 오류(Formal Fallacy)'와 '비형식적 오류

(Informal Fallacy)'로 나뉩니다. '형식적 오류'는 '논증 형식상의 오류'로 '연역 논증'에만 해당되고, '비형식적 오류'는 '논증 내용상의 오류'로 '귀납 논증', '연역 논증' 모두에서 발생합니다. '비판적 사고'의 향상은 '연역 논증'에만 해당되는 '형식적 오류'보다, '귀납 논증', '연역 논증' 모두와 관련 있는 '비형식적 오류'를 회피하는 과정에서 더 크게 이루어집니다.[55]

삼단논법과 같은 형식 논리학의 연역 논증에 있어 오류는 '타당성(Validity)', '건전성(Soundness)' 두 항목으로 평가합니다. '타당성'은 전제 둘과 결론 하나로 되어 있는 세 명제 간 '형식'적 포함 관계가 올바르게 되어있는지를 묻는 것입니다. '건전성'은 두 전제와 결론 명제 간의 '형식'적 포함 관계가 올바르게 되어 있고, 아울러 두 전제 '내용' 모두가 참인지를 묻는 것입니다. 즉, '형식'과 '내용' 두 조건 모두를 충족시킬 때만 건전하고 그 외는 건전하지 않습니다. 예를 들어보겠습니다.

'모든 인간(A)은 죽는다(B)' — 대전제
'소크라테스(C)는 인간(A)이다' — 소전제
'그러므로 소크라테스(C)는 죽는다(B)' — 결론

위와 같이 전제와 결론이 되어 있다고 할 때, 대전제와 소전제를 수학적 포함 관계로 나타내면 A⊂B, C⊂A가 되고, 이 둘의 관계를 연결해 나타내면 C⊂B가 됩니다. 결론인 C⊂B와 같습니다. 따라서 전제와 결론 간의 논리가 '타당'합니다. 더불어 대전제인 '모든 인간(A)은 죽는다(B)'와 소전제인 '소크라테스(C)는 인간(A)이다'는 둘 다 '참'입니다. 따라서 '건전'합니다. 전제와 결론 사이의 포함 관계가 올바르게 되어 있어 '타당'하고, 여기에 더불어 두 전제가 모두 참이어서 '건전'합니다.

연역 논증에서 흔히 발생하는 오류로 '전건 부정의 오류(The fallacy of negating the antecedent)'와 '후건 긍정의 오류(The fallacy of affirming the consequent)'라는 것이 있습니다.

두 오류는 '반가언半假言적 삼단논법'(대전제는 가언적 판단이고, 소전제와 결론은 정언적 판단인 형식의 삼단논법)에서 발생합니다. '대전제'가 'A면(전건) B 다(후건)'와 같이 전건·후건으로 구성되어 있고, 이어 '소전제'가 'A는 아니다'처럼 '전건을 부정'하거나 'B는 그렇다'처럼 '후건을 긍정'하여 '결론'을 도출하는 경우입니다. 먼저 '전건을 부정하는 반가언적 삼단논법'의 예를 보겠습니다.

독약을 먹으면(전건) 죽는다(후건) — 대전제
독약을 먹지 않았다(전건 부정) — 소전제
그러므로 죽지 않는다(후건 부정) — 결론

위의 경우 논리가 타당하지 않습니다. 독약을 먹지 않았어도 다른 이유로 죽을 수 있기 때문입니다. '전건 부정의 오류'입니다. 이어 '후건을 긍정하는 반가언적 삼단논법'의 예를 들어보겠습니다.

독약을 먹으면(전건) 죽는다(후건) — 대전제
죽었다(후건 긍정) — 소전제

그러므로 독약을 먹었다(전건 긍정) — 결론

위의 경우도 논리가 타당하지 않습니다. 독약을 먹지 않았어도 어떤 다른 이유로 죽을 수 있기 때문입니다.[56] 후건 긍정의 오류입니다.

'전건 부정의 오류'와 '후건 긍정의 오류'는 벤다이어그램으로 나타내면 직관적으로 알 수 있습니다. 그러나 진술상의 논리로 그 오류를 파악하기는 쉽지 않습니다. 따라서 현실에서 발생할 가능성이 높습니다. 형식적 오류에는 이외에도 '순환논증의 오류(The fallacy of circular reasoning)', '자가당착의 오류(The fallacy of self-contradiction)' 등 몇몇 오류들이 있습니다.

귀납 논증에서 주로 발생하는 비형식적 오류는 논리 아닌 내용상의 오류인 만큼 매우 다양합니다. 그중 흔히 발생하는 몇 가지 오류를 살펴보면, 의견이나 주장이 아닌 사람 자체를 공격하는 '인신공격의 오류(The fallacy of argumentum ad hominem)', 근거가 충분치 않은 상태에서 서둘러 결론을 내리는 '성급한 일반화의 오류(The fallacy of hasty generalization)', 상대방의 입장을 왜곡해 그 왜곡된 내용을 사실인 양 공격하는 '허수아비 공격의 오류(Straw man argument)', 동정심에 호소하는 '연민에 호소하는 오류(The fallacy of appeal to pity)', 자신의 결론 지지에 도움되는 증거만 채택하고 불리한 증거는 고의로 은폐하는 '체리피킹(Cherry picking)', 부분적 잘못을 이유로 전체를 부정하는 '목욕물을 버리면서 아이까지 버리는 오류(The fallacy of throwing the baby out with the bathwater)', 선택지를 양단으로 한정해 상대방에게 양자택일을 강요하는 '흑백논리의 오류(The fallacy of black and white thinking)' 등입니다.

귀납 논리에 대한 충실도는 귀납 근거 내용의 '정확성'과 '강력성', 그리고 그 양의 '충분성'과 같은 기준으로 판단[57]합니다. 다양한 형태의 비형식적 오류를 충분히 주의해 범하지 않으면서 귀납 근거의 정확성, 강력성, 충분성을 높일 때 귀납의 결과는 진실에 가까워집니다.

논증을 익히는 것이
이성 능력을 향상시키는 것이다

주희는 당시 정치인들의 권모술수權謀術數, 지식인들의 기송사장記誦詞章 그리고 서민들의 허무적멸虛無寂滅과 같은 부조리들을 개선하겠다는 의도로 《대학》 편집에 나섰고 또 그 내용에 주석을 가했습니다. 당시의 부조리들이 결국 사람들의 '비이성적 태도'에 대체로 기인했던 만큼 주희의 《대학》을 통한 '이성' 강조는 12세기 당시 중국사회의 시대 고민 해결에 상당히 부합합니다.

근대 연역법의 주창자 데카르트는 자신의 논리학에 대해 "아직 모르고 있는 진리를 발견하기 위해 '이성'을 잘 인도하는 것을 가르치는 논리학"[58]이라고 말합니다.

데카르트의 입장은 '일반적 사실이나 원리를 전제로 하여 개별적인 특수한 사실이나 원리를 결론으로 이끌어내는 추리 방법'[59]인 '연역법', '개별적인 특수한 사실이나 원리를 전제로 하여 일반적인 사실이나 원리로서의 결론을 이끌어내는 연구 방법[60]인 '귀납법'과 같은 논증을 익히는 것이 곧 '이성' 능력 향상으로 이어진다는 것입니다. 등림이 〈격물치지 보망장〉 해설의 '치지致知' 설명에서 말한, 바로 그 '모든 일의 적용에 대응하는 것(應萬事之大用응만사지대용)', '여러 이치를 하나의 전체적 형태로 갖추는 것(具衆理之全體구중리지전체)[61]이 곧 사람의 '이성' 능력을 향상시킨다는 이야기입니다.

그렇습니다. '사물의 이치를 끝까지 궁구해 얻음으로써 나의 지식이 다하지 않음이 없게 하는[62] '치지致知', 그것이 곧 이성 능력의 향상으로 가는 길입니다.

3장

성의
誠意

·

'자발적
윤리 브레이크'를
만들어야

　앞의 '격물格物'과 '치지致知'가 '지식(知지)'을 갖추는 단계로 '학문을 좇는' '도문학道問學[1]'에 해당된다면, 8조목의 세 번째 단계인 '성의誠意'는 '지식'을 바탕으로 '수양(行행)'에 나서 '덕성을 높이는' '존덕성尊德性[2]'에 해당됩니다.

　'지식(知지)'·'도문학道問學'이 '사물의 이치와 작용(소이연所以然)을 아는 것'이라면, '수양(行행)'·'존덕성尊德性'은 곧, '자유의지에 의한 윤리적 행동(소당연所當然)'을 하는 것'입니다. 윤리는 그 바탕을 어디에 두느냐에 따라 '본성에 의한 윤리'와 '이성에 의한 윤리'로 나눌 수 있습니다. 미성년을 대상으로 하는《부모의 인성 공부》에서의 윤리는 본성적 윤리입니다. 그리고 성인을 대상으로 하는《어른의 인성 공부》에서의 윤리는 이성적 윤리입니다. 본성적 윤리는 '법칙적'이고, 이성적 윤리는 '자기 규정적'입니다.

　'이성'은 '윤리'와 관계가 깊습니다. 먼저 타인에게 해를 끼치지 않는 '합리적 행위'로, 이어 타인에게 도움을 주는 '이타적 행위'로 윤리와 관계를 갖습니다.

　먼저 이성은 합리를 추구합니다. '합리적 태도'는 다름 아닌 사실과 논리에 근거하는 것입니다. 사실과 논리를 중시하는 이는 사회와 타인에게 이유 없이 베풀지도 않지만, 부당하게 해를 끼치지도 않습니다. 법과 상식 안에서 자신의 시민 된 권리를 주장하고 그 권리와 동등한 수준의 시민 된 의무를 다합니다.

'이타적 행위'를 추구하는 이성은 인간의 '인격성'과 관계가 깊습니다. 칸트가 말한 '도덕법칙에 대한 존경의 수용성'[3]을 소질로 하는, 바로 그 '인격성'입니다. 인간은 현실적이면서도 이상을 지향하고, 이기주의적이면서도 동시에 타인의 불행에 눈감지 않고, 물질적이면서도 자기실현을 추구합니다. 눈앞의 현실에 급급하고 자기중심적이고 물질에 경도되면서도, 한편으로는 이상을 꿈꾸고 타인의 행복을 바라고 물질 이상의 의미를 추구합니다. 인간 아닌 다른 동물에서는 절대로 찾아볼 수 없는 모습입니다. 당연히 인간만의 속성인 '이성'에서 비롯된 것들입니다.

이성에 의한 '합리적 태도'는 최소한 사회와 다른 이들의 행복을 줄이지 않습니다. 이성에 의한 '이타적 태도'는 사회와 사람들의 행복을 확대합니다. 격물과 치지 단계를 밟은 이는 최소한 '합리적 태도'를 지닙니다. 나아가 '이타적 태도'를 지향할 소질을 갖습니다.

이 장에서는 윤리의 출발인 '성의誠意'의 의미와 이타적 행위의 바탕에 대해 알아봅니다. 알아보는 순서는 첫째 '무자기毋自欺 – 자신을 속이지 않아야', 둘째 '신독愼獨 – 자발적 윤리 브레이크를 갖춰야'입니다.

무자기 毋自欺

자신을 속이지 않아야

악惡을 미워하기를 악취를 피하듯,
선善을 좋아하기를 호색을 반기듯

증자는 《대학》〈전문 6장〉에서 성의誠意에 대해 이렇게 말합니다.

"이른바 '뜻을 참되게 하는 것(誠意성의)'은 '자기 자신을 속이지 않는 것 (毋自欺무자기)'이니, 마치 악惡을 미워하기를 악취를 피하듯 하고 선善을 좋아하기를 아름다운 색을 반기듯 하는 것이다. 이를 일러 '자겸自謙', 즉 '스스로 만족한다' 하니 군자는 '혼자 있을 때 반드시 행동을 삼간다 (愼獨신독).'"

所謂誠其意者 毋自欺也 如惡惡臭 如好好色 此之謂自謙 故君子必愼
其獨也
소위성기의자 무자기야 여오악취 여호호색 차지위자겸 고군자필신
기독야[4]

주희가 증자의 '성의誠意' 설명을 해설합니다.

"'뜻을 참되게 하는 것'은 '자기 수양'의 첫걸음이다. '무毋'는 '금지한다'는
말이다. '자기自欺', 즉 '자신을 속인다'는 것은 선善을 행하고 악惡은 물리
쳐야 함을 알면서도, 마음이 나오는 바가 진실치 못함을 말한다. '겸謙'은
'기쁘고 만족함'이다. '독獨'은 '다른 이들은 알 수 없고 자기 혼자만 알 수
있는 상황'을 의미한다. '자기 수양'을 하려는 이가 선善을 행함으로써 악
惡을 물리치려면, 마땅히 그 힘을 실제로 사용해 '자기 자신을 속이는 것
(自欺자기)'을 금해야 한다는 것을 알아야 한다. 악惡을 미워하기를 악취를
피하듯 하고 선善을 좋아하기를 아름다운 색(好色호색)을 반기듯 하면, 악
惡은 깨끗이 제거되고 선善은 반드시 확보되어 스스로 기쁘고 자신에게
만족하게 된다. 쓸데없이 구차하게 남들을 의식해 표피적인 것을 좇아
서는 안 된다. 진실한지 진실하지 않은지 여부는 대개 타인은 알 방법이
없고 자기 혼자만 알 수 있다. 따라서 혼자 있을 때는 필히 자신의 행동
을 삼가해, 자기 자신을 속이고 있지 않은지를 살펴야 한다."

誠其意者 自修之首也 毋者 禁止之辭 自欺云者 知爲善以去惡 而心之
所發 有未實也 謙快也足也 獨者 人所不知 而己所獨知之地也 言欲自

修者 知爲善以去其惡 則當實用其力 而禁止其自欺 使其惡惡 則如惡
惡臭 好善則如好好色 皆務決去而求必得之 以自快足於己 不可徒苟
且以徇外 而爲人也 然其實與不實 蓋有他人所不及知 而己獨知之者
故必謹之於此 以審其幾焉

성기의자 자수지수야 무자 금지지사 자기운자 지위선이거악 이심지
소발 유미실야 겸쾌야족야 독자 인소부지 이기소독지지지야 언욕자
수자 지위선이거기악 즉당실용기력 이금지기자기 사기악오 즉여오
악취 호선즉여호호색 개무결거이구필득지 이자쾌족어기 불가도구
차이순외 이위인야 연기실여부실 개유타인소불급지 이기독지지자
고필근지어차 이심기기언[5]

성의誠意, 즉 '뜻을 참되게 하는 것'은 곧 '자기 스스로를 속이지 않는 것'

'성의誠意', 즉 '뜻을 참되게 하는 것'은 곧 '무자기毋自欺', 즉 '자신을 속이지 않는 것'입니다. 그리고 '자신을 속이지 않는 것(毋自欺무자기)'은 악취가 나면 그 냄새를 피하고 아름다운 색을 보면 그리로 몸과 마음이 저절로 끌리듯, 외부적 표출인 말이나 행동이 자신의 내면과 일치되는 상태를 말합니다.

고약한 냄새가 나면 사람들은 누구나 머리를 돌리고 손으로 코를 쥐어 쌉니다. 반대로 화사하게 피어난 꽃을 보면 자기도 모르게 눈길이 머

무자기·자기 또는 인기·무인기 여부

내면	행위 표출	무자기·자기 또는 인기·무인기 여부	비고
선한 본성	선善	무자기	성의誠意
	악惡	자기	양심의 가책
악한 마음	선善	인기	암연厭然
	악惡	무인기	자기 파멸&사회 파괴

＊ 무자기毋自欺: 자기 자신을 속이지 않음
＊ 자기自欺: 자기 자신을 속임
＊ 인기人欺: 남을 속임
＊ 무인기毋人欺: 남을 속이지 않음
＊ 맹자의 성선설 입장에서 볼 때 인간의 본성은 누구나 선함

묻니다. 그렇게 하는 데는 특별한 이유가 없습니다. 악취는 싫어하고 아름다운 색을 좋아하는 것 자체가 그냥 인간의 본능이기 때문입니다.

　동양사회는 대체로 인간을 긍정적인 시선으로 바라봅니다. 일찍부터 유교가 동양사상의 주류였던 만큼 맹자의 성선설 영향으로 인해서입니다. 인간이 선한 본성을 지니고 태어났다고 할 때, 그 타고난 본성을 그대로 따른다면 사람들의 말과 행동은 선한 형태로 표출됩니다.

　증자는 악취에 얼굴을 돌리고 아름다운 색에 마음이 끌리는 본능처럼, 타고난 본성에 따라 악惡을 외면하고 선善을 행하는 사람들의 말과 행동을 '자신을 속이지 않는 것', 즉 '무자기毋自欺'라 합니다.

　본성에 따라 선한 행위를 해야 한다고 생각하면서도 악한 말 또는 악한 행동을 한다면 그것은 '자신을 속이는 것', 즉 '자기自欺'에 해당됩니다. 사람이 행위로는 잘못을 저지르면서 속으로는 양심의 가책을 느끼는 경우가 바로 이때입니다.

그런데 인간의 내면에는 '본성'만 있지 않습니다. '본성'과 별도로 각자의 자기 '마음'도 있습니다. 자기 마음이 '선한 의도'라면 앞의 경우 그대로입니다. 자기 마음이 '본성' 그대로 '선한 상태'이기 때문입니다.

'선한 본성'과 반대로 자기 마음이 '악한 의도'일 경우, 외부로 표출되는 행위는 두 방향으로 나타납니다. '선한 행위'와 '악한 행위'로입니다.

먼저 '선한 행위'는, 주희가 '암연厭然은 보이지 않게 감추는 것으로, 이 것은 소인이 속으로는 악한 생각이면서 겉으로는 그 의도를 감추는 것이다.'[6]라고 말한 대로, 주위 사람들에게 좋게 보이기 위해 자기를 속마음과 다르게 나타내 '남을 속이는' 경우입니다. 이때 당장은 특별히 문제될 것이 없습니다. 그러나 시간이 지나면서 악한 생각은 결국 주위에 해를 끼치는 쪽으로 가기 쉽습니다. 생각과 행위의 불일치는 노고를 필요로 하기 때문에 결국 둘은 일치를 지향할 것이고, 둘 중 주장은 '행위' 아닌 '생각'이니까요.

'악한 행위'를 한 경우는 내면의 악한 의도 그대로 행위를 표출해 마음과 행위가 일치하므로 남을 속이는 것이 아닙니다. 그렇지만 그 결과는 충분히 예상할 수 있듯이 궁극적으로 자기 파멸과 사회 파괴입니다.

스스로 돌이켜보아 진실하면, 이보다 더 큰 즐거움은 없다

증자의 성의誠意, 즉 '자기 자신을 속이지 않는' '무자기毋自欺'는 악취를 피하고 아름다운 색을 반기는 것이 '인간 자신의 즐거움'을 위해서이듯, 궁극적으로 '자겸自謙', 즉 '스스로 만족하는' 상태를 지향합니다.

인간은 선한 마음을 가지면서 악한 행위를 할 때뿐만이 아니라, 악한 의도로 악한 행동을 할 때도 최소한의 양심의 가책을 전혀 느끼지 않을 수는 없습니다. 악한 의도로 악한 행위를 할 경우는 남을 속이는 것은 아니지만 인간 고유의 바탕인 양심을 외면하는 일이기 때문입니다.

성경의 〈야고보서〉는 믿음에 대해 말합니다.

"어떤 사람이 '믿음'이 있다고 말하면서 그것을 '행동'으로 나타내지 못한다면 무슨 소용이 있겠습니까? —중략— '믿음'에 '행동'이 따르지 않으면 그런 믿음은 죽은 것입니다."[7]

노벨평화상을 수상한 고故 김대중 전 대통령은 평소 "행동하지 않는 양심은 악의 편이다"라고 말했습니다.

믿음에서든, 시민의 역할이든, 일상에서의 삶이든, 인간이라면 자신의 내면과 외부로의 표출을 일치시키는 것이 중요합니다. 물론 이때의 그 내면은 마땅히 선한 본성인 양심입니다. 자신의 양심에 '말', '행동'을 일치시키지 않을 때 그 양심은 죽은 양심이고 결국 악을 돕는, 양심良心 아닌 악심惡心일 뿐입니다.

맹자는 《맹자》 〈진심장구상〉 편에서 이렇게 말합니다.

"스스로 돌이켜보아 참되면(誠성), 이보다 더 큰 즐거움이 없다."

反身而誠 樂莫大焉

반신이성 낙막대언[8]

자신을 속이지 않는 것은 양심을 지키는 일일 뿐만 아니라 자신의 삶을 행복으로 인도하는 첫 관문이기도 합니다.

신독愼獨

'자발적 윤리 브레이크'를 갖춰야

'기게스의 반지'와
'신독愼獨'

플라톤의 《국가론》 〈2권〉에 '기게스의 반지' 이야기가 등장합니다.

기게스의 반지는 마법의 반지입니다. 리디아 왕 칸다울레스의 양치기 기게스가 어느 날 들판에서 양 떼에게 풀을 뜯기던 중 지진이 일어납니다. 기게스는 갈라진 땅속에서 반지 하나를 줍습니다. 그리고 반지의 바깥쪽을 손바닥 쪽으로 돌리면 자신이 다른 사람들에게 보이지 않게 된다는 사실을 알게 됩니다. 기게스는 반지의 마법을 이용해 왕비를 겁탈합니다. 그리고 급기야 왕비와 야합해 왕을 살해하고 자신이 왕의 자리

에 오릅니다.[9]

플라톤은 소크라테스와 글라우콘의 대화 형식을 빌려 사람들에게 묻습니다. 자신의 부정한 행위가 다른 이들에게 발각될 염려가 전혀 없는 '기게스의 반지'와 같은 상황에서 자신의 이익을 포기하고 정의를 추구할 자가 과연 얼마나 있겠느냐고.

증자는 《대학》〈전문 6장〉에서 '성의誠意'의 요체에 대한 설명을 이렇게 마무리합니다.

"'신독愼獨', 즉 군자는 혼자 있을 때 반드시 그 행동을 삼간다."

君子必愼其獨也
군자필신기독야[10]

주희가 해설합니다.

"'독獨'은 다른 이들은 알 수 없고 자기 혼자만 알 수 있는 상황을 말한다. 자기 수양을 하고자 하는 이가 선善을 행함으로써 악惡을 물리치려면, 마땅히 그 힘(其力기력)을 실제로 사용해 자기 자신을 속이는 것(自欺자기)을 금해야 한다는 것을 알아야 한다. ―중략― 악惡은 깨끗이 제거되고 선善은 반드시 확보되어 스스로 기쁘고 자신에게 만족하게 된다. ―중략― 진실한지 진실하지 않은지 여부는 대개 타인은 알 방법이 없고 자기 혼자만 알 수 있다. 따라서 혼자 있을 때 필히 자신의 행동을 삼가해, 스스로 자신을 속이고 있지 않은지 살펴야 한다."

獨者 人所不知 而己所獨知之地也 言欲自修者 知爲善以去其惡 則當 實用其力 而禁止其自欺 -중략- 皆務決去而求必得之 以自快足於己 -중략- 實與不實 蓋有他人所不及知 而己獨知之者 故必謹之於此 以 審其幾焉

독자 인소부지 이기소독지지지야 언욕자수자 지위선이거기악 즉당 실용기력 이금지기자기 -중략- 개무결거이구필득지 이자쾌족어기 -중략- 실여부실 개유타인소불급지 이기독지지자 고필근지어차 이 심기기언[11]

증자는 '신독愼獨', 즉 '혼자 있을 때 행위를 삼갈 것'을 강조합니다. 그 것은 '뜻을 참되게 하는 것'이 '성의誠意'이고, 그 '뜻을 참되게 하는 것'은 곧 '자신의 내면과 행위를 일치시키는 것'인데, 사람의 마음이 내면 상태 그대로 밖으로 드러나는 유일한 때가 바로 이 '혼자 있는 때(獨독)'이기 때 문입니다.

혼자 있을 때 선한 행위를 하면 그 사람의 마음도 선한 것이고, 혼자 있을 때 악한 행위를 하면 그 사람의 마음도 악한 것입니다. 따라서 사 람들은 이때 자신의 성의誠意를 스스로 확인해 볼 수 있습니다. 그래서 주희는 '혼자 있을 때 필히 자신의 행동을 삼가해, 스스로 자신을 속이 고 있지 않은지 살펴야 한다'라고 말하고 있습니다.

증자의 '신독愼獨'은 동양판 '기게스의 반지'입니다. 그 누구에게도 들킬 염려가 없는 상황에서 '당신은 과연 어떻게 행동할 것인가?'를 묻고 있습니다.

악惡을 물리치려면 마땅히 그 힘을 실제로 사용해 자기 자신을 속이는 것을 금해야

맹자는 《맹자》〈고자장구상〉에서 이렇게 말합니다.

"사람이 타고난 것에 어찌 인의仁義의 마음이 없으리오. 좋은 마음을 잃어버린 것은, 아침이 되면 도끼와 자귀가 나무를 베어내듯 그 마음을 베어낸 때문이니 마음이 어찌 아름다울 수 있으리오. 밤새 자라난 새벽녘 기운의 좋고 나쁨에 사람 간 차이가 그리 날 리 없건만 낮 동안의 소행이 그 기운을 없애버리니, 이것이 반복되면 밤새 자라난 기운이 보존될 수 없고, 밤새 자라난 기운이 보존되지 않으면 그는 금수禽獸와 별다름이 없게 된다."

雖存乎人者 豈無仁義之心哉 其所以放其良心者 亦猶斧斤之於木也 旦旦而伐之 可以爲美乎 其日夜之所息 平旦之氣 其好惡 與人相近也 者幾希 則其旦晝之所爲 有梏亡之矣 梏之反覆 則其夜氣不足以存 夜 氣不足以存 則其違禽獸不遠矣
수존호인자 기무인의지심재 기소이방기양심자 역유부근지어목야

단단이벌지 가이위미호 기일야지소식 평단지기 기호악 여인상근야
자기희 즉기단주지소위 유곡망지의 곡지반복 즉기야기부족이존 야
기부족이존 즉기위금수불원의[12]

현실에서의 인간은 생존과 욕망을 좇는 과정에서 끊임없이 선한 본성
을 훼손합니다. 따라서 '뜻을 참되게 하는' '성의誠意'는 '악취를 피하고 아
름다운 색을 반기듯' 사람의 행위가 그 본성에 호응해 저절로 이루어지
는 것이 아니고, 현실 속 개인의 의지와 노력에 의해 이루어집니다.

주희가 "자기 수양을 하려는 이가 선善을 행함으로써 악惡을 물리치려
면 마땅히 그 힘(其力기력)을 실제로 사용해 자기 자신을 속이는 것(自欺자
기)을 금해야 한다는 것을 알아야 한다"[13]라고 말한 것은, 바로 현실을 사
는 인간에게 요구되는 이런 '의지 작용'의 중요성에 대한 강조입니다. 사
람들이 '자기 의지'로 '선善을 행함으로써 악惡을 물리치는' '그 힘(其力기력)'
을 사용해야 한다고 주희는 말하고 있습니다.

또 주희는 '자기를 속이지 않는다'라는 '무자기毋自欺'의 '무毋'를 '금지한
다'[14]는 의미로 풀어, 스스로 '자기 의지'를 가지고 양심을 따르려 해야
한다고 '규정적으로' 말하고 있습니다. 본성에 따라 저절로 자기를 속이
지 않게 되는 것이 아니고, 인간이 '자신의 의지'로 스스로를 속이지 않
도록 해야 한다는 것입니다.

호연지기浩然之氣, 그 기氣됨이
지극히 크고 지극히 강하니

증자는 '자신의 뜻을 참되게 하는' '성의誠意'를 '자기 자신을 속이지 않는' '무자기毋自欺'와 동일시하고, 그것의 구체적인 모습으로 '악취를 피하듯(惡惡臭오악취), 아름다운 색을 반기듯(好好色호호색)'이라고 말합니다. 그리고 이렇게 하면 '자겸自謙', 즉 '스스로 만족하는' 상태가 된다고 말합니다.[15]

칸트는 《실천이성비판》에서 말합니다.

"덕은 우리에게 오로지 소망할 만한 가치가 있는 것으로 보일 수 있는 모든 것의 최상 조건이고, 그러니까 또한 행복을 얻으려는 우리의 모든 노력의 최상 조건이다."[16]

증자와 칸트가 '자신을 속이지 않는 것'이, '선한 행위를 하는 덕'이, 그냥 그것을 하는 것에서 끝나는 것이 아니라 바로 스스로를 '만족'하게 하고 스스로를 '행복'하게 한다고 말하고 있습니다.

맹자는 선한 행위, 덕의 효용에 대하여 좀 더 자세히 말합니다. 제자 공손추가 호연지기浩然之氣에 대해 묻자, 맹자가 '설명하기 쉽지 않다'[17]라고 일단 대답합니다. 그리고 나서 말을 잇습니다.

"그 기氣됨이 지극히 크고 지극히 강하니 정직함으로 기르면서 해를 끼치지 아니하면 세상 천지를 꽉 채우게 된다. 그 기氣됨이 의義, 도道와 잘 어울리니, 의義와 도道가 없으면 굶주리게 된다. 호연지기浩然之氣는 시간을 두고 의義가 축적됨으로써 생겨나는 것이지, 어느 날 갑자기 의義를 한다고 해서 생기는 것이 아니니, 무엇인가를 행하고 난 다음 마음에 흡족함이 없으면 굶주리게 된다."

其爲氣也 至大至剛 以直養而無害則塞于天地之間 其爲氣也 配義與道 無是餒也 是集義所生者 非義襲而取之也 行有不慊於心則餒矣
기위기야 지대지강 이직양이무해즉색우천지지간 기위기야 배의여도 무시뇌야 시집의소생자 비의습이취지야 행유불겸어심즉뇌의[18]

정직하게 살고 옳은 행위를 하는 것 자체가 사람을 흡족하게 하고, 그것을 꾸준히 계속하다 보면 이 세상 그 어떤 것도 두렵지 않은 당당한 자세, 즉 '넓고 활달한 기운(浩然之氣호연지기)'를 갖게 된다는 것입니다.

증자와 칸트가 '선한 행위'가 가져다주는 '만족'과 '행복' 언급에 그쳤다면, 맹자는 선한 행위가 가져다주는 '당당한 자세'까지 말하고 있습니다. 그리고 더불어 방법론적 측면에서 정직과 옳은 행위는 오랜 시간을 들여 지속적으로 하는 것이지, 잠깐 한다고 어떤 효과를 볼 수 있는 것이 아니라고 말하고 있습니다.

삶은 내가 원하는 바이지만
삶보다 더 소중한 것이 있다

오늘날 인성 문제는 사실 남녀노소, 직업, 학력, 부富, 사회적 지위 등의 차이와 상관이 없습니다.

흔히 자라나는 아이들의 인성이 문제라고들 하지만 성인들의 윤리의식, 준법의식이 결코 미성년보다 높다 할 수 없고, 범죄의 잔혹함이나 교묘함에 있어서는 그것도 연륜인지 성인이 더합니다.

직업적 차이에 있어서도 마찬가지입니다. 이제 사람들은 학생을 가르치는 교수라 해서 더 윤리적이고 법도 더 잘 지킬 것이라고 기대하지 않습니다. 판검사와 같이 법을 전문적으로 다루거나 정치인과 같이 법을 만드는 이들에 이르면 사람들은 그야말로 망연자실입니다. 서민들에게는 그렇게도 촘촘하던 법망이 그들 앞에만 가면 갑자기 고래도 빠져나갈 정도로 거대한 그물코의 망으로 바뀌고 맙니다. 그들을 가리키는 검피아, 법조 카르텔과 같은 표현들은 그 실상이 미치는 사회적 해악의 범위와 심각성, 서민들의 끓어오르는 분노에 비추어 사실 지나치게 점잖고 고상합니다.

학력, 부富, 사회적 지위의 차이에 있어서도 마찬가지입니다. 차이가 있다면, 낮은 학력, 낮은 지위, 가난한 이들의 잘못된 인성이 제한적 대상, 그리고 직접적인 피해에 한정된다면, 고학력, 높은 지위, 재벌들의 잘못된 인성은 사회 전체를 혼돈·좌절·분노 상태로 몰아가고, 나아가 국가 시스템에 대한 신뢰 붕괴까지 초래합니다.

어떻게 하면 인성 문제를 해결할 수 있을까요?

칸트는 《실천이성비판》에서 이렇게 말합니다.

"의무의 법칙은 그것의 준수가 우리로 하여금 느끼게 하는 적극적 가치에 의해 우리의 자유에 대한 의식 중에 있는 '우리 자신에 대한 존경'을 통해 더 쉬운 입구를 발견한다. 이 자신에 대한 존경에, 만약 그것이 충분히 기초 지어져 있다면, 인간에게 내적인 자기 검사에서 자기 자신의 눈에 자기가 하찮고 비난받아 마땅하다고 보이는 것보다 더 크게 겁나는 것이 없을 때, 이제 모든 선한 윤리적인 마음씨가 접목될 수 있다. 왜냐하면 이것은 고결하지 못한 타락하게 하는 충동들의 침입을 마음에서 막아내는 가장 좋은, 아니 유일한 파수꾼이기 때문이다."[19]

맹자는 《맹자》 〈고자장구상〉에서 말합니다

"삶은 내가 원하는 바이지만 삶보다 더 소중한 것이 있다. 나는 삶을 탐하지 않는다. 죽음은 내가 싫어하는 바이지만 죽음보다 더 못한 것이 있다. 나는 죽음을 피하지 않는다."

生亦我所欲 所欲有甚於生者 故不爲苟得也 死亦我所惡 所惡有甚於死者 故患有所不辟也

생역아소욕 소욕유심어생자 고불위구득야 사역아소오 소오유심어
사자 고환유소불피야[20]

맹자에게 삶보다 더 소중한 것은 다름 아닌 '부끄럽지 않게 사는 것(義
의)'이었습니다. 그리고 죽음보다 못한 것은 '부끄럽게 사는 것(不義불의)'이
었습니다.[21]

맹자는 《맹자》 〈진심장구상〉에서 또 이렇게 말합니다.

"사람이 부끄러워하는 마음을 유지하느냐 그렇지 않느냐는 매우 큰 일
이다."

恥之於人大矣
치지어인대의[22]

맹자의 말을 주희가 풀이합니다.

"부끄러워하는 마음은 사람이 본래 가지고 있는 수오지심(羞惡之心)이니 그
것을 보존하면 성현의 길로 나아가고, 그것을 잃어버리면 짐승의 길로
들어서게 된다. 따라서 그것을 보존하는 것을 매우 큰 일로 삼아야 한다."

恥者 吾所固有羞惡之心也 存之則進於聖賢 失之則入於禽獸 故所繫
爲甚大

치자 오소고유수오지심야 존지즉진어성현 실지즉입어금수 고소계
위심대[23]

인성 문제에 대한 칸트와 맹자의 궁극적 해법은 사람들이 '자발적 윤리 브레이크'를 갖도록 하는 것입니다.

칸트는 사람들이 '자유의지로 스스로 도덕적이기를 선택한 자기 자신에 대해 존경하는 마음'을 갖도록 해, 자신이 비도덕적 행위를 할 때 스스로 하찮해 보이고 비난받아 마땅하다는 생각이 들게 하는 '자발적 윤리 브레이크'를 말하고 있습니다. 맹자는 본성인 '부끄러워하는 마음을 잃어버림으로써 혹시라도 미물인 짐승으로 전락하는 것은 아닐까 하고 두려워하는' '자발적 윤리 브레이크'를 말하고 있습니다.

두 사람 모두 옳지 못한 행위로 자신의 '자존감自尊感'을 잃게 될 것을 두려워하는 마음을 '제어 기제'로 인식하고 있습니다.

자(自: 스스로 자)·존(尊: 공경할 존)·감(感: 생각할 감). '스스로 품위를 지키고 자기를 존중하는 마음', '자존감'.

'자발적 윤리 브레이크'가
답이다

이성은 크게 '사유 이성'과 '도덕 이성' 둘로 나뉩니다. '사유 이성'은 '사

실과 논리에 바탕한 합리적 사고 능력'이고, '도덕 이성'은 '개인의 자유 의지에 의한 도덕적 행위 실천'입니다. 사회구성원의 이성 능력이 고양 되면 최소한 합리적 사회가 됩니다. 그리고 그 이상으로는 지상 천국의 실현까지 가능합니다.

　사람들이 '사실과 논리'에 근거해 사고하고 행동하면 사회 모든 부문 이 최적 상태에 가깝게 작동합니다. 합리적으로 소통하고 합리적으로 행동하므로 전 사회적 비생산적·소모적 비용이 크게 줄어들기 때문입 니다. 그리고 더 나아가, 사회구성원 각자가 '스스로의 존엄성'에 근거해 자유의지에 의한 도덕 행위를 하게 되면 그 사회는 지상 천국에 가까워 집니다. 전 사회적 이타적 행위로 사회 행복 총량이 수직으로 치솟을 것 이기 때문입니다.

　앞 1장의 '격물'과 2장의 '치지'는 '사유 이성'을 주로 다루고, 이 3장 '성 의'와 다음 4장 '정심'은 '도덕 이성'을 주로 다룹니다. '격물'과 '치지'는 사 회를 최소한 '합리적으로' 만들고, '성의'와 '정심'은 사회를 '윤리적으로' 만듭니다.

　법은 만능이 아닙니다. 법은 모든 사람을 다 구속할 수 없고, 모든 시 간과 공간을 일일이 다 규제할 수 없고, 특히 법 적용 대상인 사람의 마 음을 미리 읽을 수 없습니다. 법의 현실적 한계를 보완할 유일한, 그리 고 궁극적 수단은 결국 '각 개인들의 자유의지에 의한 자율 규제'뿐입니 다. 바로 '자발적 윤리 브레이크'입니다.

법이 미치지 못하더라도, 법이 간과하더라도, 그 무엇도 닿지 못할 사람의 마음속이라 할지라도 찾아가 선한 행위를 요구하는 '자발적 윤리 브레이크'입니다.

인성 문제에 대한 궁극적인 답, '자발적 윤리 브레이크'입니다.

4장

정심
正心

·

마음이
몸의 주인이
되게 해야

증자가 《대학》〈전문 7장〉에서 말합니다.

"이른바 '수신修身'은 '마음을 바르게 하는 정심正心'에 있다. 마음에 '분
노'가 차 있으면 그 바름(正정)을 얻을 수 없으며, 마음에 '두려움'이 가
득하면 그 바름(正정)을 얻을 수 없으며, 마음이 '쾌락'만 뒤쫓으면 그 바
름(正정)을 얻을 수 없으며, 마음에 '근심'이 크면 그 바름(正정)을 얻을
수 없다."

所謂修身 在正其心者 身有所忿懥則不得其正 有所恐懼則不得其正
有所好樂則不得其正 有所憂患則不得其正
소위수신 재정기심자 신유소분치즉부득기정 유소공구즉부득기정
유소호락즉부득기정 유소우환즉부득기정[1]

정자는 증자의 말을 이렇게 풀이합니다.

"이 네 가지는 마음의 작용으로 사람에게 전혀 없을 수 없다. 그러나
일단 이것들이 마음에 들어왔을 때 그것을 제대로 살피지 않으면 '욕
심'이 움직이고 '감정'이 앞서, 마음의 작용이 바름을 잃지 않을 수 없

게 된다."

蓋是四者 皆心之用 而人所不能無者 然一有之 而不能察 則欲動情勝
而其用之所行 或不能不失其正矣
개시사자 개심지용 이인소불능무자 연일유지 이불능찰 즉욕동정승
이기용지소행 혹불능부실기정의[2]

마음이 '욕심'과 '감정'으로 꽉 차게 되면 그 마음은 '바름(正정)'을 잃게
된다는 것입니다. 마음속에 '욕심'과 '감정'이 꽉 찬다는 것은 곧 그 마음
속에 '착한 마음(善性선성)'과 '이성'이 비집고 들어갈 자리가 없다는 이야기
입니다. 그렇게 되면 그 마음은 '바름(正정)'을 잃을 수밖에 없습니다.

중국 명나라 때의 학자 등림은 《대학》〈전문 7장〉 정심正心 해설에서
이렇게 말합니다.

"이른바 '수신修身'이 그 '마음을 바르게 하는(正心정심)' 데 있다는 것은
왜인가? 대개 마음이라는 것은 몸의 주인이며 그 본체는 원래부터 신
령하여 하나의 사물로 드러나지 않는다. 마음이 '분노'에 지나치게 기
울어 '뭇 이치를 살필 수 없게 되면' '분노'가 쌓이면서 마음이 그 바름
을 잃게 되며, 마음이 '두려움'에 지나치게 기울어 '뭇 이치를 살필 수
없게 되면' '두려움'이 쌓이면서 마음이 그 바름을 잃게 되며, 마음이
'쾌락'에 지나치게 기울어 '뭇 이치를 살필 수 없게 되면' '쾌락'이 쌓이
면서 마음이 그 바름을 잃게 되며, 마음이 '걱정'에 지나치게 기울어 '뭇

이치를 살필 수 없게 되면' '걱정'이 쌓이면서 마음이 그 바름을 잃게 된다. 마음 작용이 바름을 잃게 되면 마음의 본체가 어찌 그 바름을 유지할 수 있겠는가?"

所謂修身 在正其心者 何也 蓋心者 身之主 本體原自虛靈 一物不著
若有所偏主於忿懥 而不能察夫理 則心 卽爲忿懥所累 而不得其正矣
有所偏主於恐懼 而不能察夫理 則心 卽爲恐懼所累 而不得其正矣 有
所偏主於好樂 而不能察夫理 則心 卽爲好樂所累 而不得其正矣 有所
偏主於憂患 而不能察夫理 則心 卽爲憂患所累 而不得其正矣 心之用
失其正 則心之本體 安能得其正乎
소위수신 재정기심자 하야 개심자 신지주 본체원자허령 일물부저
약유소편주어분치 이불능찰부리 즉심 즉위분치소루 이부득기정의
유소편주어공구 이불능찰부리 즉심 즉위공구소루 이부득기정의 유
소편주어호락 이불능찰부리 즉심 즉위호락소루 이부득기정의 유소
편주어우환 이불능찰부리 즉심 즉위우환소루 이부득기정의 심지용
실기정 즉심지본체 안능득기정호[3]

등림의 풀이는 마음은 몸의 주인인데, 악한 마음의 작용 또는 감정이 그 마음을 지나치게 차지하면 마음은 '뭇 이치(理리)를 살필 수 없게 된다'는 것입니다. 그렇게 되면 그 마음은 바름(正정)을 잃게 된다는 이야기죠. 여기서 마음의 주요 기능은 무엇일까요? 그것은 바로 '뭇 이치를 살피는 것'(察夫理찰부리), 바로 '이성理性'입니다. 이성은 앞 장에서 살펴본 바와 같이 크게 '지식'과 '윤리'입니다.

정심正心은 다름 아닌 이성적 자세를 유지하는 것이고, 이성적 자세를 유지하는 것은 21세기 민주사회에서 한 사람의 시민으로서 건전한 삶을 사는 데 필요한 '지식'과 '윤리'를 갖추는 것입니다.

이 장에서는 정심正心에 대해 두 꼭지로 알아봅니다. 첫째 '박락剝落 - 어떻게 바른 마음을 만들 것인가?', 그리고 둘째 '심心 - 마음이 몸의 주인이 되게 해야', 둘입니다.

박락剝落

어떻게 '바른 마음'을 만들 것인가?

어리석은 이는 물욕으로 본심을 잃고, 똑똑한 이는 의견 때문에 본심을 잃는다

증자는 《대학》에서 수신修身은 마음을 바르게 하는 정심正心에 있다면서 분노, 두려움, 쾌락 탐닉과 같은 것들이 마음에 차 있으면 마음의 바름(正心정심)을 얻을 수 없다고 하였습니다. 그러면서 어떻게 하면 마음의 바름(正心정심)을 얻을 수 있는가에 대해서는 별도로 말하고 있지 않습니다.

동양철학사에서 최초로 '마음(心심)'에 크게 관심을 보인 인물은 주희(1130-1200)와 동시대를 살았던 주희의 논적 육구연(1139-1192)입니다.

유가의 주류인 성리학을 시작한 주희는 '심통성정心統性情'과 '성즉리性卽理'를 주장합니다. '심통성정心統性情'은 "마음(心심)은 '마음(心심)의 본체'인 '인仁·의義·예禮·지智'의 '성性'과, '마음(心심)의 작용'인 '측은惻隱·수오羞惡·사양辭讓·시비是非'의 '정情', 모두를 통괄한다"는 의미입니다. 그리고 '성즉리性卽理'는 "인간의 '본성(性성)'이 곧 천리(理리)다"라는 의미입니다.

육구연은 주희의 '성즉리性卽理', 즉 "인간의 '본성(性성)'이 곧 천리(理리)다"라는 주장에 '심즉리心卽理', 즉 "인간의 '마음(心심)'이 곧 천리(理리)다"라고 반박합니다. 육구연의 '마음(心심)'을 중심으로 하는 심학心學은 350년 뒤 등장하는 왕양명(1472-1529)의 양명학으로 이어지면서 주희의 성리학과 함께 유가의 양대 산맥을 이룹니다.

심학의 주창자 육구연은 《상산전집》〈권32〉와 〈권1〉에서 각각 이렇게 말합니다.

"자신의 착한 마음을 보존하고자 한다면 반드시 내 마음에 해되는 것을 제거해야 한다."

將以保吾心之良 必有以去吾心之害
장이보오심지량 필유이거오심지해4

"어리석고 못난 이가 착한 마음에 이르지 못했다면 그것은 '물욕'에 가려 자신의 본심을 잃어버렸기 때문이고, 현명한 이·똑똑한 이가 착한

마음을 지나쳤다면 그것은 자신의 '의견'에 가려 본심을 잃어버렸기 때문이다. 어리석고 못난 이의 문제는 '물욕'에 있고, 현명한 이·똑똑한 이의 문제는 그 '의견'에 있다."

愚不肖者不及焉 則蔽於物欲而失其本心 賢者智者過之 則蔽於意見而失其本心 愚不肖者蔽 在於物欲 賢者智者之蔽 在於意見
우불초자불급언 즉폐어물욕이실기본심 현자지자과지 즉폐어의견이실기본심 우불초자폐 재어물욕 현자지자지폐 재어의견[5]

육구연은 심학의 선구자답게 착한 마음과 관련된 문제를 분석적으로 접근합니다. 먼저 착한 마음을 보존하기 위한 원칙을 제시하고, 그 대상을 '부족한 이'와 '넘치는 이'로 나누어 분석합니다.

'어리석고 못났다'는 것은 다른 것이 아닌 '이성 능력'이 그렇다는 이야기입니다. '이성 능력'이 부족하면 오감이나 감정에 크게 영향을 받습니다. 그렇게 되면 물욕에 착한 마음이 가려지기 쉽습니다.

단순히 '현명하다·똑똑하다'는 것은 자기주장만 앞세운다는 의미입니다. 올바른 '이성'은 '이치를 따지는 능력' 또는 그 결과인 '지식'과, '윤리' 둘 다를 갖추는 것입니다. '윤리'는 배제되고 '이치를 따지는 능력' 또는 그 결과인 '지식'만 탁월할 경우 자기주장, 자기 의견만 앞세우기 쉽습니다. 결과는 착한 마음의 간과입니다.

마음의 병폐는 스승의 강학, 벗의 충고,
독서 등을 통해 벗겨 떨쳐내야

원인을 분석했으면 다음은 처방입니다. 육구연은 '박락剝落'이라는 개념을 들고 나옵니다. 박락(剝落)은 '벗길 박(剝)', '떨어뜨릴 락(落)'으로, '벗겨 떨쳐내다'라는 의미입니다.

육구연은 《상산전집》〈권35〉에서 각각 다음과 같이 말합니다.

"사람들의 마음에는 병폐가 있으니 반드시 벗겨 떨쳐내야(剝落박락) 한다. 한번 벗겨 떨쳐내면 그만큼 맑고 밝아진다. 이어 계속 또 벗겨 떨쳐내면 또 그만큼 맑고 밝아진다."

人心有病 須是剝落 剝落得一番 卽一番淸明 後隨起來 又剝落 又淸明
인심유병 수시박락 박락득일번 즉일번청명 후수기래 우박락 우청명[6]

"밝은 스승과 어진 벗을 통한 벗겨냄이 없으면 어떻게 거짓을 없애 진실한 상태로 돌아올 수 있겠으며, 또 어떻게 스스로 반성하고 자각하여 스스로 병폐들을 벗겨 떨쳐낼(剝落박락) 수 있겠는가?"

不得明師良友剖剝 如何得去其浮僞 而歸於眞實 又如何得能 自省自
覺自剝落
부득명사량우부박 여하득거기부위 이귀어진실 우여하득능 자성자
각자박락[7]

'밝은 스승'은 곧 스승의 강학을 말하고, '어진 벗'은 곧 올바른 벗의 충고를 말합니다. 스승의 강학이나 친구의 충고가 사람의 마음을 바르게 바꿀 수 있다는 것입니다.

육구연은 《상산전집》〈권3〉에서, 친구나 스승을 가까이할 수 없는 상황까지 대비해 조언합니다.

"만약 일이 바빠 독서를 할 수 없거나 친구와 스승을 가까이할 수 없다면, 어디서든 '스스로를 점검하는 데 힘을 기울여' 선한 것을 보면 그것을 닮으려 하고 허물이 있으면 그것을 고쳐나가도록 해야 한다. 이른바 진실한 마음으로 구求하다 보면 목표에 적중하지 않더라도 그 목표에 멀지 않은 결과를 얻게 된다. 일하는 도중 틈이 나면 책을 가까이하고, 읽어야 할 책 또한 자신의 생각에 따라 스스로 선택할 수 있다."

若有事役未得讀書 未得親師 亦可隨處自家 用力檢點 見善則遷 有過則改 所謂心誠求之 不中不遠 若事役有暇 便可親書册所讀書 亦可隨意自擇

약유사역미득독서 미득친사 역가수처자가 용력검점 견선즉천 유과즉개 소위심성구지 부중불원 약사역유가 편가친서책소독서 역가수의자택[8]

사람들이 처한 상황은 모두 같지 않습니다. 상급학교를 진학할 형편이 안 되는 이가 있을 수 있고, 주변 가까이서 모범 삼을 만한 바른 친구찾기가 힘든 이도 있을 수 있습니다. 육구연은 그럴 경우 지금 자신이 처한 상황에서 바른 것을 보면 닮으려 애쓰고, 자신에게 문제가 있다고 생각되면 스스로 고쳐나가려 애쓰라고 말합니다. 그리고 그런 중에 조금이라도 틈이 나면 책을 가까이하라고 조언합니다.

책은 기계적으로 읽을 것이 아니라, 의문을 가지고 내용을 음미하며 읽어야

육구연은 독서 방법에 대해 좀 더 상세히 논합니다.

"독서란 '물리物理'를 밝히고 '사정事情'을 헤아리며 '사세事勢'를 논하는 것이다. 역사서를 읽는다면 반드시 그 일이 일어나게 된 배경, 실패한 원인, 옳다 할 수 있는 근거, 대비하지 못한 이유 등을 살피면서, 여유를 가지고 거기에 무젖다 보면 시간이 지나면서 저절로 힘을 얻게 된다. 이런 식으로 3-5권의 책을 읽으면 그것은 그냥 3만 권의 책을 읽는 것보다 훨씬 낫다."

所謂讀書 須當物理 攄事情 論事勢 且如讀史須看 他所以成 所以敗
所以是 所以非處 優游涵泳 久自得力 若如此讀得三五卷 勝看三萬卷
소위독서 수당물리 췌사정 논사세 차여독사수간 타소이성 소이패
소이시 소이비처 우유함영 구자득력 약여차독득삼오권 승간삼만권[9]

독서를 통해 '자연의 이치(物理물리)'를 알고, '사람 일의 상황이나 까닭(事情사정)'을 탐색하고, '세상 돌아가는 흐름(事勢사세)'을 파악할 수 있다는 것입니다. 오늘날로 말하자면, 독서를 통해 '자연과학', '인문학', 그리고 '사회과학'을 익힐 수 있다는 것입니다. 그리고 책을 읽을 때는 단순히 기계적으로 읽을 것이 아니라 여러 가지 의문과 생각을 가지고 내용을 음미해 가면서 읽어야 한다는 이야기입니다. 그렇게 한 권의 책을 읽으면 기계적으로 만 권의 책을 읽는 것보다 더 낫다는 겁니다.

플라톤은 《파이돈》에서 심미아스라는 인물을 통해 '앎의 방법'에 대해 말합니다.

> "저는 인간의 의무가 다음 두 가지 일 가운데 하나라고 생각합니다. 즉, 그러한 문제에 대해서 '진리를 스스로 발견하거나' '남에게서 배워 알거나' 하는 것이 그 하나요, 이것이 불가능한 경우, '인간이 생각해 낸 모든 이론 가운데서 가장 좋은 것을 받아들여' 이것을 이를테면 뗏목처럼 의지하여 인생의 바다를 항해하는 것이 다른 하나이지요."[10]

플라톤의 '앎의 방법'은 진리를 스스로 발견하거나, 남에게 배우거나, 앞선 이들의 이론을 참조하는 것입니다.

육구연의 바른 마음(正心정심)을 얻는 방법과 대비하면, '진리를 스스로 발견하는 것'은 '스스로를 점검하는 데 힘을 기울이는 것(自家用力檢點자가용력검점)'에 해당되고, '남에게서 배우는 것'은 '스승의 강학(明師명사)'이나 '친구의 충고(良友양우)'에 해당되고, 그리고 '인간이 생각해 낸 모든 이론 가운데서 가장 좋은 것을 받아들이는 것'은 바로 '독서'에 해당됩니다. 무엇인가 옳은 것을 얻고자 하는 방법론에 있어 플라톤과 육구연의 생각이 서로 다르지 않습니다.

선사가 말없이 총채를
한 손으로 들어 보인 까닭은

　육구연으로부터 시작된 심학心學을 완성한 왕양명은 제자가 '마음의 본성本性'인 양지良知에 이르는 방법을 묻자, 《전습록》〈황성증의 기록〉 편에서 이렇게 대답합니다.

"이것은 너 스스로 답을 구해야 할 문제다. 나 역시 특별한 방법이 없다. 옛날에 한 선사禪師가 있었는데 사람들이 찾아와 깨달음의 방법에 대해 묻자 그저 총채를 한 손으로 들어 보였다. 어느 날 한 제자가 총채를 숨겨놓고 이번에는 스승이 어떻게 하나 하고 살펴봤다. 같은 질문이 나오자 선사는 총채를 찾다 찾을 수 없자 빈손으로 총채를 드는 시늉을 했다. 나의 양지良知학은 이 총채에 불과할 뿐이다. 다른 무슨 특별한 방법이 있을 수 있겠느냐."

此亦須你自家求 我亦無別法可道 昔有禪師 人來問法 只把塵尾提起 一日 其徒將其塵尾藏過 試他如何設法 禪師尋塵尾不見 又只空手提 起 我這個良知就是說法的塵尾 舍了這個 有何可提得

차역수니자가구 아역무별법가도 석유선사 인래문법 지파진미제기
일일 기도장기진미장과 시타여하설법 선사심진미불견 우지공수제
기 아저개량지취시설법적진미 사료저개 유하가제득[11]

잠시 뒤 다른 제자가 왕양명에게 공부의 핵심에 대해 물었습니다. 그
러자 왕양명이 옆을 살피면서 말했습니다. "나의 총채가 어디에 있느
냐?"[12]

왕양명은《전습록》〈황성증의 기록〉 편에서 정리합니다.

"학문을 할 때 남이 일깨워주는 것이 요긴하다. 그러나 자기 스스로 깨
닫는 것보다는 못하다. 스스로 한번 깨닫는 것이 남이 백번 일깨워주는
것과 같다. 스스로 깨닫지 않으면 남이 아무리 일깨워주어도 제대로 깨
달을 수가 없다."

學問也要點化 但不如自家解化者 自一了百當 不然 亦點化許多不得
학문야요점화 단불여자가해화자 자일료백당 불연 역점화허다부득[13]

훌륭한 강의를 찾아다니고, 좋은 친구를 사귀고, 독서를 하는 것은 '바
른 마음(正心정심)'을 만드는 데 주효합니다. 그리고 여기에 스스로 깨달으
려는 자세와 실천이 더해지면 그 효과는 백배로 올라갑니다. 마음(心심)
전문가인 심학心學의 완성자 왕양명이 일찍이 총채 예를 들어 그렇게 말
했습니다.

심心

마음이 몸의 주인이 되게 해야

대체大體를 따르면 대인大人이 되고, 소체小體를 따르면 소인小人이 된다

《맹자》〈고자장구상〉에서 공도자라는 인물이 맹자에게 묻기를, "같은 사람인데 어떤 이는 대인大人이 되고, 또 어떤 이는 소인小人이 되는 것은 무슨 까닭입니까?"[14]라고 하자, 맹자가 대답합니다.

"대체大體를 따르면 대인大人이 되고, 소체小體를 따르면 소인小人이 된다."

從其大體爲大人 從其小體爲小人
종기대체위대인 종기소체위소인[15]

I 편 · 8조목: 한 사람의 제대로 된 성인으로 역할하기 위한 과정

주희가 맹자의 말을 풀이합니다.

"대체大體는 '마음(心심)'을 말하고, '소체小體'는 '귀나 눈과 같은 물질적
감각기관'을 말한다."

大體心也 小體耳目之類也
대체심야 소체이목지류야[16]

정신적 '이성'을 따르는 이는 '큰 사람'이 되고, 물질적 '감정'에 자신을
내맡기는 이는 '작은 사람'이 된다는 이야기입니다.

공도자가 또 맹자에게 묻기를, "같은 사람인데 어떤 이는 대체大體를
따르고 어떤 이는 소체小體를 따르는 것은 무슨 연유입니까?"[17]라고 하자
맹자가 답합니다.

"귀나 눈과 같은 감각기관은 생각하는 기능이 없어 물질에 영향을 받
으니 물질과 물질이 만나면 거기에 끌려가기 마련이고, 마음(心심)은 생
각하는 기능 자체여서, 생각을 하면 도리와 이치를 알게 되고 생각하지
않으면 그렇지 않게 된다. 이것은 하늘이 인간에게 부여해 준 것이니,
먼저 마음(心심)에 근거하면 감각기관은 그 마음의 자리를 빼앗을 수 없
다. 이것이 바로 대인大人이 되는 이유이다."

耳目之官 不思而蔽於物 物交物則引之而已矣 心之官則思 思則得之

不思則不得也 此天之所與我者 先立乎其大者 則其小者 不能奪也 此
爲大人而已矣

이목지관 불사이폐어물 물교물즉인지이이의 심지관즉사 사즉득지
불사즉부득야 차천지소여아자 선립호기대자 즉기소자 불능탈야 차
위대인이이의[18]

'생각하는 능력'인 '마음(心심)'을 앞세우는 것이 '대체大體'를 따르는 것이
고, '대체大體'를 따르면 곧 '대인大人'이 된다는 이야기입니다.

'영혼'이 '육체'를
노예처럼 지배하게 해야

고대 그리스에서도 같은 주장이 있었습니다. 맹자(BC372-BC289)와
거의 동시대를 살았던 플라톤(BC428-BC348)의 주장이 바로 그렇습니
다. 플라톤은 자신이 쓴 《파이돈》에서 소크라테스의 입을 빌려 사람은
'육체'와 '영혼'으로 이루어져 있다고 말합니다.[19] 그러면서 '영혼'과 '육체'
의 관계에 대해 이렇게 설명합니다.

"영혼이 지각의 수단으로서 신체를 사용할 때, 즉 시각이나 청각이나
이 밖의 다른 어떤 감각을 사용할 때 - 신체를 가지고서 지각한다 함은,
다름 아닌 감각을 통해서 지각하는 것이니 말일세 - 영혼은 신체에 이
끌리어 변화하는 것들의 세계로 휩쓸려 들어가 방황하며 혼미에 빠지

는 것이 아닐까? 그리하여 마치 술에 취한 사람처럼 허둥지둥하는 것이 아닐까? -중략- 제 정신이 돌아와 고요히 생각하는 때면, 순수하고 영원하고 불멸하며, 또 불변하는 것의 세계로 들어가게 되는 것이 아닐까? 이것은 영혼과 동질적인 것이므로, 만일 영혼이 제 자신에 돌아가기만 하면, 영혼은 언제나 이것과 함께 있을 수가 있는 거야. 그렇게 되면, 영혼은 또 그릇된 길에 들어가기를 그치게 되고, 불변하는 것과 사귐으로써 그 자신이 불변하는 것이 되는 거야. 영혼의 이런 상태를 지혜라 하는 것이 아닌가?"[20]

그리고 결론 내립니다.

"'영혼'과 '육체'가 함께 결합되어 있을 때, 자연은 '영혼'으로 하여금 '주인'이 되어 지배하게 하고, '육체'는 '노예'가 되어 섬기도록 해놓았어."[21]

맹자가 사람들에게 '소체小體', 즉 '감각기관'이 아닌 '대체大體', 즉 '마음(心심)'을 좇아 '대인'이 될 것을 권하고 있다면, 플라톤은 사람들에게 감각기관인 '육체'에 끌려갈 것이 아니라, '영혼'이 '육체'를 노예처럼 지배하게 해야 한다고 주장합니다. 그러면서 바로 그것이 자연의 의도라고 말하기까지 합니다.

맹자와 플라톤이 '마음' 또는 '영혼'이 물질인 '육체'를 통제하도록 해야 한다고 주장하는 이유는 명확합니다. 인간은 불완전하긴 하지만 만물 중 유일한 이성적 존재로, 이 이성을 적극적으로 활용하면서 사는 것이 가장 인간적일뿐더러 동시에 인간으로서의 존재 이유이기도 하기 때문입니다. 인간은 인간이기 때문에, 또 진정한 인간이기 위해 '마음(心심)'이 몸의 주인이 되게 해야' 합니다.

오감을 사용하거나 어떤 행위를 할 때 항상 그 오감 또는 행동의 '최고 원칙'을 먼저 '생각'해야

맹자는 어떤 사람이 대인大人이 되는 이유로 '마음(心심)'에 근거[22]하는 것을 들었습니다. '마음(心심)'에 근거'한다는 것은 구체적으로 어떻게 하는 것일까요?

공자는 《논어》〈계씨〉 편에서 이렇게 말합니다.

"군자는 9가지 생각이 있으니, 볼 때는 '밝음(明명)'을 생각하며, 들을 때는 '총명함(聰총)'을 생각하며, 얼굴빛은 '온화함(溫온)'을 생각하며, 자세는 '공손함(恭공)'을 생각하며, 말은 '진실함(忠충)'을 생각하며, 일에는 '공경함(敬경)'을 생각하며, 의심스러울 때는 '물을 것(問문)'을 생각하며, 화가 날 때는 분노가 초래할 '어려움(難난)'을 생각하며, 이익이 눈앞에 있을 때는 '무엇이 옳은가(義의)'를 생각한다."

君子有九思 視思明 聽思聰 色思溫 貌思恭 言思忠 事思敬 疑思問 忿思難 見得思義

군자유구사 시사명 청사총 색사온 모사공 언사충 사사경 의사문 분
사난 견득사의[23]

　공자의 '9가지 생각' 가르침은 다른 것이 아닙니다. 오감을 사용하거나
어떤 행위를 할 때 내용과 같이 항상 각 감각 또는 행동의 '최고 원칙'을
먼저 '생각'해, 거기에 맞게 행위하라는 것입니다. 즉, 감각이나 이기심
이 끌고 가는 대로 끌려갈 것이 아니라 '마음(心심)에 근거'해 각 감각 또
는 행동의 최고 원칙들을 '생각'하라는 것입니다. 곧, 오감이나 이기심의
주도를 허용하지 말라는 이야기입니다. 이렇게 되면 '감각'이 '마음'의 자
리를 빼앗는 일은 발생하지 않을 것이라는 이야기죠.

　맹자의 '마음(心심)에 근거'한다는 것은 곧 '이성'을 추구한다는 의미입
니다.

　공자의 '9가지 생각'에서 밝음(明명), 총명(聰총), 진실함(忠충), 질문(問문),
어려움 예상(難난)과 같은 것들은 오감을 사용할 때, 그 대상을 정확하
게 파악하는 데 도움을 줍니다. 곧, '지식'을 얻는 데 필수의 중요한 원
칙들입니다.

　온화함(溫온), 공손함(恭공), 공경(敬경), 옳음 선택(義의)과 같은 것들은
행위 시 상대방과 자기 자신 모두를 존중하는 데 필요한 '윤리' 원칙들
입니다.

　'지식'과 '윤리'는 '이성'을 구성하는 두 날개입니다. '마음(心심)에 근거'
하는 것이 곧 '이성'을 추구하는 것이 되는 이유입니다.

마음이 있지 않으면 보아도 보이지 않으며, 들어도 들리지 않으며, 먹어도 그 맛을 알지 못한다

마음(心심)이 없으면 사실 있어도 있는 것이 아닙니다. 우리가 늘 경험하듯 마음(心심)이 딴 곳에 가 있으면 천하 절경도 눈에 들어오지 않고, 사랑하는 이의 다정한 목소리도 귀에 들어오지 않고, 천하의 진미도 그 맛을 알 수 없습니다. 그래서 증자는 《대학》〈전문 7장〉에서 말합니다.

"마음이 있지 않으면 보아도 보이지 않으며, 들어도 들리지 않으며, 먹어도 그 맛을 알지 못한다."

心不在焉 視而不見 聽而不聞 食而不知其味
심부재언 시이불견 청이불문 식이부지기미[24]

증자의 말을 등림이 자세히 설명합니다.

"마음이 바르지 않으면 몸은 여기에 있지만 마음은 저기로 달리게 된다. 마음이 밖으로 달려 안정되지 못하면 몸을 단속할 수 없게 되어, 눈으로 보고 있더라도 그 색을 알지 못하며, 귀로 듣고 있더라도 그 소리를 알지 못하며, 입으로 음식을 먹고 있더라도 그 맛을 알지 못한다. 무릇 소리·색·냄새·맛은 사물 중 거친 것으로 사람이 쉽게 알아볼 수 있는 것들이지만, 마음이 여기에 있지 않으면 비록 거칠더라도 사람이 제대로 보지를 못하니, 하물며 의리義利나 세밀한 것에 대해서는 어떠하겠는가? 마음이 바르지 못하면 수신修身이 제대로 될 수 없다는 것은 바로 이와 같은 경우다."

夫心旣不正 則身在於此 而心馳於彼 心若外馳 而冥然不在 則無以檢
其身 目雖視 而不見其色 耳雖聽 而不聞其聲 口雖食 而不知其何味
夫聲色臭味 事物之粗而易見者耳 心不在此 則雖粗而易見者 己不能
見 況義理之精者乎 心不正 而身不修 有如此
부심기부정 즉신재어차 이심치어피 심약외치 이명연부재 즉무이검
기신 목수시 이불견기색 이수청 이불문기성 구수식 이부지기하미
부성색취미 사물지조이이견자이 심부재차 즉수조이이견자 기불능
견 황의리지정자호 심부정 이신불수 유여차[25]

마음이 바르지 않으면 매우 명확한 작용인 감각도 제 역할을 제대로 할 수 없을진대, 하물며 이치나 옳음을 따지는 정치精緻한 사리분별·가치 판단의 이성 활동이 어떻게 제대로 이루어질 수 있겠느냐는 지적입니다.

반드시 '마음'이 '몸'의 주인이 되게끔 해야 하는 절대적 이유입니다.

5장

수신
修身

·

올바른 사고 능력과
윤리를 갖춘
이성적 존재가
되기 위해 힘써야

《대학》의 8조목은 개인의 학문·수양부터 그것의 사회 적용까지 8단계를 나타내고 있습니다. 그런데 5단계인 수신修身은 특별한 의미를 갖습니다. 바로 앞선 개인 학문·수양의 종합이자 뒤로 이어지는 타인과의 관계를 대비하는 중간 단계로서의 의미입니다.

《대학》〈경문 1장〉에서 공자가 말합니다.

"천자로부터 서인에 이르기까지 모두 수신修身을 근본으로 삼는다."

自天子 以至於庶人 壹是皆以修身 爲本

자천자 이지어서인 일시개이수신 위본[1]

공자의 말을 등림이 자세히 설명합니다.

"8조목을 요약하자면, ① 격물格物·② 치지致知·③ 성의誠意·④ 정심正心은 ⑤ 수신修身을 위해 앞서 말한 것이고, ⑥ 제가齊家·⑦ 치국治國·⑧ 평천하平天下는 ⑤ 수신修身으로부터 확장된 것이다. 진실로 일에 본말이 있으니, ⑤ 수신修身이 바로 그 근본인 것이다."

5장 · 수신: 올바른 사고 능력과 윤리를 갖춘 이성적 존재가 되기 위해 힘써야

就八條目而約之 格致誠正 爲修身而說 齊治均平 自修身而推 信乎物
有本末 而修身 正其本也
취팔조목이약지 격치성정 위수신이설 제치균평 자수신이추 신호물
유본말 이수신 정기본야[2]

수신이 앞의 격물·치지·성의·정심을 포괄하면서 동시에 뒤따르는 가
족 등 다른 이들과의 관계를 대비하는 덕목[3]이라는 이야기입니다. 그래
서 주희는 《대학》〈전문 7장〉에서 말합니다.

"정심正心까지는 모두 수신修身의 조건이고, 제가齊家부터는 수신修身을
들어 거기에 둘 뿐이다."

正心以上 皆所以修身也 齊家以下 則擧此而措之耳
정심이상 개소이수신야 제가이하 즉거차이조지이[4]

그래서 사람들은 《대학》의 8조목을 말할 때 보통 격물格物부터 평천하
平天下까지 8단계를 다 말하지 않습니다. 수신·제가·치국·평천하, 4단계
로 줄여 말합니다.

이 장에서는 수신修身을 두 꼭지로 알아봅니다. 첫째, '학문과 수양-거
경궁리居敬窮理로 올바른 사고 능력과 윤리의식을 갖춰야', 그리고 둘째,
'중용中庸 - 리더는 공정해야'입니다. 첫째는 학문·수양, 즉 앞서의 격물·
치지·성의·정심 내용을 주희가 주창하는 학문·수양 방법인 '거경궁리居敬

窮理'에 비추어 살펴보는 것이고, 둘째는 뒤로 이어지는 타인과의 관계에 있어 가장 중요한 '공정'에 대해 알아봅니다.

학문과 수양

거경궁리居敬窮理로 '올바른 사고 능력'과 '윤리의식'을 갖춰야

배우는 자의 공부는 오로지 '경건함에 머물고' '이치를 궁구하는' 두 가지에 있어

주자는 《주자어류》〈학삼논지행〉 편에서 이렇게 말합니다.

"배우는 자의 공부는 오로지 '경건함에 머물고(居敬거경)' '이치를 궁구하는(窮理궁리)', 두 가지에 있다. 이 두 가지 공부는 하나가 다른 하나를 이끈다. '이치'를 궁구하면 '경건'함에 머물 수 있어 공부가 날로 향상되고, '경건'함에 머물면 '이치'를 궁구할 수 있어 공부가 날로 치밀해진다. 비유하자면 사람이 두 발로 걸을 때 왼발이 나가면 오른발이 멈추고, 오른발이 나가면 왼발이 멈추는 것과 같다. 또 어떤 물건을 공중에

매달아 오른쪽을 누르면 왼쪽이 올라가고 왼쪽을 누르면 오른쪽이 올라가는 것과 같으니 실제는 하나일 뿐이다."

學者工夫 唯在居敬窮理二事 此二事互相發 能窮理則居敬 工夫日益進 能居敬則窮理工夫日益密 譬如人之兩足 左足行則右足止 右足行則左足止 又如一物懸空中 右抑則左昂 左抑則右昂 其實只是一事
학자공부 유재거경궁리이사 차이사호상발 능궁리즉거경 공부일익진 능거경즉궁리공부일익밀 비여인지양족 좌족행즉우족지 우족행즉좌족지 우여일물현공중 우억즉좌앙 좌억즉우앙 기실지시일사[5]

대학의 8조목 중 앞의 절반인 격물·치지·성의·정심 4조목이 '공부', 즉 '개인의 학문·수양'입니다. 그리고 이 4조목 중 앞의 '격물'과 '치지' 2조목이 '학문(知지)', 즉 '이치를 궁구하는' '궁리窮理'에 해당되고, 뒤의 '성의'와 '정심' 2조목이 '수양(行행)', 즉 '경건함에 머무는' '거경居敬'에 해당됩니다.

4조목과 거경궁리居敬窮理

구분	내용			
조목	① 격물	② 치지	③ 성의	④ 정심
의미1	공부			
의미2	학문(知지)		수양(行행)	
의미3	궁리窮理: 이치를 궁구하다		거경居敬: 경건함에 머물다	
의미4	소이연所以然: 사물의 이치와 작용 이해		소당연所當然: 자유의지에 의한 윤리적 행동	
의미5	도문학道問學: 학문을 좇다(지식)		존덕성尊德性: 덕성을 높이다(윤리)	

뉴턴, 격물과
치지를 하다

'학문', 즉 '궁리窮理'는 다른 것이 아닌 '사물의 이치와 작용을 이해하는 것'입니다. 그러기 위해서는 먼저 주변의 사물이나 상황 하나하나를 주의 깊게 살피는 과정이 있어야 합니다. '사물에 다가가 그 사물의 이치를 파고드는 것'이라는 의미의 '격물格物'이 바로 이것입니다.

증자는 《중용》〈제20장〉에서 학문의 방법론에 대해 말합니다.

"널리 배우며, 자세히 물으며, 신중하게 생각하며, 명확하게 분별하며, 독실하게 실천한다."

博學之 審問之 愼思之 明辨之 篤行之
박학지 심문지 신사지 명변지 독행지[6]

이 말에 대해 주자는 "다섯 가지 중 어느 하나라도 빠트리면 그것은 학문하는 자세가 아니다"[7]라고 단언합니다.

이렇게 '사물과 상황 하나하나를 주의 깊게 살피고' '생각하는 과정'이 누적되면 어느 날 '자연'이나 '사람' 또는 '사회'가 어떻게 작용하고 또 왜 그렇게 작용하는지 그 이치를 깨닫는 순간이 옵니다. '사물의 보편적 이치를 깨닫는 것'이라는 의미의 '치지致知'가 이것입니다.

뉴턴은 사과가 나뭇가지에서 땅으로 떨어지는 것을 궁금해했습니다. 또 폭포의 물이 위에서 아래로 떨어지는 것을 궁금해했습니다. 그러다 마침내 중력(Gravity)이라는 사물의 원리를 발견합니다. 사과가 땅으로 떨어지고, 폭포수가 아래로 떨어지는 이유를 주의 깊게 살피는 것이 '격물格物'입니다. 그리고 이런 관찰에 추리 등이 추가되어 '중력이라는 사물의 원리' 발견으로 이어지는 것이 '치지致知'입니다. '격물'과 '치지'가 더해져 '사물의 이치와 작용을 이해하는' '궁리窮理'를 이룹니다.

'경敬'으로써 마음을 바르게 하고, '의義'로써 행동을 방정하게 한다

공부에서 수양, 즉 '거경居敬'은 '자유의지에 따라 윤리적 행동을 하는 것'입니다. 그러기 위해서는 먼저 자기 스스로를 속이지 않아야 합니다. '뜻을 참되게 한다'는 의미의 '성의誠意'가 바로 이것입니다. 자신을 속이는가 그렇지 않은가는 자기 혼자 있을 때 알아볼 수 있습니다. 지켜보는 이가 아무도 없을 때 사람들은 자신의 내면 그대로 행동합니다. 이때 행동이 평소와 다르면 그것은 평소에 자신을 속이고 있는 것, 즉 '성의誠意' 하지 않고 있다는 것입니다.

혼자 있을 때도 자연스럽게 선한 행동이 나오면 그는 진짜 선한 사람이고 그릇된 행동이 나오면 그는 선하지 않은 사람입니다.

'성의誠意'에서 핵심은 결국 '내면을 어떻게 선하게 유지할 수 있을 것인가?'입니다. 내면을 선하게 유지하는 것은 '정심正心'입니다. '정심正心'은 의미 그대로 '마음을 바르게 하는 것'입니다. '마음을 바르게 하는 것'은 다른 것이 아닙니다. '욕심'과 '감정'이 아닌 '착한 마음'과 '이성'으로 자신의 마음을 채우는 것입니다. '착한 마음'은 '양심 또는 착한 본성'이고, '이성'은 인간만이 소유한 '진위眞僞, 선악善惡을 식별하여 바르게 판단하는 능력[18]입니다.

'양심'은 그릇된 행동을 하려 할 때 내면의 목소리로 자신의 주인을 꾸짖습니다. 그리고 '이성'은 인간만의 고유 속성으로, 사람들에게 동물과 달리 윤리적으로 행동할 것을 명령합니다.

'자유의지'를 가진 인간은 매 순간 선택의 기로에 섭니다. 양심적으로 살 것인지 그렇지 않을 것인지, 윤리적으로 살 것인지 그렇지 않을 것인지의 선택. 동물 아닌 인간으로서의 존엄을 소중히 여기고 사회구성원으로서 건강한 공동체 유지의 필요에 동의하는 이라면 양심적으로 살 것을, 윤리적으로 살 것을 자신의 '자유의지'로 선택합니다. 내면에 '자발적 윤리 브레이크'를 장착하고, 마음이 몸의 주인이길 선택한 진정한 인간이자 건강한 자유의지의 인간입니다.

정자는 《근사록》〈존양편〉에서 이렇게 말합니다.

"경敬으로써 마음을 바르게 하고, 의義로써 행동을 방정하게 한다."

敬以直內 義以方外

경이직내 의이방외[9]

'양심'과 '자유의지에 의한 윤리'가 몸의 주인이 되어, 몸의 행동을 여기에 일치시킨다는 것입니다. '양심'과 '윤리'가 몸의 주인이 되게 하는 것이 '마음을 바르게 하는' '정심正心'이고, 이 내면에 바깥의 행동을 일치시키는 것이 '뜻을 참되게 하는' '성의誠意'입니다.

'지식' 없는 '행동'은 지속되기 힘들고, '행동' 없는 '지식'은 공허하다

증자는 《중용》〈제27장〉에서 말합니다.

"군자는 '덕성을 높이고(尊德性존덕성)' '학문을 좇으니(道問學도문학)', 광대함을 이루면서 정밀함을 다하고, 고명高明을 지극히 하면서 중용을 좇고, 옛것을 익히면서 새로운 것을 알며, 너그러우면서 예를 소중히 여긴다."

君子尊德性而道問學 致廣大而盡精微 極高明而道中庸 溫故而知新
敦厚以崇禮
군자존덕성이도문학 치광대이진정미 극고명이도중용 온고이지신
돈후이숭례[10]

사람이 지녀야 할 바람직한 모습을 압축적으로 나타내고 있습니다. 사람은 '윤리'와 '지식'을 갖추어야 합니다. 그 '윤리'는 넓고 크며, 품격이 있고 슬기로우며, 옛것을 잊지 않으며, 너그러움을 지닙니다. 그리고 '지식'은 정밀하고 자세하며, 한쪽으로 치우치지 아니하며, 늘 새로운 것을 익혀 나가며, 넓고 깊어질수록 다른 이를 배려합니다.

'지식' 없는 '행동'은 지속되기 힘들고, '행동' 없는 '지식'은 공허합니다. 그러기에 공자도 '박학어문 약지이례博學於文 約之以禮'를 말했습니다. '널리 학문을 배우고, 배운 것을 선하고 옳은 행동으로 실행하라'는 가르침입니다.

'궁리窮理'와 '거경居敬'으로 '올바른 사고 능력'과 '윤리의식'을 갖추는 것, '수신修身'입니다.

중용 中庸

리더는 공정해야

좋아하는 이라 할지라도
그의 잘못된 부분을 볼 수 있어야

《대학》〈전문 8장〉에서 증자가 말합니다.

"이른바 '한집안을 가지런히 하는 것(齊家제가)'이 수신修身에 달려 있다는 것은 사람들의 사랑이 어느 한쪽으로 기울기 때문이며, 사람들의 미워함이 어느 한쪽으로 기울기 때문이며, 사람들의 공경함이 어느 한쪽으로 기울기 때문이며, 사람들의 가엾이 여김이 어느 한쪽으로 기울기 때문이며, 사람들의 오만함이 어느 한쪽으로 기울기 때문이다. 자신이 좋아하는 이라 할지라도 그의 잘못된 부분을 볼 수 있고, 자신이 미워

하는 이라 할지라도 그의 좋은 부분을 볼 수 있는 사람은 세상에 그리
많지 않다."

所謂齊其家 在修其身者 人之其所親愛而辟焉 之其所賤惡而辟焉 之
其所畏敬而辟焉 之其所哀矜而辟焉 之其所敖惰而辟焉 故好而知其惡
惡而知其美者 天下鮮矣
소위제기가 재수기신자 인지기소친애이벽언 지기소천오이벽언 지
기소외경이벽언 지기소애긍이벽언 지기소오타이벽언 고호이지기악
오이지기미자 천하선의[11]

등림은 증자의 말을 다음과 같이 자세히 해설합니다.

"대체로 사람이 다른 이를 대할 때 각 마음 작용에 마땅한 원칙이 있다.
그러나 일반적으로 사람들은 혈육을 '사랑(親愛친애)'하면서 때로 옳고
그름을 따지지 않아 편향적이고, 보잘것없는 이들을 '천시(賤惡천오)'하
면서 때로 너그럽지 않아 편향적이고, 연장자를 '공경(畏敬외경)'하면서
때로 굴종적이어서 편향적이고, 곤궁한 사람을 '동정(哀矜애긍)'하면서
때로 자신의 상황이 그렇지 않음을 다행으로 여겨 편향적이고, 도저히
좋아하거나 공경할 수 없는 이에게 예를 간략히 해 '소홀(敖惰오타)'히 하
면서 때로 교만 방자에 이르기도 하니 편향적이다. '사랑(親愛친애)', '공
경(畏敬외경)', '동정(哀矜애긍)'은 호의에 해당되지만 어찌 상대에게 혐오
할 만한 부분이 전혀 없겠으며, '천시(賤惡천오)', '소홀(敖惰오타)'은 혐오
에 해당되지만 어찌 상대에게 호의를 가질 만한 부분이 전혀 없겠는가.

편벽에 치우쳐 있음이 모두 이와 같다. 그러므로 좋아하면서도 상대의 문제점을 볼 수 있고, 미워하면서도 상대의 바람직한 부분을 인정하는 것은 정심正心(바른 마음)을 갖춘 후에도 쉽지 않은 일이니, 세상천지를 살펴봐도 드물다."

蓋身與人 接情之 所向各有當然之則 但常人 各有偏徇於其骨肉之間 爲所親愛 或不制以義理而辟焉 於其卑汚之人 爲所賤惡 或不復加之 寬厚而辟焉 於其尊長之倫 爲所畏敬 或過於屈抑而辟焉 於其窮困之 人 爲所哀矜 或流於姑息而辟焉 至於非可愛非可敬之人 令人接之 簡 於爲禮 是所敖惰也 或遂至驕肆而辟焉 夫親愛畏敬哀矜 好之屬也 豈 其中 盡無惡乎 賤惡敖惰 惡之屬也 豈其中 盡無美乎 而皆一於偏辟 如 此 故於所好而能知其惡 所惡而能知其美者 雖正心以後 猶難言之 求 之天下 蓋亦鮮矣

개신여인 접정지 소향각유당연지칙 단상인 각유편순어기골육지간 위소친애 혹부제이의리이벽언 어기비오지인 위소천오 혹불부가지 관후이벽언 어기존장지륜 위소외경 혹과어굴억이벽언 어기궁곤지 인 위소애긍 혹류어고식이벽언 지어비가애비가경지인 영인접지 간 어위례 시소오타야 혹수지교사이벽언 부친애외경애긍 호지속야 기 기중 진무오호 천오오타 오지속야 기기중 진무미호 이개일어편벽 여 차 고어소호이능지기오 소오이능지기미자 수정심이후 유난언지 구 지천하 개역선의[12]

《대학》의 8조목 중 5단계인 수신修身은 개인 학문·수양의 종합이자, 뒤로 이어지는 제가齊家, 치국治國, 평천하平天下를 위한 발판입니다. 제가의 '가家', 즉 '집안'은 '혈연공동체'입니다. 치국의 '국國', 즉 '나라'는 '사회·역사공동체'입니다. 평천하의 '천하', 즉 '인류'는 '지구공동체' 또는 '인류공동체'입니다.

증자에게 있어 공동체의 리더가 지녀야 할 가장 중요한 자질은 다름 아닌 '이성에 바탕한 공정'입니다. 사랑하는 자식에게서도 바람직하지 않은 부분을 볼 수 있고, 증오하는 원수에게서도 긍정적인 부분이 있다면 그 부분을 인정할 수 있는 '이성에 바탕한 공정'입니다. 감정, 선입견, 취향, 친소관계, 이해관계 등에 따라 옳고 그름에 대한 판단이 달라진다면 그는 애초부터 리더가 될 수 없다는 이야기입니다.

정의의 여신 디케가
천으로 눈을 가린 까닭은?

증자가 공동체 또는 조직에 있어 공정을 최우선시하는 입장은 매우 적절합니다.

가족이든 사회든 두 사람 이상이 함께할 때 거기에는 반드시 이해관계가 발생합니다. 이때 그 이해관계의 조정이나 판결이 공정치 않으면 공동체의 존립 기반이 흔들리게 됩니다. 불공정 상황에서는 공동체가 하나 아닌 여러 개, 극단적으로는 그 구성원의 수만큼 분열되어 더 이상

공동체의 공동 목표를 지향할 수 없게 되기 때문입니다.

집안이 더 이상 구성원 간에 위로와 격려를 주고받는 그런 휴식과 재충전의 공간 역할을 할 수 없게 되고, 사회구성원들이 국가의 존립과 영광을 위해 시민으로서의 의무를 다하려 하지 않게 되고, 인류 또는 국가들이 지구촌, 인류의 공존공영을 위한 협력이나 연대에 관심을 두지 않게 됩니다. 한집안이든, 한 사회이든, 국제사회이든, 리더라면 무엇보다 먼저 공정성을 지녀야 합니다.

공동체 리더가 지녀야 할 최우선 덕목으로 공정을 드는 것은 동서양 공통입니다. 디케(Dike, 로마 시대에는 '유스티티아Justitia'로 불림. 오늘날 '정의'를 의미하는 'Justice'가 이 '유스티티아Justitia'에서 나왔음)는 그리스 신화에 나오는 정의의 여신입니다. '정의'의 여신 디케는 흔히 '천으로 눈을 가리고', '한 손에는 칼이나 법전을 들고', '다른 한 손에는 저울을 든' 모습으로 묘사됩니다. '눈을 천으로 가린 것'은 주관성을 배제해야 한다는 의미입니다. 법 적용 대상에 따라 어느 한쪽으로 판단이 기우는 것을 경계해야 한다는 것이죠. '칼이나 법전'은 법은 엄격하게 집행되어야 한다는 의미입니다. 원칙과 기준에 따라 죄지은 자를 분명하게 단죄해야 한다는 것이죠. '저울'은 벌을 따질 때 공정하게 판단해야 한다는 의미입니다. 우리나라 헌법 103조에 나와 있는 것처럼 '헌법과 법률에 의하여 그 양심에 따라 독립하여' 판단해야 한다는 것입니다.[13]

한쪽으로 치우치거나 기울지 아니하고,
넘치거나 부족하지 않아야

《대학》의 수신修身편은 한집안을 가지런히 하고, 나라를 경영하고, 세상을 평화롭게 하기 위한 기본 바탕이 바로 한쪽으로 기울지 않는 공정이라 말하고 있습니다. 그런데 공정이라는 원칙만 말하고 있지 어떻게 하면 사람들이 좀 더 공정해질 수 있을까에 대한 방법론이 없습니다. 공정에 대한 원리적인 방법은 다름 아닌 '중용中庸'입니다.

중자는 《중용》〈중용장구〉에서 '중용中庸'에 대해 말합니다.

"'중中'은 '한쪽으로 치우치거나 기울지 아니하고, 넘치거나 부족하지 않은 것'을 이름이요, '용庸'은 '일정한 것'을 말한다."

中者 不偏不倚 無過不及之名 庸 平常也
중자 불편불의 무과불급지명 용 평상야[14]

정자가 증자의 말을 해설합니다.

"'한쪽으로 치우치지 아니한 것'을 '중中'이라 하고, '바뀌지 않는 것'을 '용庸'이라 한다. '중中'은 '천하의 바른 길'이고, '용庸'은 '천하의 확정된 원리'다."

不偏之謂中 不易之謂庸 中者天下之正道 庸者天下之定理

불편지위중 불역지위용 중자천하지정도 용자천하지정리[15]

사법체계로 말하면, '용(庸)'은 변하지 않는 원칙인 '법' 자체입니다. 그리고 '중(中)'은 이 '법'에 대한 판사·검사·경찰의 '해석과 적용'입니다. 판결이나 기소·입건에서 중요한 것은 '중(中)'입니다. '중(中)', 즉 '법의 해석과 적용'이 공정을 잃으면 '법(庸용)' 자체도 무력화되고 맙니다. 어떻게 하면 '중(中)', 즉 '법의 해석과 적용'을 공정하게 할 수 있을까요? 답은 현실적으로, 그리고 궁극적으로 사람의 '이성'을 최대한으로 강화하는 것 외에 없습니다. 바로 격물·치지·성의·정심이 다루고 있는 '지식'과 '윤리'의 '이성'을 강화하는 것입니다.

'소이연'을 앎으로써 '생각에 의혹이 없어지고', '소당연'을 앎으로써 '행동에 어긋남이 없어진다'

주희는 《주자대전》〈권64〉에서 이렇게 말합니다.

"'궁리窮理'는 사물의 '소이연所以然(그리된 까닭)'과 '소당연所當然(마땅한 법칙)'을 알려는 것일 뿐이다. '소이연'을 앎으로써 '생각에 의혹이 없어지고', '소당연'을 앎으로써 '행동에 어긋남이 없어진다.'"

窮理者 欲知事物之所以然與其所當然者而已 知其所以然 故志不惑

知其所當然 故行不謬

궁리자 욕지사물지소이연여기소당연자이이 지기소이연 고지불혹

지기소당연 고행불류[16]

그리고《주자문집》〈권74〉에서는 이렇게 말하고 있습니다.

"군자의 배움은 '덕성을 높이는 존덕성尊德性'으로 그 큰 것을 온전히 하고 난 다음, 반드시 '학문에 힘쓰는 도문학道問學'으로 작은 것들을 남김없이 채워야 한다. -중략- 배우는 자는 여기에서 반드시 '존덕성'을 중심에 두지만 '도문학'에도 역시 힘을 기울이지 않으면 안 된다. 마땅히 이것들을 번갈아 증진시키면서 서로 밝히게 하면 자연히 모든 것을 통달하게 되어 학문하는 자로서 부족함이 없게 된다."

君子之學 旣能尊德性以全其大 使須道問學以盡其小 -중략- 學者於此
固當以尊德性爲主 然於道問學亦不可不盡其力 要當使之有以交相滋
益 互相發明則自然該貫通達而於道體之全 無欠闕處矣

군자지학 기능존덕성이전기대 사수도문학이진기소 -중략- 학자어차

고당이존덕성위주 연어도문학역불가부진기력 요당사지유이교상자

익 호상발명즉자연해관통달이어도체지전 무흠궐처의[17]

'공부'는 다름 아닌 '이치를 따지는 것(窮理궁리)'이고, '이치를 따지는 것'은 '지식'과 '윤리'를 갖추기 위한 것이라 말하고 있습니다.

격물·치지·성의·정심은 전체적으로 개인의 공부를 다루고 있고, 그 공부의 목표는 '이성'의 향상입니다. '이성'은 두 가지로 구성됩니다. 바로 '지식'과 '윤리'입니다. 여기에서 '지식'은 지식을 만드는 원리 숙달과 함께 지식 자체를 말하고, '윤리'는 자신의 자유의지에 따라 스스로 윤리적 행위를 하는 것을 말합니다.

'공정'은 먼저 '합리'에서 나옵니다. 합리는 '지식'을 만들 때 '사실'에 근거하고 '귀납법과 연역법'을 활용하는 것을 말합니다. '사실', '귀납법과 연역법'에 입각할 때 우리는 감정, 자의성, 편견 등을 최대한 배제할 수 있습니다. 그리고 이 '합리'에 '윤리'가 추가되면 공정성은 훨씬 더 강해집니다. '윤리'는 다른 이를 배려하는 태도로, 타인과의 관계에서 자신의 이익만을 앞세우지 않기 때문입니다.

인간은 사회적 동물입니다. 혼자 살 수 없습니다. 함께 어울려 사는 과정에서 사람들은 누구나 끊임없이 다른 이들을 상대하고, 판단하고, 평가합니다. 따라서 공정은 특정인, 특정 지위에 있는 이에게만 요구되지 않습니다. 공동체 구성원이라면 누구나 마땅히 공정해야 합니다. 한마디로, '이성적'이어야 합니다. '합리'와 '윤리'의 '이성'.

6장

제가
齊家

·

행복하고 건강한
가정을 이루어야

《대학》〈전문 9장〉의 '제가齊家' 편은 증자의 교육론으로부터 시작됩니다.

"이른바 나라를 다스리기(治國치국) 위해서는 반드시 집안을 먼저 가지런히(齊家제가) 해야 한다. 집안사람을 가르치지 못하면서 남을 가르칠 수 없다. 군자는 집을 벗어나지 않고서도 나라의 백성들을 가르칠 수 있으니, 효도는 임금을 모시는 것과 같고, 형에게 공손히 하는 것은 윗사람을 모시는 것과 같고, 아랫사람을 사랑하는 것은 백성을 다스리는 도리와 같기 때문이다."

所謂治國 必先齊其家者 其家不可教 而能教人者無之 故君子不出家
而成教於國 孝者 所以事君也 弟者 所以事長也 慈者 所以使衆也
소위치국 필선제기가자 기가불가교 이능교인자무지 고군자불출가
이성교어국 효자 소이사군야 제자 소이사장야 자자 소이사중야[1]

고대에도 가정의 역할에서 자녀 교육을 매우 중요시했다는 것을 보여주고 있습니다. 그러면서 가정에서의 가족 간 관계 원칙이 사회에서의 인간관계에 그대로 적용된다는 것을 말하고 있습니다.

동서양을 막론하고 고전을 대할 때 가장 주의해야 할 것은 다름 아닌 사람 관계에 대한 것들입니다. 인류 역사는 근대 이전까지 사람 위에 사람 있고 사람 아래 사람 있는 수직적 관계의 신분제 사회였고, 권위주의적 왕정 사회였습니다. 태어날 때부터 사람들은 평등하지 않았고, 그런 사람 관계에 대한 수직적 인식은 혈연으로 맺어진 가정이라 해서 예외가 아니었습니다. 남편과 부인이 위아래 관계였고, 어른과 아이가 위아래 관계였습니다. 따라서 가정에서 이루어지는 교육도 기본적으로 오늘날 민주주의 사회가 필요로 하는 정치·경제·문화적으로 건강한 민주시민이 아닌, 수직적 질서에 순응하는 순치된 인간의 양성이었습니다.

오늘날 사회가 지향하는 교육 목표인 '인격을 도야하고 자주적 생활 능력과 민주시민으로서 필요한 자질을 갖추게 함으로써 인간다운 삶을 영위하게 하고 민주국가의 발전과 인류공영의 이상을 실현하는 데에 이바지하게 함'(교육기본법 제2조)과는 상당히 동떨어진 내용이었습니다.

증자의 교육론에서 가정교육이 사회생활로 연결된다는 관점은 오늘날에도 타당합니다. 수직적 인간관계에서의 도리 측면을 제외한, 사회가 가정의 확장이고 가정이 사회생활을 위한 준비 단계라는 측면에서 그렇습니다.

증자는 《대학》 〈전문 9장〉에서 말합니다.

"한집안이 어질면 한 나라에 어진 풍조가 일어나고, 한집안에서 서로

배려하면 한 나라에 배려하는 풍조가 일어나고, 한 사람이 어질지 않고 배려심이 없으면 한 나라가 어지럽게 되니 세상 돌아가는 이치가 이와 같다. 이것을 일러 말 한마디가 일을 그르치며, 사람 하나가 나라를 안정시킨다고 한다."

一家仁 一國興仁 一家讓 一國興讓 一人貪戾 一國作亂 其機如此 此謂
一言僨事 一人定國
일가인 일국흥인 일가양 일국흥양 일인탐려 일국작란 기기여차 차위
일언분사 일인정국[2]

21세기 정치·경제·문화 환경 측면에서 이해하면, '민주시민으로서 필요한 자질, 자주적 생활 능력 및 인격 도야'가 가정에서부터 시간을 두고 길러지고 이루어져야 한다는 이야기입니다.

가정은 자녀 교육의 장이라는 역할 외에 또 하나의 핵심 역할이 있습니다. 바로 자녀가 자신의 '행복 가치(Happiness Value)'를 일찍 발견할 수 있도록 부모가 돕는 일입니다. 인간 삶의 궁극적 목적은 행복입니다. 조기의 '행복 가치' 발견은 그 사람의 삶을 일찍부터 행복하게 합니다.

이 장에서는 제가齊家의 의미를 21세기 환경에 맞춰 두 꼭지로 알아봅니다. 첫째, '자녀 교육 - 가정은 자녀 교육의 본마당이 되어야', 그리고 둘째, '행복 가치 - 부모는 자녀의 행복 가치(Happiness Value) 발견에 도움을 주어야'입니다.

01

자녀 교육

가정은 자녀 교육의 본마당이 되어야

인간은 교육을 필요로 한다. 악을 제거하기 위해
또는 원래의 선한 본성을 되찾기 위해

성경 〈잠언〉은 "세 살 버릇 여든까지 간다"(잠언22:6)라고 말합니다. 어릴 때 형성된 정서나 성품, 습관이 평생 지속된다는 의미입니다. 가정에서의 자녀 교육은 한마디로 자녀로 하여금 일찍부터 '올바른 인성'을 갖추게 하는 것입니다.

'올바른 인성'은 《부모의 인성 공부》와 이 책 《어른의 인성 공부》에서 다루고 있는 '본성'과 '이성' 둘을 갖추는 것입니다. 가정에서의 교육은 그중에서도 특히 《부모의 인성 공부》가 다루고 있는 '본성'에 집중됩니다. 이 책《어른의 인성 공부》의 '이성'에 대한 교육도 어느 정도 가정에서 이루어지지만, 일단 '이성' 능력 향상은 10대 중반 이후 집중적으로 이루어지고, 학교 교육이 주로 이 '이성'에 맞춰져 있고, 또 주로 본인 스스로 학습해야 하는 것인 만큼 자녀의 '이성' 향상에 대한 부모의 역할은 어디까지나 보조에 그치기 때문입니다.

맹자는《맹자》〈등문공장구상〉에서 "인간의 본성은 선하다"[3]고 했습니다. 순자는《순자》〈성악편〉에서 "인간의 본성은 악하다"[4]고 했습니다.

인간은 본성이 선하든 악하든 육체를 지니고 세상에 태어나 여러 결핍과 고통을 겪는 과정에서 정도 차이일 뿐 필연적으로 악을 지니게 됩니다. 따라서 본성의 선악 여부를 떠나 현실을 사는 인간은 교육을 필요로 합니다. 악을 제거하기 위해 또는 원래의 선한 본성을 되찾기 위해.

맹자는 '인간의 선한 본성'으로 4덕四德을 주장합니다. 4덕은 인仁·의義·예禮·지智, 네 가지입니다. 맹자에 의하면 4덕은 인간이 지닌 속성 자체로, 시간이 지나도 불변입니다.

한 개인의 도덕 수준을 넘어서는 탁월한 능력은 사회와 국가에 축복 아닌 재앙일 뿐

먼저 '인仁'입니다. '인仁'은 '공감' 능력을 말합니다. '공감' 능력은 타인이 어떤 상황에 처했을 때 그 사람의 입장에서 그 사람의 느낌과 동일한 감정을 갖는 소질을 말합니다.

'공감'은 가족은 물론이고 모든 공동체의 연대를 지탱하는 시멘트와 같은 것입니다. 한 지붕 아래 사는 가족 간에 '공감'이 없다면 그것은 끝없이 펼쳐진 광활한 우주의 한 행성에 홀로 우두커니 서서 저 먼 하늘의 별에 초점 잃은 눈길을 던지고 있는 것이나 다름없습니다. 수긍도 없고, 위로도 없고, 격려도 없고, 그 어떤 우호적 감정 나눔도 존재하지 않는 공간이라면, 그곳이 아무리 비싸고 아무리 호화로운 궁궐이라 할지라도 그것은 그냥 적막 그 자체일 뿐입니다. 그래서 주희는 '공감' 능력인 '인仁'을 4덕四德 중에서도 으뜸으로 꼽았습니다.[5]

'공감' 능력인 '인仁'이 잘 갖춰진 아이는 자라면서 인간과 사회를 따뜻한 눈으로 바라봅니다. 그리고 자신의 주위에 항상 온기가 흐르게 합니다. 오랜 시간이 지나 그 강건했던 부모와 보호자 역할이 바뀌었을 때, 어른이 된 아이는 심신 모두 자그마한 아이로 되돌아간, 자신을 세상에 있게 한 이를 마땅히 억누를 수 없는 연민과 애정으로 대합니다.

'의義'는 '양심'을 말합니다. '양심'은 자신이 옳지 않은 행위를 했을 때 스스로를 부끄럽게 여기고, 다른 이가 옳지 않은 행위를 할 때 그를 미워하는 역할을 합니다. '양심'이 있는 아이는 거짓말을 하거나 자기보다 못한 친구에게 교만하게 구는 것과 같은 행동을 하지 않습니다. 그것은 옳지 않은 일이기 때문입니다. 친구가 자기보다 힘이 약한 아이들을 괴롭히면 그 친구를 미워합니다. 옳지 않기 때문입니다.

'양심'인 '의義'를 잘 간직한 아이는 자라 사회에 나갔을 때 옳지 않은 일에 가담하지 않고, 직장에서나 사회에서 불의한 일이 발생하면 그것에 눈감지 않습니다. 자신의 '양심'이 그것들을 허락하지 않기 때문입니다. 그리고 의義가 자기 행동의 잣대인 만큼 그는 늘 당당합니다. 하늘을 우러러, 땅을 내려다보아 한 점 부끄러울 것이 없기 때문입니다.

'예禮'는 남에 대한 '배려'를 말합니다. '배려'는 나를 낮추고 남을 먼저 생각하는 행위입니다. 배려는 불타는 모래와 사나운 바람밖에 없는 사막에서의 오아시스, 칠흑같이 어두운 밤 한 줄기 빛을 뿌리는 유성과도 같습니다. 사람에 실망하고 세상에 좌절한 이들에게 감동과 함께 희망의 세례를 주기 때문입니다.

배려는 뒤에 오는 이를 위해 엘리베이터 열림 버튼을 누르고 잠시 기다리는 것부터, 세월호의 의인들처럼 다른 이를 위해 자신의 하나뿐인 생명을 던지는 숭고한 행위까지 다양합니다. 작은 배려는 몇 사람의 하루를 힘이 나게 합니다. 숭고한 배려는 사회에 경종을 울리고 일상에 급급한 사람들에게 인간의 존엄을 일깨웁니다. 세상에 대한 절망이 희망으로 바뀌고, 인간에 대한 회의가 그 존귀함을 향한 감동과 회한으로 바뀝니다.

배려가 습관이 된 아이는 언제나 주위에 기쁨을 줍니다. 성인이 되어서는 언제 어느 곳에 있든 어둠 속 세상을 밝히는 빛이 되고, 진토 속 세상을 맑게 하는 향기가 됩니다.

'지智'는 올바른 분별력으로, '지혜와 공정'을 말합니다. 투표로 주권을 행사할 때 사람들은 후보자를 판단합니다. 그런데 이때 적지 않은 이들의 판단 기준이 자신에게 돌아올 '이익'의 크기입니다. 자기의 세금을 줄여줄 후보가 누구인지, 자신의 부동산 가격이 오르는 데 도움될 후보가 누구인지와 같은 것들입니다. 후보자가 정직한지, 능력은 검증되었는지, 주인인 국민의 대리인으로 옳은 공약을 제시하고 있는지와 같은 것들은 우선적 판단 요소가 아닙니다. 결과는 국가 살림의 피폐, 민주제도의 훼손, 국격의 추락입니다.

아이들도 끊임없이 판단을 합니다. 길거리에서 음료수를 마신 뒤 빈 병을 길가에 그냥 버릴 것인지 아니면 집에까지 가져가 분리수거를 할 것인지, 학교 화장실의 세면대 수도가 틀어진 채 물이 흐르고 있을 때 그것을 잠글 것인지 아니면 그냥 못 본 체하고 지나칠 것인지를 순간적으로 판단합니다. '이익'이 판단의 기준이라면 빈 병을 길가에 던져버리는 것이, 화장실의 수도를 그대로 두는 것이 이익입니다. 작은 수고도 수고는 수고이니까요.

주자는 《주자어류》〈권6 성리삼〉편에서, "옳음인 '의義'는 분별력인 '지智'를 아우른다"[6]라고 말합니다. '분별력'인 '지혜(智지)'는 반드시 '옳음(義의)'인 '공정'이 전제되어야 한다는 이야기입니다. 한마디로 그냥 '분별력'이 아닌, '옳음'을 기준으로 한 '분별력'이어야 한다는 이야기입니다.

자기 이익이 모든 행동의 기준인 아이가 자라 성인이 되면 대리인을 선택할 때 자기 이익을 최우선 기준으로 삼는 유권자가 될 가능성이 높습니다. 여기에 더해, 그 아이가 탁월한 재능을 지니고 있다면 그 아이는 사회의 거악巨惡으로 자랄 위험마저 지닙니다. 능력이 뛰어나니 정치든 행정이든 사법이든 경제든 그 어느 분야에서든 큰 영향력을 갖는 인물로 자라날 것이고, 거기에 모든 것의 판단 기준이 '옳고 그름'이 아닌 '자신에게 이익이 되느냐' 여부이면 그 탁월한 능력을 자기 이익 추구에 '탁월하게' 사용하게 될 테니까요. 그렇게 되면 그는 자신이 지닌 영향력의 크기만큼 공정을 해치고 사회와 국가 신뢰를 무너트릴 수 있습니다.

자신이 지닌 도덕 수준을 넘어서는 한 개인의 탁월한 능력은 사회와 국가에 축복 아닌 재앙일 뿐입니다.

4덕四德에 있어 중요한 것은 '어떻게 하면 우리 아이로 하여금 이 4덕을 잘 보존하게 할 수 있을까?'입니다. 방법은 그다지 특별하지 않습니다. 부모의 '모범 보이기'와 '지속적인 강조'가 그 방법입니다. 둘 중에서도 특히 '모범 보이기'입니다.

부모가 평소 타인의 아픔에 진실로 공감하는 모습을 보일 때, 아이들은 자연스레 '공감' 능력인 '인仁'을 가슴속에 채웁니다. 부모가 사회의 불의에 분노하고 기본적인 공중도덕을 지키는 모습을 보일 때, 아이들은 마땅히 '자발적 윤리 브레이크'인 '양심'의 '의義'를 행동으로 습관화합니다. 부모가 운전 중 차선을 양보하고 일상에서 이웃을 배려하는 모습을 보일 때, 아이들은 '배려'인 '예禮'를 자연스레 몸에 익힙니다. 부모가 옳고 그름을 기준으로 시민 된 의무를 다하면서, 사람의 삶에 돈보다 소중한 것이 많다는 것을 보여줄 때, 아이들은 올바른 '분별력'인 '지智'를 뇌에 새깁니다.

'지속적인 강조'는 '모범 보이기'에 대한 보조 수단입니다. 부모가 일상에서 인仁·의義·예禮·지智를 행동으로 보이면서, '행동 수준에 맞춰' 말로 강조하면 됩니다.

5륜은 오늘날의 환경 변화에 맞춰 새롭게 해석되어야

맹자는 본성인 4덕四德과 함께 주요 인간관계에서 지켜야 할 원칙 5륜五倫을 말했습니다. 바로 부자유친父子有親·군신유의君臣有義·부부유별夫婦有別·장유유서長幼有序·붕우유신朋友有信 다섯 가지입니다. 증자는 이 다섯 가지 원칙을 '다섯 가지 달도達道'[7]라 했습니다. 인간이라면 시공을 초월해 누구나 지켜야 할 다섯 가지 불변의 원칙이라는 의미입니다.

공자가 살았던 사회는 신분제 왕정사회였습니다. 오늘날 사회는 모든 이가 평등한 민주사회입니다. 따라서 5륜은 인간관계와 관련된 원칙인 만큼, 오늘날 환경 변화에 맞춰 새롭게 해석되어야 합니다. 저자가 새롭게 해석한 5륜의 의미는 이렇습니다.

먼저 '부자유친父子有親'입니다. 부자유친은 '부모와 자식 간에는 친함(親친)이 있어야'로 고대와 지금 사이에 변화가 없습니다. 기본적으로 예나 지금이나 부모와 자식 사이에는 어떤 다른 것보다 친함을 유지하는 것이 중요합니다.

두 번째, '군신유의君臣有義'의 오늘날 의미는 '조직의 상사와 부하 사이에는 옳음(義의)이 있어야'입니다. 고대에는 조직이 국가 조직밖에 없었습니다. 오늘날 조직의 가장 일반적인 형태는 기업 조직입니다. 따라서 고대 때 국가 조직에서의 위아래 간 관계 원리인 '군신유의君臣有義'는 오늘날 조직의 일반적 형태인 기업 조직에 맞게 재해석되어야 합니다.

세 번째는 '부부유별夫婦有別'입니다. 오늘날 의미는 '남편과 아내는 서로의 개별적 다름(別별)을 인정해야'입니다. 근대 이전 신분사회에서 어떤 인간관계보다 차별이 공고했던 영역이 바로 남녀 간 차별이었습니다. 근대 이전 '부부유별夫婦有別'의 '별別'이 '수직적 차별'이었다면, 오늘날 '별別'의 의미는 마땅히 '수평적 다름'이어야 합니다. 그리고 그 '수평적 다름'은 서로를 이해하기 위한 '다름'일 뿐, 그 어떤 다른 의미의 '다름'일 수 없습니다.

네 번째는 '장유유서長幼有序'입니다. 오늘날 의미는 '더 갖춘 자(長장)와 덜 갖춘 자(幼유) 간에는 배려와 감사의 질서(序서)가 있어야'입니다. 미성년자와 성인 간에 있어서는 여전히 원래 의미의 '나이를 중요시하는' '장유유서長幼有序'가 타당합니다. 미성년자는 아직 이성이 불완전한 상태로 완숙된 이성을 지닌 성인의 도움 또는 보호가 필요하기 때문입니다. 그러나 같은 성인 간에는 그렇지 않습니다. 민주주의 사회에서는 같은 성인이라면 나이의 많고 적음에 상관없이 독립된 개인으로 서로를 존중해야 합니다. 따라서 민주사회에서의 '장유長幼'는 나이의 많고 적음이 아닌, 심신이 튼튼한 자와 약한 자, 많이 아는 자와 덜 아는 자, 많이 가진 자와 덜 가진 자, 큰 권력을 가진 자와 그렇지 않은 자와 같이 '더 갖춘 자와 덜 갖춘 자 사이'로 인식하는 것이 적절합니다. 그리고 그 사이의 관계도 '위아래 질서'가 아닌 '배려와 감사의 질서'로 바꿔야 합니다. 5 륜을 구성하는 한 요소 측면에서도 그렇고, 오늘날 자본주의사회에서의 사람 간 주요 관계 형태를 반영하는 측면에서도 그렇습니다.

마지막 다섯 번째로 '붕우유신朋友有信'은 고대 의미 그대로 '믿음(信신)이 있어야 친구다'입니다.

아이가 엇나가더라도 끝까지 인내하면서 애정과 믿음의 끈을 놓지 않아야

5륜의 인간관계 원칙은 대체로 성인에게 해당되는 것들입니다. 군신 유의, 부부유별은 아이들과 아무런 관련이 없고, 부자유친, 장유유서, 붕 우유신은 절반 정도 아이들과 관련이 있습니다. 따라서 사람에 따라 '5륜 도 어린 자녀에게 교육할 필요가 있는가?' 하고 생각할 수 있습니다.

그런데 아이는 어느 날 갑자기 성인이 되지 않습니다. 가정과 학교에 서의 교육과 친구들과의 교류를 통해 사회화가 진행되면서 조금씩 성인 이 되어갑니다. 따라서 5륜 교육은 성인으로 성장해 가는 사회화 과정 에서 아이 때부터 그때그때 수준에 맞게 꾸준히 이뤄져야 합니다. 5륜 역시 가정에서의 교육 방법은 당연히 부모의 '모범 보이기'입니다. 말로 하는 '지속적인 강조'는 모범을 보이는 행동의 보조 수단입니다.

때로 아이가 엇나가더라도 부모는 끝까지 인내하면서 자식에 대한 애정과 믿음의 끈을 놓지 않아야 합니다. 그러면 아이는 그 과정에서 '부자유친父子有親'의 '친親'을 가슴으로 느끼고 배웁니다.

부모는 직장이나 사회생활에서 항상 옳은 쪽에 서려고 노력해야 합니다. 아이는 부모의 등을 보고 자란다고 했습니다. 알게 모르게 '군신유의君臣有義'의 '의義'가 아이에게 젖어듭니다.

부부가 서로 이해하고 존중하는 모습을 보일 때 아이는 '부부유별夫婦有別'에서의 '다름의 인정'인 '별別'을 자연스럽게 보고 배웁니다.

일상에서 약자를 배려하고 사소한 것이라도 자신이 도움을 받으면 반드시 감사 표시를 할 때 아이들은 저도 모르는 사이 '장유유서長幼有序'의 '서序'를 몸에 익힙니다.

부모가 대인관계에서 '이 친구는 나에게 얼마나 이익이 될까?'가 아닌, 사람의 품성과 신뢰를 우선할 때, 아이 역시 이익이 아닌 '붕우유신朋友有信'의 '신信'을 중요시하게 됩니다.

자녀 교육의 왕도王道,
그것은 모범과 인내

어릴 때부터 사려 깊은 부모를 통해 가까이서 다섯 가지 사람 관계의 핵심 원칙을 보고, 듣고, 느끼면서 자란 아이는 성인이 되어 주위를 따뜻하게 하고 스스로를 행복하게 합니다. 사람 간의, 친함(親친)과, 옳음(義의)과, 다름을 인정함(別별)과, 배려 및 감사(序서)와, 믿음(信신)을 오랜 시간에 걸쳐 내면화하고 습관화했으니 그렇게 되지 않을 수 없습니다.

자녀 교육에 있어 주체는 부모입니다. 부모는 성인이고 아이는 아직 이성적으로 여물지 않은 미성년입니다. 마땅히 부모의 역할이 많고, 크고, 중합니다. 맹자는《맹자》〈이루장구상〉에서 "자식은 서로 바꾸어 가르쳐야 한다"[8]라고 말합니다. 오죽 자기 자식 가르치기가 어려웠으면 맹자 같은 성인이 "자식은 서로 바꾸어 가르쳐야 한다"고 했겠습니까.

성경 〈잠언〉에서 말합니다.

"아들에게 매를 들어야 희망이 있다. 그러나 들볶아 죽여서는 안 된다."[9]

자식 교육하다 자칫 자식을 죽일 수도 있다는 이야기입니다.

부모의 자녀 교육은 지난한 일 중의 지난한 일입니다. 방법은 그것밖에 없습니다. 아니, 그것이 사실 왕도王道입니다. 부모만 각오가 서 있으면 그리 어려운 일이 아닐 수도 있습니다. '평소에 부모가 아이에게 꾸준히 모범을 보이는 것, 그리고 거기에 인내에 인내를 더하는 것'입니다.

행복 가치

부모는 자녀의 '행복 가치(Happiness Value)' 발견에 도움을 주어야

인간은 결코
행복할 수 없다?

철학자 쇼펜하우어는 말합니다.

"행복이란 이 세상에 존재하지 않는다. 이루지 못한 욕구는 고통을 주고 욕구의 성취는 지겨움을 가져올 뿐이니까."

"There is no such thing as happiness, for an unfulfilled wish causes pain, and attainment brings only satiety."[10]

염세주의를 대표하는 철학자답게 쇼펜하우어는 행복 자체를 부정합니다. 그런데 그 부정을 부정하기 힘듭니다.

자신이 원하는 대학을 가기 위해 오랜 고통의 시간을 견뎌 마침내 그 대학에 들어갔지만 세상을 다 얻은 듯했던 환희는 한 학기가 지나기 전에 사라지고 없습니다. 좋아하는 이와 평생을 함께하기 위해 숱한 날을 애태워 결혼에 성공했지만 1년도 안 되어 사랑이, 삶이 심드렁해집니다. 심드렁 정도가 아니라 지옥이 되기도 합니다. 수십 군데 원서를 내며 뽑아만 주면 목숨 바쳐 일하겠다고 목소리 높였지만 입사 1년이 안 지나 출근하는 몸이 무겁고 일이 지겹습니다. 워라밸과 더블SH(Salary High, Stability High)가 보장되는 그런 직장 어디에 없을까요?

공자가 《논어》〈양화〉 편에서 부富와 사람의 심리 관계에 대해 이렇게 말합니다.

"부富를 얻기 전에는 '어떻게 하면 그것을 얻을 수 있을까' 애태우고, 부富를 얻고 난 다음에는 '그것을 잃으면 어떻게 하나' 하고 걱정한다."

其未得之也 患得之 其得之 患失之
기미득지야 환득지 기득지 환실지[11]

기본적으로 쇼펜하우어와 같은 입장입니다. 아니, 공자가 쇼펜하우어보다 2300년 전 태어났으니 쇼펜하우어가 공자와 같은 입장입니다.

공자는 《논어》 〈이인〉 편에 이런 말도 남겼습니다.

"인仁하지 못한 자는 곤궁한 상태를 오래 견디지 못하며, 안락한 상태
도 오래 견디지를 못한다."

不仁者 不可以久處約 不可以長處樂
불인자 불가이구처약 불가이장처락[12]

공자의 이 말에 주희가 해설을 답니다.

"인仁하지 못한 자는 그 본심을 잃어, 곤궁한 상태가 지속되면 반드시
행동이 넘치고 안락한 상태가 지속되면 반드시 행동이 음란해진다."

不仁之人 失其本心 久約必濫 久樂必淫
불인지인 실기본심 구약필람 구락필음[13]

한쪽은 고통스럽고, 다른 한쪽은 지겹다는 이야기입니다. 이래저래
인간은 행복하지 못합니다.

경제학으로 바라본 행복

사람들은 흔히 '행복'을 경제학적으로 이해합니다. 바로 '행복'을 '만족'

과 동일시하는 것이 그것입니다. 경제학에 '효용(Utility)'이라는 개념이 있습니다. '효용'은 '인간의 욕망을 만족시키는 재화의 능력 또는 재화를 소비함으로써 얻는 개인의 주관적 만족의 정도[14]를 말합니다.

경제학 신고전파의 중심 개념인 '효용'은 정확히 우리 일상에서의 '만족'을 의미합니다. 그런데 이 '만족' 또는 '효용' 개념은 '행복'과 관련해 그 자체로 문제가 있습니다. 첫째, 물질 소유에 있어 어떤 물질을 한 단위 추가로 소유할 때마다 그 추가분에 대한 만족량이 감소한다는 것입니다. 둘째, 만족도(=결과치/기대치)를 결정하는 두 요소인 '기대치'와 '결과치'에서 분모인 '기대치'가 고정되어 있지 않고 변동한다는 것입니다.

먼저, 물질의 추가분에 대한 만족량이 감소하는 것에 대해서입니다. 경제학에 '한계효용체감의 법칙(Law of Diminishing Marginal Utility)'이라는 개념이 있습니다. 난해한 듯하지만 기실 내용은 별것 아닙니다. 이틀을 굶고 난 다음 짜장면 네 그릇을 한꺼번에 먹는다고 가정해 보겠습니다. 첫 번째 한 그릇을 먹을 때의 '효용', 즉 '만족'은 매우 큽니다. 하늘이 빙빙 돌 정도로 배가 고픈 상태이니 그야말로 꿀맛입니다. 두 번째 한 그릇은 첫 번째 한 그릇보다는 못하지만 그런 대로 맛있습니다. 그다음 세 번째 한 그릇은 먹기가 좀 망설여집니다. 배 속에 음식이 더 들어갈 공간이 별로 남아 있지 않기 때문입니다. 네 번째 한 그릇은 위가 특별히 큰 사람이 아니라면 손사래를 치고 맙니다. 이때부터는 먹는 것이 '+ 만족'은커녕 '- 만족', 즉 '고통'이 됩니다.

먹을 것에 대해서만이 아닙니다. 부^富에 있어서도 마찬가지입니다. 가난한 이가 처음 10억 원을 갖게 되었을 때 그 기쁨은 매우 큽니다. 그리고 그다음 추가로 10억 원을 더 갖게 되었을 때 그 10억 원으로 추가되는 기쁨은 처음 10억원을 가졌을 때보다 덜합니다. 이어 계속 돈을 많이 벌어 이제 1천억 원을 소유한 상태에서 추가로 10억 원을 더 갖게 된다면 어떻게 될까요? 모르긴 몰라도 아마 상당히 무덤덤할 것입니다.

이렇게 짜장면을 '추가로 한 그릇씩 더 먹거나(한계)', 또는 '10억 원이라는 단위의 돈을 추가로 더 갖게 되었을 때(한계)' '추가되는 만족(효용)'이 그때마다 '줄어드는 것(체감)'을 경제학에서 '한계효용체감의 법칙'이라 합니다.

둘째, 만족도를 나타내는 두 요소인 '기대치'와 '결과치'에서 분모인 '기대치'가 일정치 않다는 것에 대해서입니다. 만족의 정도를 공식으로 나타내면 이렇습니다.

＊ 만족도 = 결과치/기대치

공식에서 '만족도'를 높이는 방법은 두 가지가 있습니다. ① 분자인 '결과치'를 높이거나, ② 분모인 '기대치'를 낮추는 것입니다. 필자는 공저 《오늘, 행복에 한 걸음 더 다가갑니다》에서 ①을 '성공 행복론', ②를 '무소유 행복론'으로 구분합니다.[15] 행복을 '만족'에 두는 사람들은 대부분 ①의 '성공 행복론'을 선택합니다. 그런데 이 '성공 행복론'에는 치명적인 결함이 있습니다. 사람들이 부富(또는 성공)를 축적해가면서 '기대치'도 함께 높인다는 사실입니다. 이렇게 되면 예를 들어, 부富의 '결과치'가 2배로 증가하더라도 '기대치'가 3배로 증가했다면 만족도는 과거에 비해 오히려 3분의 2로 떨어지고 맙니다.

궁극적으로, 인간은 '물질' 아닌 '가치'에서
행복을 느낀다

행복의 기준을 물질적 '만족'에 둔다면 인간은 영원히 행복할 수 없습니다. 그 이유는 먼저, 앞의 '한계효용체감의 법칙'에서처럼 '만족의 크기'가 부의 증가에 비례하지 않기 때문입니다. 그리고 만족도 공식에서 볼 수 있는 것처럼 일반적으로, '축적되는 부(결과치)'보다 '인간의 욕심(기대치)'이 더 빠른 속도로 커지기 때문입니다. 실제 부자들의 삶을 봐도 그렇습니다. 천문학적 크기의 부를 소유한 이들의 삶이 결코 부의 크기만큼 행복한 듯싶지 않습니다.

물론 기본적인 생계와 어느 정도의 문화생활이 가능한 수준까지는 행복이 부의 증가에 상당히 비례합니다. '한계효용체감의 법칙'이나 '만족도 공식'에서도 부의 수준이 아직 낮을 때는 행복이 부의 증가에 상당히 비례합니다. 앞의 예에서처럼, 짜장면 첫 번째 한 그릇을 먹을 때가 여기에 해당되고, 또 기본적인 생계가 어려운 상황에서의 사람의 욕망은 하루 세끼 해결 정도로, 그 '기대치'가 매우 낮기 때문입니다.

자기 대에 부를 일군 사람들이 과거를 회상하면서 '그때가 행복했지' 라고 말할 때의 '그때'는 대체로 매우 가난했을 때부터 조금씩 살림이 나 아져 기본적인 생계가 문제없는 수준까지 부가 늘어났던 시기입니다. 물론 물질적 측면에서 볼 때 그렇다는 이야기입니다.

사람들이 추구하는 궁극적인 행복은 물질적 만족에 있지 않습니다. 자신의 '행복 가치(Happiness Value)' 실현에 있습니다. 매슬로는 인간의 욕구를 5단계로 구분합니다. ① 생리적 욕구, ② 안전 욕구, ③ 애정과 소속의 욕구, ④ 존중 욕구, 그리고 ⑤ 자아실현 욕구, 5단계입니다.

매슬로에 따르면, 사람들은 ① 생리적 욕구에서 ⑤ 자아실현 욕구 방향으로 자신의 욕구를 채워나갑니다. 아래 단계의 욕구가 충족되면 위 단계의 욕구로 넘어가는 식입니다. 5단계 욕구의 특성은, 아래 단계로 갈수록 '물질적'이고 위 단계로 갈수록 '가치적'입니다. 또, 아래 단계로 갈수록 '동물적'이고 위 단계로 갈수록 '신(神)적'입니다. 따라서 사람들은 결핍 상태에서는 아래 단계의 욕구 충족에서 행복을 느끼고, 기본 결핍이 충족되면 위 단계의 욕구 충족으로 행복 조건이 옮겨갑니다. 결국 인간은 궁극적으로는 '물질'이 아닌 '가치(Value)' 실현에서 행복을 찾습니다.

행복론《오늘, 행복에 한 걸음 더 다가갑니다》는 사람을 행복하게 하는 대표적인 '가치', 즉 '행복 가치(Happiness Value)'로 여섯 가지를 제시합니다. ① 성공, ② 무소유, ③ 도덕, ④ 이성, ⑤ 종교, ⑥ 감성입니다.[16]
사람들이 삶에서 추구하는 가치는 저마다 다릅니다. 그러나 동서양

현자들의 행복 주장과 21세기 사회현상을 종합할 때 행복 가치는 대체로 앞의 여섯 가지로 모아집니다.

① '성공 행복론'은 자신의 행복 가치를 무엇보다 돈·권력·명예 등을 얻는 성공에 많이 두는 행복론입니다. ② '무소유 행복론'은 앞의 만족도 공식(만족도= 결과치/기대치)에서 분모인 '기대치'를 낮춤으로써 '만족도'를 높이는 행복론입니다. 한마디로 욕심을 줄이고 마음을 비우는 행복론입니다. ③ '도덕 행복론'은 남을 위한 봉사와 희생에서 행복을 느끼는 행복론입니다. ④ '이성 행복론'은 지식을 추구하는 삶에서 행복을 느끼는 행복론입니다. ⑤ '종교 행복론'은 신神을 위한 삶 속에서 크게 행복을 느끼는 행복론입니다. 마지막 ⑥ '감성 행복론'은 문학이나 예술과 같은 감성 활동에서 행복을 찾는 행복론입니다.[17]

자녀가 자신의 '행복 로드맵(Road Map for Happiness)'을 일찍부터 가질 수 있도록 도와줘야

부모가 자녀를 키울 때 챙겨야 할 것은 셀 수 없이 많습니다. 그중 자녀의 일생을 두고 매우 중요한 것이 자녀와 함께 자녀의 '행복 가치(Happiness Value)'를 찾고, 함께 '행복 로드맵(Road Map for Happiness)'을 작성하는 것입니다. 인간 삶의 궁극적인 목적은 행복입니다. 자녀 본인에게 맞는 '행복 가치'를 일찍 찾아내는 것은 자녀의 평생 행복 실현에 크게 도움이 됩니다.

부모는 자녀에 대한 관찰이나 자녀와의 대화, 선생님과의 상담, 가족 여행, 자녀의 독서 및 다양한 경험 등을 통해 자녀의 '행복 가치'가 무엇인지를 자녀와 공동으로 찾아냅니다. 이어 그 '행복 가치'를 실현하는 데 가장 적합한 '직업'이 무엇인지를 마찬가지로 자녀와 함께 정합니다. 그리고 그 '직업'을 갖기 위해서는 어떤 '전공'이 필요한지를 알아내 일찍부터 그 전공 관련 공부와 함께 주변 '소양'을 키웁니다.

'행복 가치'는 배우자를 정할 때도 진지하게 고려해야 할 매우 중요한 요소입니다. '행복 가치'는 다름 아닌 '삶의 지향점'이기 때문입니다. 삶의 지향점이 다르면 몸은 함께이지만 바라보는 곳이 서로 다르고, 걸어가는 방향도 다릅니다. 함께하기 힘들고, 함께 행복하기는 더욱 힘듭니다.

'행복 가치'를 정하고, 그 '행복 가치'에 맞춰 '사회에서 할 일'을 정하고, 그 할 일에 맞춰 '전공'을 정하고, 그 '전공'에 맞춰 지금부터 해나갈 '실천 계획'을 역으로 정하는 것이 바로 '행복 로드맵(Road Map for Happiness)' 작성입니다.[18]

'행복 로드맵' 작성은 초등학교 때 시작해 늦어도 고등학교 졸업 전에 확정되어야 합니다. 고등학교 졸업 후 성인으로서 곧바로 사회에 나가거나, 대학 전공을 정하기 전에 '행복 가치'가 먼저 정해져 있어야 하기 때문입니다.

'행복 로드맵'을 매 학기 초, 1년에 두 차례 새로 작성하는 과정에서 실천 계획 수립은 물론 '행복 가치' 자체도 변경될 수 있습니다. 새로 작성할 때마다 조정이 발생하면서 사람들은 점차 자신의 진짜 '행복 가치'를 찾아갑니다. 이런 과정에서 자녀 본인은 일찍부터 자신의 미래를 자기 주도적으로 진지하게 생각하는 태도도 지니게 됩니다.

부모가 자녀의 삶을 대신 살아줄 수 없습니다. 부모가 자녀의 삶을 평생 지켜볼 수도 없습니다. 그러나 자녀가 평생 행복한 삶을 사는 데 큰 도움을 줄 수는 있습니다. 바로 일찍부터 자녀와 함께 자녀의 '행복 가치(Happiness Value)'를 찾고, 함께 자녀의 '행복 로드맵(Road Map for Happiness)'을 작성하는 것입니다. 어쩌면 그것이 큰 재산을 물려주는 것보다 더 큰 상속, 더 큰 축복일 수 있습니다.

지금까지 지구상에 존재했던 모든 이들이 삶에서 그렇게 바라고 바라던 것이 바로 행복 아니던가요? 부자든 가난한 이든, 많이 공부한 이든 그렇지 않은 이든, 대단한 권력자든 평범한 시민이든 그 모든 이가 그토록 간절히 희구했던 그것, 행복 아니던가요? 그 행복을 자녀에게 선물해 줄 수 있습니다. 아니, 선물해 주어야 합니다.

7장

치국
治國

·

'깨어 있는 민주시민'이 되어야

동서양 불변의 진리,
'혈구지도絜矩之道'

증자는 《대학》〈전문 10장〉의 '치국治國' 편을 이렇게 시작합니다.

"이른바 평천하平天下가 치국治國에 있다는 것은, 위에서 노인을 노인으로 대접하면 백성들이 효孝에 힘쓰고, 위에서 어른을 어른으로 대접하면 백성들이 공경에 힘쓰고, 위에서 고아들을 구휼하면 백성들이 배반하지 않는다. 그러므로 군자에게는 혈구지도絜矩之道가 있다."

所謂平天下 在治其國者 上老老 而民興孝 上長長 而民興弟 上恤孤
而民不倍 是以 君子有絜矩之道也
소위평천하 재치기국자 상로로 이민흥효 상장장 이민흥제 상휼고
이민불배 시이 군자유혈구지도야[1]

이어 '혈구지도絜矩之道'의 의미를 설명합니다.

"윗사람이 하지 않았으면 하는 것을 아랫사람에게 하지 않을 것이며,

아랫사람이 하지 않았으면 하는 것을 윗사람에게 하지 않을 것이며, 앞사람이 하지 않았으면 하는 것을 뒷사람에게 하지 않을 것이며, 뒷사람이 하지 않았으면 하는 것을 앞사람에게 하지 않을 것이며, 오른쪽 사람이 하지 않았으면 하는 것을 왼쪽 사람에게 하지 않을 것이며, 왼쪽 사람이 하지 않았으면 하는 것을 오른쪽 사람에게 하지 않는다. 이것을 일러 '혈구지도絜矩之道'라 한다."

所惡於上 毋以使下 所惡於下 毋以事上 所惡於前 毋以先後 所惡於後
毋以從前 所惡於右 毋以交於左 所惡於左 毋以交於右 此之謂絜矩之道
소오어상 무이사하 소오어하 무이사상 소오어전 무이선후 소오어후
무이종전 소오어우 무이교어좌 소오어좌 무이교어우 차지위혈구지도[2]

'혈구지도絜矩之道'는 간단히 말해, 황금률로 널리 알려진 성경 〈마태복음〉의 '너희는 남에게서 바라는 대로 남에게 해주어라'(마태복음7:12), 또는 《논어》에서 말하는 '기소불욕 물시어인己所不欲 勿施於人', 즉 '자신이 원하지 않는 것을 남에게 시키지 말라'라는 가르침입니다.

극한 직업 '공직', '윤리'에
마땅히 탁월한 '능력' 더해져야

나라 다스리는 정치를 다루고 있는 《대학》 '치국治國' 편은 정치 아닌

윤리로 시작합니다. 그런데 도입 부분만 그런 것이 아니라 사실 일부 경제 관련 내용을 제외하면 '치국' 편 내용 전체가 윤리와 관련된 것입니다. 바로 고대시대 정치가 곧 윤리였다는 이야기입니다. 윤리의 연장이 정치이고, 정치의 핵심이 윤리였습니다.

오늘날 우리가 '수신제가'라는 말을 사용하는 경우, 그것은 보통 공직에 나서는 후보를 평가할 때입니다. 바로 후보 본인이나 후보 가족이 '윤리'적으로 문제가 있거나 사회적 물의를 일으킨 전력이 있을 때, 자신과 가족의 품행 하나 제대로 단속하지 못하면서 어떻게 수많은 이들의 이해관계와 국가 살림에 공정할 수 있겠는가 하고 지적을 할 때입니다. 개인·가족의 '윤리' 문제를 그 사람의 '정치'나 행정의 수행 자세와 연결시킵니다.

중국 춘추시대, 자산이라는 인물이 정나라에서 대부 벼슬을 지낼 때 어느 날 개울가에서 개울 건너기를 망설이고 있는 백성들을 자기 수레로 건네주었습니다. 사람들이 모두 자산을 칭송했습니다. 훗날 맹자가 이 일에 대해 《맹자》〈이루장구하〉 편에서 "자혜롭긴 하지만 정치를 알지 못한다"[3]라고 잘라 평합니다. 그러면서 "농번기를 피해 11월에 사람이 건너는 다리를 완성하고 12월에 수레가 건너는 다리를 완성하면 사람들이 개울 건너는 것으로 고민할 일이 없게 된다"[4]라고 말합니다.

정치라는 것이 좋은 마음만 가지고 되는 것이 아니라는 지적입니다. 냉철한 이성주의자인 맹자다운 지적입니다. 그리고 보니 맹자가 《맹자》

〈이루장구상〉에서 직접 그렇게 말을 합니다.

"선한 마음만으로 정치할 수 없고, 법이 있다고 사람들이 알아서 지키
는 것도 아니다."

徒善 不足以爲政 徒法 不能以自行
도선 부족이위정 도법 불능이자행[5]

오늘날과 같이 복잡다단한 사회에서 정치는 고도의 기술입니다. 독서
를 통해 지식을 습득하고, 현장 경험을 통해 현실 감각을 익히고, 치열
한 토론을 통해 자기 생각을 정리하는 오랜 기간의 학습이 필요합니다.

많은 이들의 이해관계를 조절하고, 국가 자원을 가장 효과적으로, 그
러면서 가장 정의롭게 분배하고, 미래를 내다보며 글로벌 경쟁에서 끊
임없이 국가 경쟁력 향상을 모색해야 합니다. 그야말로 극한 직업입니
다. '윤리'에 마땅히 탁월한 '능력'이 더해져야 합니다.

궁극적으로 정치를 하는 이는
그 나라 그 땅의 국민

《대학》이 쓰인 때인 중국의 주왕조는 봉건제 국가였습니다. 맨 위에
왕이 있고 그 밑에 충성을 맹세하고 왕으로부터 봉토封土를 받은 제후들
이 있었습니다. 제후들은 왕으로부터 분봉分封받은 땅인 봉국封國을 다

스렸습니다. 치국治國은 바로 제후들이 이 봉국封國을 다스리는 것을 말합니다. 그런데 봉국을 다스리는 것이나 천하, 즉 중국 땅 전체를 다스리는 것이나 원리적으로 차이가 있을 수 없습니다. 오늘날 기준으로, 둘다 한 나라를 다스리는 일이었습니다.

《대학》은 '천하'를 다스리는 '평천하' 편을 별도로 두지 않고 있습니다. 8조목 중 ④ '정심' 편에서 '정심이 ⑤ 수신의 바탕'이라 하고, ⑤ '수신' 편에서 '수신이 ⑥ 제가의 바탕'이라 하고, ⑥ '제가' 편에서 '제가가 ⑦ 치국의 바탕'이라 하고, ⑦ '치국' 편에서 '치국이 ⑧ 평천하의 바탕'이라 하면서, 8조목에 대한 내용을 마칩니다. 8조목 중 ④ '정심' 편부터 그다음 단계도 함께 언급하고 있으니, 이 ⑦ '치국' 편이 반드시 ⑦ 치국만을 위한 것이 아닌 것으로도 이해할 수 있습니다.

8조목은 격물·치지와 같은 '자신을 갖추는 것'에서 시작해, 제가·치국·평천하와 같은 '다른 이들에게 영향을 미치는 것'으로 끝납니다. 그리고 다른 이들에게 영향을 미치는 방법은 다름 아닌 관료가 되는 것입니다.

오늘날 역시 교육은 '자신을 갖추는 것'에서부터 시작됩니다. 그러나 그 지향점은 관료가 되는 것이 아닙니다. 아니, 관료가 될 필요가 없기도 합니다. 민주주의 사회에서 나라의 주인은 바로 국민입니다. 따라서 궁극적으로 정치를 하는 이는 국민입니다. 투표권을 통해 대의민주주의 방식으로 법을 정하고 권력을 행사합니다. 민주시민으로서의 자질을 잘 갖춰 시민 역할을 제대로 하면 그것이 곧 '다른 이들, 즉 사회에 영향을 잘 미치는 것'이 됩니다.

따라서 이 장에서는 치국治國의 의미를 나라의 주인인 시민과 그 대리
인인 정치인과 같은 공직자, 양자의 역할 관점에서 살펴봅니다. 시민에
대해서는 주로 오늘날의 시민 개념 관점에서 살펴보고, 공직자에 대해
서는 《맹자》 등의 고전에 등장하는 정치 원리 관점에서 살펴봅니다. 첫
째, '국민의 지배 – 깨어 있는 민주시민이 되어야', 둘째, '정치의 목적 – 국
민의 행복 증진이 정치의 목적이 되어야'입니다.

국민의 지배

'깨어 있는 민주시민'이 되어야

힘겹게 피어난 민주주의가 후인의 일상 매몰에
이름 없는 들꽃 되어 말라비틀어져

한 회사가 있습니다. 종업원이 100명인데 1억 원씩 출자해 자본금 100억 원으로 만든 회사입니다. 대표이사는 전문경영인입니다. 이때 100명의 종업원은 두 개의 지위를 가집니다. 하나는 회사의 주인인 '주주'로서의 지위이고, 다른 하나는 회사 일을 하는 '직원'으로서의 지위입니다. 전문경영인인 대표이사와의 관계는, 주주로서는 '주인'과 그 주인을 위해서 일하는 '대리인'의 관계이고, 종업원으로서는 '직원'과 '사장'의 관계입니다.

'주인'으로 역할을 할 때는 주주총회 때입니다. 이때 100명의 종업원은 회사의 '주인'으로서 주인의 '대리인'인 대표이사의 실적을 따지고 그의 신임 여부를 결정합니다. 그리고 주주총회 이외에는 '직원'으로서 '대표이사'가 정한 회사 방침에 따라 맡은 일을 수행합니다.

민주국가에서 국민과 위정자의 관계는 앞의 경우와 비슷합니다. 주권자로서 국민은 국가의 '주인'임과 동시에 '사회구성원'입니다. 국민이 국가의 '주인'으로서 주권을 행사할 때는 행정을 맡을 '대리인', 입법을 맡을 '대리인'을 뽑을 때입니다. 그리고 다른 대부분의 시간은 '사회구성원'으로서 '입법 대리인'이 만들어 '행정 대리인'이 집행하는 나라의 규칙과 의무를 준수하며 생활합니다.

시간 크기로 볼 때, 나라 '주인'인 주권자로서의 지위는 잠시입니다. 대부분의 시간을 사람들은 '입법 대리인'이 만들고 '행정 대리인'이 집행하는 규칙과 의무의 객체로 일상을 삽니다. 시간의 크기는 사람의 의식에 영향을 미칩니다. 어쩌다 한번 주권자로서 '주인' 된 권리를 행사할 뿐인 사람들은 '주인'으로서의 자신의 정체성을 수시로 망각합니다. 대부분의 시간을 생업에 종사하며 일상에 매이는 사이, 사람들은 자신도 모르게 주객전도로 자신의 '대리인'을 높이 받들고 그들 앞에 머리를 조아리며 혹시라도 외람(?)될까 조심스러워합니다.

왕, 천자, 황제에 결코 뒤지지 않을 극존칭인 '크게(大대)', '거느리고(統통)', 또 '거느리는(領령)' 의미의 '대통령大統領'과 같은 권위주의적·시대착오적 용어에도 전혀 저항감을 갖지 않습니다.

인류 역사 내내 수많은 이들의 희생을 밑거름으로 힘겹게 피어난 민주주의가 후인의 일상 매몰에 이름 없는 들꽃 되어 말라비틀어져 갑니다.

보통선거제는 가난한 이들에게
사회에 대한 통치권을 부여한 것

시민의 성경인 《사회계약론》을 쓴 루소는 《사회계약론》 〈제15장 대의원 또는 대표자들에 관하여〉에서 말합니다.

> "누군가가 국사國事에 관하여, '그게 무슨 상관인가?'라고 말하는 순간, 국가는 끝장난 것으로 간주되어야 한다."[6]

나라의 주인인 국민이 스스로 주인 되기를 포기하는데 그 나라가 제대로 유지된다면, 그것이 오히려 이상한 일입니다. 같은 책 〈제14장 주권은 어떻게 유지되는가(3)〉에서 루소는 또 이렇게 말합니다.

> "시민들이 인색하고 비굴하고 소심하고, 자유보다 휴식에 연연할 때 그들은 정부의 거듭되는 공작에 오래 견디지 못한다. 이렇게 됨으로써 저해 세력은 계속 증가되어 마침내 주권은 소멸되고 대부분의 국가는 앞당겨 무너지고 패망해 버린다."[7]

주인이 주인으로서의 권리와 의무를 방기하면 대리인일 뿐인 위정자가 주인을 지배하려 들고, 결과는 국가 붕괴로 이어진다는 것입니다.

알렉시스 드 토크빌은 《미국의 민주주의》〈제3부 풍습에 대한 민주주의의 영향〉에서 말합니다.

"민주국가에서는 재산을 적게 갖고 있는 계급이 이 사회의 관습에 대한 생각과 관습의 방향을 결정하는 힘을 갖는 계급이 된다."[8]

민주주의의 현실화는 다름 아닌 '보통선거'입니다. 재산·신분·학식·성별 등의 구분 없이 성인이라면 누구에게나 평등하게 주어지는 1인 1표의 선거제도, '보통선거'입니다. 그래서 알렉시스 드 토크빌은 앞의 책 〈제13장 합중국의 민주정치〉에서 '이렇게까지' 말합니다.

"보통선거제는 가난한 사람들에게 사회에 대한 통치권을 부여하는 것이다."[9]

프랑스에서 완전 보통선거가 실현된 것은 프랑스혁명으로부터 무려 150년 가까이 지난 때였습니다. 이유는 간단합니다. 알렉시스 드 토크빌이 말한 대로 민주주의, 혹은 민주주의의 현실태인 보통선거가 사실 그 자체로 국가 운영을 가난한 자들에게 맡기는 것이기 때문이었습니다.

어느 시대 어느 사회나 가난한 이가 부자보다 많습니다. 따라서 민주주의 체제에서 보통선거를 실시한다면 그 결과는 당연히 가난한 이들을 대표하는 사람, 가난한 이들을 위한 정책일 터입니다. 프랑스혁명 이후 기득권 계급인 부르주아들이 두려워했던 것이 바로 이것이었습니다. 그래서 보통선거를 하지 않으려고 최대한 버텼습니다. 무려 150년 동안이나요. 그런데 그것은 결국 부르주아계급의 기우일 뿐이었습니다. 많은 경우, 가난한 이들은 그들의 입장을 대변할 이를 선택하지 않았고, 그들에게 유리한 정책을 선택하지도 않았습니다. 왜일까요?

사람들은 항상 자기의 이익을 바라지만 무엇이 자기 이익인가를 늘 알고 있지는 않다

인류 역사상 최초로 공산주의 국가를 건설한 레닌은 자신의 저서《국가와 혁명》〈제5장 국가 사멸의 경제적 기초〉에서 이렇게 말합니다.

"자본주의사회에서는, 그것이 가장 순조롭게 발전한다고 할 때, 우리는 민주공화제에서 어느 정도 완전한 민주주의를 보게 된다. 그러나 이러한 민주주의는 언제나 자본주의적 착취에 의해 정해진 협소한 틀 안에 한정되어 있으며, 따라서 실제로는 언제나 소수를 위한, 유산계급만을 위한, 부자들만을 위한 민주주의일 뿐이다. 자본주의사회에서의 자유는 언제나 고대 그리스 공화정들에 있었던 자유, 즉 노예 소유자들을 위한 자유와 거의 같은 것이다. 현대의 임금 노예들은 자본주의적 착취와 조건으로 인해 궁핍과 빈곤에 몹시 짓눌려 있기 때문에 '민주주의에 신경 쓸 여지도 없고', '정치에 신경 쓸 여지도 없으며', 따라서 모든 일이 통상적으로 평화롭게 진행되고 있을 때는 주민의 다수가 공적 생활과 정치 생활에서 배제되어 있다."[10]

민주주의 사회에서 가난한 이들은 민주주의나 정치에 관심을 두지 못하기도 하고 관심을 두지 않기도 하다는 이야기입니다. 바로 마르크스와 엥겔스, 레닌이 자본주의 체제가 사회주의 체제로 가기 위해서는 '프롤레타리아 혁명'을 거칠 수밖에 없다고 말하는 주장의 근거입니다.

보통선거가 실시되는 민주주의국가라면 마땅히 국민의 다수인 가난한 이들이 선거를 통해 높은 수준의 복지를 보장하는 사회주의 정책을 선택하면 그만인데, 그들의 의식이 그 정도가 안 된다는 것입니다. 환경 탓이든 본인 탓이든 의식이 합리적이지 못하다는 지적입니다. 그래서 프리드리히 엥겔스는 〈가족, 사적 소유 및 국가의 기원〉이라는 논문에서 이렇게 잘라 말합니다.

"보통선거권은 노동자계급의 성숙도를 재는 측정기이다. 그것은 오늘날의 국가에서 그 이상의 것이 될 수 없으며, 또 되지 않을 것이다."[11]

보통선거가 보장된다 할지라도 거기에 별 기대할 것이 없다는 냉소적 입장입니다.

엥겔스의 지적은 루소의 지적을 떠올리게 합니다. 18세기 프랑스의 계몽사상가 루소는 《사회계약론》〈제3장 전체 의사도 과오를 범할 수 있다〉에서 이렇게 말합니다.

"사람은 항상 자기의 이익을 바라지만 무엇이 자기 이익인가를 늘 알고 있지는 않다. 국민은 결코 매수되는 않지만 기만당하는 일은 종종 있다. 이 경우만은 국민이 자신에게 해로운 것을 원하는 것처럼 보인다."[12]

프랑스혁명이 일어나기 27년 전인 1762년 일찍이 루소가 한 말입니다. 무엇이 문제일까요?

개인의 이익과 공중의 이익을 일치시키는 '바르게 이해된 이기주의'

19세기 전반 미국의 민주주의를 관찰했던 프랑스의 역사가 알렉시스 드 토크빌은 말합니다.

"사실상 민주사회는 게으른 사람이 별로 없다. 인생은 소음과 흥분 속에서 지나간다. 그리고 인간은 너무나 행동하는 데 몰두하고 있으므로 사고할 수 있는 시간이 거의 없다. 그들은 고용되어 있을 뿐만 아니라, 그들이 맡은 일에 열정적으로 헌신하고 있다는 것을 특별히 강조해 두고자 한다. 그들은 언제나 행동하고 있으며, 그들의 각개 행동은 그들의 모든 재능을 흡수해 버린다. 그들이 사업에 쏟는 열성은 그들이 이념에 쏟을 수 있는 열정을 빼앗아버린다. 민주국가에서 국민의 일상생활과 직접 관계가 없는 어떤 이론에 대해 국민적인 열정을 불러일으키기는 지극히 어렵다고 생각한다."[13]

1840년 주장된 내용임에도 불구하고 오늘날 민주·자본주의 체제 속 사람들의 풍경을 정확하게 그리고 있습니다. 토크빌은 시민들의 올바른 정치의식을 불러일으키기 위한 현실적인 해법으로 '개인의 이익과 공중의 이익을 일치시키는' '바르게 이해된 이기주의'라는 개념을 내놓습니다. 다음 내용입니다.

"'바르게 이해된 이기주의'의 원리는 자기희생이라는 위대한 행동을 불러일으키지는 않지만, 매일 자기부정이라는 작은 행동을 유발시킨다. 그것만으로 인간이 덕성스럽게 될 수는 없다. 그러나 그것을 통해 많은 사람들이 규칙을 지키고 극기·자제·예견·자기통제를 달성한다. 그리고 설사 그것이 인간으로 하여금 의지적으로 덕성을 행하게 하지는 못한다 할지라도, 습관적으로 점점 그 방향으로 나아가게 한다. 만약 '바르게 이해된 이기주의'의 원리가 전체 도덕 세계를 지배한다면, 특별한 선행은 아주 드물어질 것이 틀림없다. 그리고 부패 행위 또한 줄어들 것으로 생각된다. '바르게 이해된 이기주의'의 원리는 아마 인류의 평균 수준을 훨씬 넘어서는 행동의 발생을 억제할 것이다. 그러나 평균 수준에 훨씬 못 미치는 많은 사람들은 그 자리에 머무르게 될 것이다. 결국 몇몇 개인을 중심으로 보면 그것 때문에 도덕 수준이 낮아지겠지만 인류 전체를 두고 보면 향상될 것이다."[14]

《대학》의 8조목 중 첫 두 단계인 ① 격물과 ② 치지는 '지식' 함양과 함께 '합리적 태도'를 갖추는 과정입니다. 그리고 그다음 두 단계인 ③ 성의와 ④ 정심은 '윤리' 함양을 통해 '이타적 태도'를 갖추는 과정입니다. '이성'은 좁은 의미로는 '합리'만을 뜻하지만 넓은 의미로는 '윤리'를 포함합니다.

토크빌이 말하는 '바르게 이해된 이기주의'는 결국 인간의 '합리적 태도'를 의미합니다.

'합리合理'는 '이론이나 이치에 합당함'으로, '사실과 논리'를 중시하는 태도입니다. '사실과 논리'를 중시하는 이는 타인에게 이유 없이 베풀지도 않지만 부당하게 해를 끼치지도 않습니다. 따라서 타인에게 피해를 주지 않는 범위 내에서 자신의 이익을 추구하고, 자신이 부당한 대우를 받지 않는 선에서 타인의 이익을 지지합니다. 동시에 법과 상식 안에서 자신의 시민 된 권리를 주장하고 그 권리와 동등한 수준의 시민 된 의무를 다합니다.

토크빌의 주장은 사람들이 이타적 태도의 '윤리'까지 가지 않고 '개인의 이익'과 '공중의 이익' 사이의 교집합을 올바르게 이해할 수 있는 '합리성'만 제대로 갖추더라도 민주주의 작동에 특별한 문제가 없을 것이라는 이야기입니다. 물론 이타적 태도의 윤리를 갖추는 상황까지 갈 수 있다면 그것은 두말할 나위 없이 좋을 일이고요. 지금 우리가 살고 있는 여기 이곳이 곧바로 천국이 될 터이니.

정치를 외면한 가장 큰 대가는 당신보다 더 멍청하고 저질스러운 인간에게 지배당하는 것이다

'민주주의'를 뜻하는 영어 'democracy'는 그리스어 'demokratia'에서 나왔습니다. 'demokratia'는 'demo(국민)'와 'kratos(지배)'가 합쳐진 말로 '국민의 지배'를 의미합니다. 한자 말인 민주주의의 '민주民主'가 '백성 민民'과 '주인 주主'로 '백성이 주인'이라는 의미이니, '민주주의'는 어원인 그리스어 'demokratia', 즉 '국민의 지배'라는 의미를 잘 반영하고 있습니다.

우리나라는 민주주의국가입니다. 그래서 헌법 제1조 ①항에 '대한민국은 민주공화국이다', 그리고 이어 ②항에 '대한민국의 주권은 국민에게 있고, 모든 권력은 국민으로부터 나온다'라고 천명하고 있습니다. 지금까지의 인류 역사 대부분은 신분제·권위주의 사회였습니다. 21세기 현재도 이름뿐이 아닌, 실질적인 민주주의 사회는 사실 지구상에 그리 많지 않습니다. 자신의 삶을 자신의 의지로 만들어갈 수 있고, 하루 24시간 국가 권력으로부터의 억압을 특별히 의식하지 않아도 되는 상황이라면 그것은 꽤 괜찮은 환경입니다. 그런 상황에서 만일 그 사회가 어떤 문제를 안고 있다면 그것은 다른 어떤 것, 그 누구의 탓도 아닌 그 사회 구성원, 바로 시민 본인들의 탓입니다.

플라톤은 경고합니다.

"정치를 외면한 가장 큰 대가는 당신보다 더 멍청하고 저질스러운 인간에게 지배당하는 것이다.”

“The Ultimate punishment for being unwilling to assume authority oneself is to be governed by a worse person.”[15]

깨어 있는 민주시민이어야 합니다.

정치의 목적

국민의 행복 중진이 정치의 목적이 되어야

정치, 그것은 백성이 바라는 것을 백성과 함께 행하고 백성이 싫어하는 것을 하지 않는 것

고전이 고전인 것은 천년의 묵향 속에 만고의 진리가 살아 숨 쉬고 있기 때문입니다. 고전은 우리에게 온고이지신溫故而知新의 자세를 요구합니다. '옛것을 익히고 새로운 지식을 얻는다', 바로 공자의 그 온고이지신溫故而知新입니다.

《대학》〈전문 9장〉 '치국治國' 편에서의 정치론은 윤리 수준에 머물 뿐만 아니라 그 내용도 많지 않습니다. 그러나 같은 사서四書에 속하는《맹자》에서는 정치를 현실적·논리적으로 다루고, 공자 역시《논어》에서 정치를 다루고 있습니다. 따라서 여기서는 《대학》뿐만 아니라 《맹자》, 《논어》를 통해 오늘날의 정치 원리를 온고이지신溫故而知新 합니다.

먼저, '민주주의 원리'에 대해서입니다. 맹자는 《맹자》〈진심장구하〉편에서 말합니다.

"백성이 가장 귀하고, 사직社稷이 그다음이고, 임금이 마지막이다."

民爲貴 社稷次之 君爲輕
민위귀 사직차지 군위경¹⁶

나라의 주인은 결국 백성이라는 이야기입니다. 그래서 맹자는 《맹자》〈이루장구상〉편에서 백성들의 뜻을 좇는 것이 정치라 말하고 있습니다.

"걸·주 임금이 천하를 잃은 것은 백성을 잃었기 때문이며, 백성을 잃은 것은 바로 백성들의 마음을 잃었다는 것이다. 천하를 얻는 방법이 있으니, 바로 백성을 얻으면 천하를 얻은 것이다. 백성을 얻는 방법이 있으니, 백성들의 마음을 얻으면 곧 백성을 얻은 것이다. 백성들의 마음을 얻는 방법이 있으니, 백성이 바라는 것을 백성과 함께 행하고 백성이 싫어하는 것을 하지 않는 것이다."

桀紂之失天下也 失其民也 失其民者 失其心也 得天下 有道 得其民
斯得天下矣 得其民 有道 得其心 斯得民矣 得其心 有道 所欲 與之聚

之 所惡 勿施爾也

결주지실천하야 실기민야 실기민자 실기심야 득천하 유도 득기민

사득천하의 득기민 유도 득기심 사득민의 득기심 유도 소욕 여지취

지 소오 물시이야[17]

맹자 당시는 신분제 왕정사회였습니다. 그러나 신분제 사회라 할지라도 양심 있는 지식인이라면 시대·상황 불구하고 '사실'과 '논리'를 외면할 수 없었을 것입니다. '모든 인간 안에 스며 있는 올바른 이성'에 근거하는' 자연법 사상에서처럼, '정치'를 '그 땅에 몸을 붙이고 사는 백성이 주인이다'라는 오늘날의 '민주주의'와 통하는 개념으로 결론지을 수밖에 없었을 것입니다.

수레를 타는 대부는 닭이나 돼지 키우는 데 관심을 두지 아니하니

두 번째 공직의 의미에 대해서입니다. 《맹자》〈만장장구하〉 편에서 맹자가 말합니다.

"벼슬은 가난을 해결하기 위한 것이 아니지만 때로는 가난 때문이기도 하며, 결혼은 부모를 봉양하기 위한 것이 아니지만 때로는 봉양 때문이기도 하다. 가난을 해결하기 위해 벼슬을 하는 자는 높은 자리를 사양하고 낮은 자리에 머물 것이며, 높은 급여를 사양하고 낮은 급여에 머

물러야 한다. 높은 자리를 사양하고 낮은 자리에 머물고 높은 급여를 사양하고 낮은 급여에 머무르는 것은 어떻게 하는 것인가? 바로 문지 기나 야경꾼과 같은 직책을 맡는 것이다."

仕非爲貧也 而有時乎爲貧 娶妻非爲養也 而有時乎爲養 爲貧者 辭尊 居卑 辭富居貧 辭尊居卑 辭富居貧 惡乎宜乎 抱關擊柝

사비위빈야 이유시호위빈 취처비위양야 이유시호위양 위빈자 사존 거비 사부거빈 사존거비 사부거빈 오호의호 포관격탁[18]

공직을 맡는 것은 기본적으로 돈을 벌기 위한 것이 아니고 자신의 뜻을 펼치기 위한 것이라는 이야기입니다. 원칙적으로 이 말은 오늘날과 같은 자본주의사회에 어울리지 않습니다. 그러나 대통령이나 장차관·지방자치단체장 등과 같은 고위직, 판검사 등의 판관, 국회의원·광역 및 기초의회 의원과 같은 공직에는 맞는 말입니다. 국가 살림을 맡으면서 수많은 이들의 삶을 돌보고, 법과 정의라는 이름으로 신神의 위치에서 인간의 선악을 재단하고, 한 사회의 대원칙을 정하는 것과 같은 일은 숭고하면서도 사람들 중 극히 일부만이 갖는 매우 특별한 명예입니다.

돈을 벌 욕심이면 마땅히 자기 사업에 나서야 할 일이고, 먹고살기 위해 공직을 선택했다면 그냥 낮은 자리에 만족해야 합니다. 고위직의 재량권이나 판관직의 재량 및 판결권을 선물先物로 거래하거나 전관예우로 장사하고, 나라의 규칙을 정하고 예산을 집행하는 과정에서 자신의 이익을 개재하는 것과 같은 행위는 국가 시스템을 교란하고 국가자산

횡령, 국민복지 훼손을 도모하는 중대 범죄입니다. '국가로부터 주어진 지위를 팔아 사익을 취한다'는 측면에서 근본적으로 나라를 파는 반국가적 행위와 다르지 않습니다.

《대학》〈전문 10장〉에서 맹헌자라는 인물이 말합니다.

> "수레를 타는 대부는 닭이나 돼지 키우는 데 관심을 두지 아니하고, 한여름 대사 때 얼음을 쓸 수 있는 경대부는 소나 양을 키우는 데 관심을 두지 아니한다."

> 畜馬乘 不察於雞豚 伐冰之家 不畜牛羊
> 휵마승 불찰어계돈 벌빙지가 불휵우양[19]

높은 공직을 맡는 것은 비즈니스를 하기 위한 것이 아닙니다. 자신의 높은 뜻을 펴 세상을 널리 이롭게 하기 위한 것입니다.

일치단결은 그 일이 '옳고', 기본적으로 '서로의 이해관계가 일치'할 때 저절로 나온다

세 번째, 국민의 단결에 대해서입니다. 정치인들은 국가 위기 시 국민의 일치단결을 요구합니다. 그런데 국민의 일치단결은 요구한다고 되는 것이 아닙니다. 알아서 저절로 되든지 안 되든지 하는 것입니다.

맹자가 《맹자》 〈양혜왕장구상〉에서 양혜왕에게 이렇게 말합니다.

"시경에서 말하기를 '영대를 만들 계획을 세워 일에 착수하니 백성들이 모여들어 하루가 안 되어 영대가 완성되었구나. 계획할 때 너무 서둘지 말라 하였거늘 백성들이 나서서 하루 만에 일을 마쳤도다' 하였습니다. -중략- 문왕이 백성들의 노고로 누대를 세우고 연못을 만들었는데 백성들이 오히려 그것을 기뻐하여 누대를 영대라 하고 연못을 영소라 부르며, 왕이 사슴·물고기·자라 키우는 것을 즐겁게 여겼으니, 옛사람은 백성과 함께 즐겼습니다. 그래서 진실로 즐길 수 있었습니다."

詩云 經始靈臺 經之營之 庶民攻之 不日成之 經始勿亟 庶民子來 -중략- 文王 以民力爲臺爲沼 而民 歡樂之 謂其臺曰靈臺 謂其沼曰靈沼 樂其有麋鹿魚鼈 古之人 與民偕樂 故能樂也
시운 경시영대 경지영지 서민공지 불일성지 경시물극 서민자래 -중략- 문왕 이민력위대위소 이민 환락지 위기대왈영대 위기소왈영소 락기유미녹어별 고지인 여민해락 고능락야[20]

'일치단결'은 그 일이 '옳고', 기본적으로 '서로의 이해관계가 일치'할 때 나옵니다. 주周 왕조의 기틀을 다진 문왕은 자기 혼자만이 아니라 백성들과 함께 즐기기 위해 누각을 세우고 연못을 만들었습니다. 그래서 사람들은 그 누각과 연못을 서둘러 만들었고 그 규모가 작다고들 했습니다. 자기 것을 자기가 만드는데 그 누가 기쁜 마음으로 나서지 않고, 그 누가 만들기를 서둘지 않겠습니까?

멀리까지 생각하지 않으면 가까운 날에
반드시 근심할 일이 생긴다

네 번째, 일을 잘하는 방법에 대해서입니다. 증자가 《중용》〈제20장〉에서 이렇게 말합니다.

"모든 일은 미리 대비하면 제대로 이루어지고 대비하지 않으면 실패하기 마련이다. 말할 것을 미리 정해 놓으면 차질이 없고, 일할 것을 미리 정해 놓으면 곤란할 일이 없고, 움직일 것을 미리 정해 놓으면 골치 아플 일이 없고, 방법을 미리 정해 놓으면 궁지에 몰릴 일이 없다."

凡事豫則立 不豫則廢 言前定則不跆 事前定則不困 行前定則不疚 道前定則不窮

범사예즉립 불예즉폐 언전정즉불겁 사전정즉불곤 행전정즉불구 도전정즉불궁[21]

사람이 일반 동물과 다른 가장 큰 차이는 '이성'을 지녔다는 것입니다. 그리고 그 '이성'의 핵심은 '논리와 사실'에 입각한 '추리' 능력입니다. 자연은 인과관계가 선명합니다. 사회는 어느 정도 인과관계적입니다. 신이 아닌 인간이 예언을 할 수는 없습니다. 그러나 인과관계를 이용해 자연과 사회의 변화를 합리적으로 예측해 볼 수는 있습니다.

공자는 《논어》〈위령공〉 편에서 이렇게 말합니다.

"사람이 멀리까지 생각하지 않으면, 가까운 날에 반드시 근심할 일이 생긴다."

人無遠慮 必有近憂
인무원려 필유근우[22]

합리적인 예측을 통해 미리 대비하는 것이 일을 잘하기 위한 상책입니다. 물론 합리적인 예측 이전에 먼저 그렇게 예측하려고 평소 신경을 쓰고 노력하는 자세가 있어야 합니다.

자신이 바르지 않으면 명령을 하더라도 일이 제대로 이루어지지 않는다

다섯 번째, 공직자가 지녀야 할 윤리에 대해서입니다. 공자는 《논어》 〈자로〉 편에서 각각 이렇게 말합니다.

"자신이 바르면 명령하지 않아도 일이 행해지고, 자신이 바르지 않으면 명령을 하더라도 일이 제대로 이루어지지 않는다."

其身正 不令而行 其身不正 雖令不從
기신정 불령이행 기신부정 수령부종[23]

"참으로 자신을 바르게 한다면 정치를 하는 데 무슨 어려움이 있겠으며, 자신을 바르게 할 수 없다면 어떻게 남을 바르게 할 수 있겠는가?"

苟正其身矣 於從政乎 何有 不能正其身 如正人何
구정기신의 어종정호 하유 불능정기신 여정인하[24]

오늘날과 같이 복잡다기한 사회에서 정치인은 '윤리'뿐만 아니라, '윤리'에 더해 '고도의 정치 능력'도 함께 갖춰야 합니다. 그러나 정치에 있어 개인의 윤리는 오늘날도 여전히 그 어떤 요소들보다 중요합니다. 공자의 '자신이 바르면 명령하지 않아도 일이 행해진다'나 '참으로 자신을 바르게 한다면 정치를 하는 데 무슨 어려움이 있겠는가'와 같은 말은 이상적인, 공자의 기대 섞인 희망에 지나지 않을 수 있습니다.

그러나 '자신이 바르지 않으면 명령을 하더라도 일이 제대로 이루어지지 않는다'나 '자신을 바르게 할 수 없다면 어떻게 남을 바르게 할 수 있겠는가?'와 같은 말은 오늘날 여전히 분명한 진리입니다. 다른 사람을 설득시키거나 그 사람으로부터 공감을 끌어낸다면 그것은 설득시키는 이의 평소 행실과 태도이지 입에서 나오는 말이 아니기 때문입니다.

공직자가 지녀야 할 만고에 빛나는 전범典範, '대장부'

여섯 번째, 공직자상像에 대해서입니다. 맹자의 정치론 중 백미는 대장부大丈夫론입니다.《맹자》〈등문공장구하〉에 나오는 대장부론입니다.

"세상에서 가장 넓은 집에 살며(仁인), 세상에서 가장 바른 자리에 서며 (禮예), 세상에서 가장 큰길을 걷는다(義의). 관직에 나가면 백성과 함께 이것들을 행하고, 자리에서 물러나면 홀로 행한다. 부귀가 자신을 방탕으로 이끌지 못하도록 하며, 빈천이 자신을 비굴하게 만들지 못하도록 하며, 위협이 자신을 굴복시키지 못하게 한다. 이런 이를 일러 대장부 大丈夫라 한다."

居天下之廣居 立天下之正位 行天下之大道 得志 與民由之 不得志 獨 行其道 富貴不能淫 貧賤不能移 威武不能屈 此之謂大丈夫
거천하지광거 입천하지정위 행천하지대도 득지 여민유지 부득지 독 행기도 부귀불능음 빈천불능이 위무불능굴 차지위대장부[25]

내용을 읽는 것만으로도 정수리에 찬물을 맞는 느낌입니다. 맹자는, 사람은 기본적으로 공감 능력(仁인), 배려심(禮예), 양심(義의) 등을 갖춰야 한다고 말합니다. 그리고 공직에 나가면 이것들을 사회구성원과 함께 행하고, 공직에서 물러나면 자기 혼자 한다고 말합니다. 더불어 재산이 많고 높은 지위에 있다고 방탕하거나 으스대지 말고, 궁색한 처지에 있다고 양심과 소신을 아무렇게나 팔거나 팽개치지 말고, 권력이나 무력 등의 위협에 굴복하지 말라고 합니다. 맹자의 '대장부'야말로 공직자가 지녀야 할 만고에 빛나는 전범典範입니다.

벼슬에 나갈 때는 예禮로써 나가고,
벼슬에서 물러날 때는 의義로써 물러나야

일곱 번째 마지막으로, 공직자의 진퇴에 대해서입니다. 맹자는《맹자》〈만장장구상〉에서 공직자의 진퇴에 대해 이렇게 말합니다.

"벼슬에 나갈 때는 예禮로써 나가고, 벼슬에서 물러날 때는 의義로써 물러난다."

進以禮 退以義
진이례 퇴이의[26]

예禮는 사양지심辭讓之心, 즉 '남에게 양보하는 마음'이고, 의義는 수오지심羞惡之心, 즉 '자신의 잘못을 부끄러워하고 다른 사람의 잘못을 미워하는 마음'입니다.

공직에 나가고자 할 때 또는 공직을 제안받았을 때는 먼저 자기 자신이 '윤리'적으로 문제가 없는지, 그리고 업무적으로 전문성과 함께 그 일을 잘 해낼 '능력'이 있는지를 냉정하게 살펴야 합니다. '윤리'적으로 문제가 있거나 업무적 '능력'이 충분치 않다고 판단되면 맹자의 말대로 공직 나가기를 그만두거나 그 자리를 사양해야 합니다. '윤리'적으로 문제 있는 이가 공직에 나가면 결국 자신과 사회를 망치고, '능력'이 부족한 이가 공직을 맡으면 사회구성원이 누려야 할 복리가 훼손되기 때문입니

다. '벼슬에 나갈 때는 예禮로 나가야 합니다.'

고위 공직자가 공직에서 물러날 때를 정하는 것은 일단 윗사람이 아닌 자기 자신입니다. 잘못을 저질렀거나 자신의 능력이 한계에 달했다고 판단되면 그것을 부끄럽게 생각해 스스로 그만두고, 윗사람이 옳지 않은데도 이의를 제기하지 못하고 방관하거나 동조하고 있다면 그것 또한 부끄럽게 생각해 스스로 그만두어야 합니다. 자신에게 문제가 있는데도 그만두지 않으면 결국 화를 자초할 것이고, 윗사람이 옳지 않은데도 그 자리에 그대로 머물러 있으면 머지않아 치욕과 파멸의 홍수에 함께 휩쓸리고 말 것이기 때문입니다. '벼슬에서 물러날 때는 의義로써 물러나야 합니다.'

공직은 글자 그대로 '공적인 직분', 즉 '많은 이들의 복리 증진을 맡는 일'입니다. 한 개인에게는 오랫동안 갈고닦은 큰 뜻을 펴는 영광의 기회이고, 다른 많은 이들에게는 행복과 이익이 증진되어야 할 매우 소중한 시간입니다.

큰 뜻이 없고, 또 그 큰 뜻을 절대적으로 우선하는 이가 아니라면 높은 공직에 나서지 않아야 합니다. 그렇게 하는 것이 자신에게는 평안한 삶을, 다른 많은 이들에게는 복리훼손·절망·화병의 고통을 안기지 않는 일입니다.

8장

평천하
平天下

·

인류 보편적 가치를
추구하는
지구인이 되어야

'한 사람의 제대로 된 성인成人이 되기 위한 학문'(大人之學대인지학)인 《대학》의 8조목은 '사물에 다가가 이치를 궁구하는' ① '격물格物'로 시작해, '천하를 평안하게 하는' ⑧ '평천하平天下'로 끝납니다.

즉, ① 격물格物에서 '사물에 다가가 그 이치를 살펴' 자연과 인간을 탐구하고, ② 치지致知에서 '앎을 지극히 해' 자연의 이치와 인간의 도리를 깨닫고, ③ 성의誠意에서 '자신의 뜻을 참되게 해' 자발적 윤리 브레이크를 만들고, ④ 정심正心에서 '마음을 바르게 해' 마음이 몸의 주인이 되게 하고, ⑤ 수신修身에서 '한 사람이 갖춰야 할 앞의 네 가지를 점검해' 올바른 사고 능력과 윤리를 갖춘 이성적 존재가 됩니다.

그리고 ⑥ 제가齊家에서 '집안을 가지런히 해' 행복하고 건강한 가정을 이루고, ⑦ 치국治國에서 '나라를 안정되게 다스리는 것'의 오늘날 의미를 올바로 이해해 깨어 있는 민주시민이 되고, 마지막으로 ⑧ 평천하平天下에서 '천하를 평안하게 하기' 위해 인류 보편적 가치를 추구하는 지구인을 지향합니다.

8조목은 먼저 '스스로를 갖추고', 그다음 '다른 이들에게 영향을 미치는' 일련의 과정입니다. 자신을 갖추는 것은 다름 아닌 '올바른 사고 능력과 '윤리의식'을 갖추는 것입니다. 그리고 다른 이들에게 영향을 미치는 것은, 앞서 갖춘 '올바른 사고 능력'과 '윤리의식'으로 가족과 사회, 나아가 인류를 이롭게 하는 것입니다. ⑧ 평천하平天下는 8조목의 마지막 단계로 '천하를 평안하게 하는', 즉 '인류를 이롭게 하는 것'입니다.

《대학》이 쓰인 중국 주 왕조 때의 천하는 그냥 주 왕조 영역 자체였습니다. 제후에게 주어진 봉토가 국國이었고 그 봉토를 포함한 주나라 땅 전체가 천하였습니다. 아울러 당시는 지구상의 인류 사회에 대한 개념이 존재하지 않았습니다. 하긴 그러니까 중국 땅을 '하늘 아래 모든 땅'이라는 의미로 '천하'라 불렀을 것입니다.

오늘날 천하는 지구 전체의 인류 사회입니다. 한 개인이 '올바른 사고 능력'과 '윤리의식'을 갖춰 자신만이 아닌 주위를 이롭게 한다면 그 궁극은 마땅히 인류 사회입니다.

21세기는 그야말로 지구촌이라는 말이 실감 나는 시대입니다. 국가 간 경계인 국경을 의식할 일이 거의 없습니다. 재화·사람·돈·정보가 거의 제약 없이 국경을 넘나들고, 지구 어느 한쪽에서 발생한 일이 동시간대로 지구 전체에 공유되고, 어느 한 나라에서 발생한 문제나 재해가 그 한 나라만의 문제로 끝나지 않습니다. 정치적으로 대립하고 경제적으로 경쟁하기도 하지만, 문화적으로 동조하고 환경적으로는 거의 동일한 이해관계입니다.

지구인으로서 지구촌을 이롭게 한다면, 먼저 인류 차원에서 입장이 일치하는 문제에 관심을 가져야 합니다. 그것은 먼저 '환경문제'일 것입니다. 그리고 제로섬(Zero-sum) 아닌 윈윈(Win-Win) 영역의 '문화 융성'에 관심을 기울여야 합니다.

지구촌 공동 문제에 있어서의 선도적 역할은 지구촌 인류 사회의 지지 확보와 함께 경제 지평의 확대도 기대할 수 있습니다. 인류의 호의를 얻는 문화 창달자로서의 주도적 역할은 정치적 대립뿐만 아니라 경제적 경쟁의 완화를 가져옵니다. 자신에게도 이익이 되는 일을 사람들이 환영하지 않을 리 없고, 매력과 함께 기쁨을 주는 것에 사람들이 호의를 갖지 않을 수 없습니다. 천하를 평안하게 하고 인류를 이롭게 하는 일입니다.

8조목의 마무리인 '평천하平天下'편은 두 주제로 살펴봅니다. 첫째, '지구인- 인류공동체의 지속 가능성을 추구해야', 둘째, '문화 선진국- 문화적으로 인류를 이롭고 행복하게 하는 국민·국가가 되어야'입니다.

지구인

인류공동체의 지속 가능성을 추구해야

지구촌의 공동운명체,
인류

79억 인구가 모여 사는 지구가 빠른 속도로 작아지고 있습니다. 한 나라의 이웃 나라 침공이 전 세계 경제에 먹구름을 드리우고, 새로 공개된 영화·노래에 전 세계인이 동시에 열광하고, 뉴욕 다우지수가 변동하면 서울, 상하이, 도쿄, 런던의 주가가 곧바로 영향을 받습니다. 국가 간 관계가 긴밀해지고, 세계인의 관심이 동시에 움직이고, 각국의 미래 전망이 동시간대로 지구 전체에 영향을 미칩니다.

5대륙에서 생산된 농수산물로 차려진 아침을 먹고, 5대륙 기업들의 협업으로 만들어진 옷·스마트폰·자동차로 하루 일을 보고, 밤이 되면 OTT(온라인 동영상 서비스)로 전 세계 영화와 드라마를 선택적으로 감상합니다.

한 사람의 일상에 지구 전체가 담겨 있고, 지구 어느 한구석에서 일어난 일이 나의 삶과 무관치 않습니다. 마음속의 지구는 이제 더 이상 넓고 큰 세상이 아닌, 어린 왕자의 별처럼 힘주어 달리면 단숨에 한 바퀴 돌 정도의 작은 마을일 뿐입니다. '지구라는 마을(村촌)'의 '지구촌'.

지구상에는 365일 끊임없이 놀랄 일들이 벌어집니다. 사스(중증급성호흡기증후군), 신종플루, 메르스(중동호흡기증후군), 코로나바이러스와 같은 세계적 감염병이 연이어 전 인류를 죽음의 공포 속으로 내몰고, 매번 기록을 갱신하는 폭염·가뭄·산불·홍수의 대형화가 이제 더 이상 이변 아닌 일상으로 자리 잡고, 대륙을 건너는 난민의 이동은 박애의 이상과 냉엄의 현실 사이에서 사람들을 고뇌에 빠지게 합니다. 동일화·동시화·동조화로 달려가는 지구촌에서 이제 어느 누구도 다른 나라, 다른 대륙에서 일어나는 일들에 완전히 눈감을 수 없습니다. 그렇다고 지구에서 일어나는 모든 일에 관심을 둘 수도 없습니다.

인류가 멸망한다면 그것은 전쟁이나 핵이 아닌 기후위기 때문

지구촌에서 진행되고 있는 가장 근본적이고도 큰 위기는 다름 아닌 기후변화(Climate change)입니다. 인류공동체 차원의 매우 특별한 노력이 이뤄지지 않는다면 기후위기는 필연적으로 미래의 인류사회를 파멸로 몰아갈 것이기 때문입니다.

인류의 전쟁사는 흔히 칼이나 창 또는 총에 의해 죽은 숫자보다 전쟁 중의 기아, 전염병, 추위 또는 익사로 죽은 숫자가 더 많다는 것을 보여줍니다. 인류가 멸망한다면 그 주요 원인 역시 전쟁이나 핵보다 기후위기일 가능성이 높습니다.

사람들은 전쟁이나 핵 위협에 대해서는 현실에서 감각적으로 실감합니다. 그러나 기후위기와 같이, 시간을 두고 서서히 끓어오르는 위험에 대해서는 무디고, 간과하는 경향이 있습니다. 인류공동체 일원이라면 그 누구도 회피할 수 없는 최소한의 의무는 명확합니다. 바로 시시각각 인류사회를 파멸로 몰아가고 있는 기후위기를 제대로 인식하고, 각자 영역에서 자신이 할 수 있는 일을 실천하는 것입니다. 인류공동체의 지속 가능을 위한 선택 아닌 의무입니다.

2022년 7월 19일 북대서양과 북해 사이에 위치한 섬나라 영국의 수도 런던(북위 51°)이 1659년 기상 관측 개시 이래 처음으로 40℃가 넘는 40.2℃의 온도를 기록했습니다. 프랑스 낭트 역시 종전 최고 기온인 40.3°를 넘어 42°를 기록하고, 스페인과 포르투갈은 45°를 넘어섰습니다.

폭염은 대기를 건조하게 해 필연적으로 가뭄과 함께 대규모 산불을 동반합니다. 2022년 3월 발생한 우리나라 동해안 산불은 213시간 동안이나 기세를 올리며 140㎢의 산림을 태워 없앴습니다. 2019년 9월 2일 발생해 2020년 2월 13일 진화된 호주 산불은 그야말로 지옥이었습니다. 164일간 지속된 산불은 한반도 면적의 85%에 해당하는 18만 6,000km²를 잿더미로 만들었습니다. 호주 숲 전체의 14%를 태우면서 건물 5700여 채 전소와 함께 5억 마리가 넘는 야생동물의 목숨을 앗아간 대참사였습니다. 2020년 8~9월에 발생한 미국 서부 해안 대형산불은 그야말로 지구의 종말이 무엇인가를 보여주는 공포 그 자체였습니다. 캘리포니아·오리건·워싱턴 3개 주에 걸쳐 최소 수만km²의 산림을 초토화시킨 이 초대형 산불은 낮을 오렌지빛 어둠으로 덮고, 재가 눈 되어 하늘로 오르는 몽환의 지옥도를 연출했습니다.

기후변화는 폭염뿐만 아니라 홍수도 동반합니다. 2021년 7월에 발생한 유럽 홍수는 '1,000년 만의 대홍수'로 불립니다. 독일 서부를 비롯해 벨기에, 네덜란드, 룩셈부르크 일부에서 발생한 물난리는 240명의 사망자와 430억 달러의 재산피해를 가져왔습니다.

미국의 국립해양대기청(NOAA)은 2022년 7월 16일 현재로 2022년도 중 세계 각국에서 기록된 사상 최고 기온이 188건에 달한다고 발표했습니다. 안토니우 구테흐스 유엔 사무총장은 우리가 기후위기에 다자 공동체로 제대로 대응하지 못하고 있다면서, 우리는 공동 대응 아니면 집단 자살, 둘 중 하나를 선택해야 활 상황에 놓여 있다고 말했습니다.[1]

기후위기의 원인,
지구온난화

기후는 당연히 변합니다. 문제는 짧은 시간에 급격하게 온도가 변하고 있다는 사실입니다. 산업혁명 이후 지구의 평균기온은 1.1℃ 상승했습니다. 300년 안 된 사이 지구 평균기온 1.1℃ 상승의 결과가 지금 진행되는 지구촌 전체의 폭염, 가뭄, 홍수의 일상화이고 신기록들입니다. 짧은 기간 갑작스러운 지구의 온도 상승은 다름 아닌 이산화탄소를 비롯한 온실가스 증가에 의한 온실효과 때문입니다.

지구는 표면으로부터 지상 1,000㎞까지 대기권을 형성합니다. 지구를 에워싸고 있는 공기층인 대기권은 지구 밖에서 들어오는 해로운 빛을 흡수하고 동시에 지구로부터 발산되는 복사에너지 중 일부를 붙잡는 역할을 합니다.

열은 전도, 복사, 대류 세 가지 방법으로 이동합니다. 그중 복사輻射(Radiation)는 '빛에 의해 열이 전달되는 현상'입니다. 태양은 지구에 복사에너지를 보냅니다. 지구도 마찬가지로 복사에너지를 발산합니다. 만약 대기권이 존재하지 않는다면 태양에서 보낸 양만큼 지구도 곧바로 같은 양의 복사에너지를 방출합니다. 복사평형(Radiation balance)입니다.

그런데 지구에는 대기권이 있고, 그 대기권은 이산화탄소(CO_2)와 같은 온실가스를 품고 있습니다. 온실가스는 온실에서 태양열을 가두는 유리의 역할처럼 지구로부터 방출되는 복사에너지를 붙드는 역할을 합니다. 따라서 지구로부터 방출되는 복사에너지 중 일부는 대기권에 한 동안 머물렀다 외부로 방출됩니다. 그 결과 지구는 지표 온도를 일정 수준으로 유지합니다.

그런데 인류는 산업혁명 이후 석탄, 석유, 천연가스와 같은 화석연료 사용을 이 순서대로 늘려왔습니다. 그 결과 대기 중 온실가스의 양이 급격히 증가했습니다. 대기 중 온실가스의 양 증가는 대기권에 머무는 복사에너지의 증가를 초래합니다. 대기권 내 복사에너지의 양 증가는 지구를 둘러싼 대기권 온도를 상승시킵니다. 지구온난화입니다. 지구온난화는 폭염, 가뭄, 홍수와 같은 급격한 기상이변을 불러일으킵니다.

지구온난화 방지를 위한 인류의 노력

인류공동체는 기후변화의 위험과 그 원인을 20세기가 지나기 전 일찍이 인식했습니다. 1972년 세계적인 비영리 연구기관인 로마클럽이 〈성장의 한계〉 보고서를 발표합니다. 보고서는 '지구온난화' 문제 제기와 함께, '미래 세대가 그들의 필요를 충족시킬 수 있는 가능성을 손상시키지 않는 범위에서, 현재 세대의 필요를 충족시키는 개발'을 의미하는 '지속가능 발전(Sustainable Development)' 개념을 내놓습니다.

같은 해인 1972년 스웨덴 스톡홀름에서 '유엔인간환경선언'이 채택됩니다. 이어 1992년 브라질 리우 유엔환경회의에서 환경보호와 사회경제적 발전의 균형 필요성을 인정한 '기후변화협약(UNFCCC)'이 체결되고, 5년 뒤인 1997년 일본 교토에서 주요 선진국 간 온실가스 배출량 감축 목표를 구체적으로 정한 '교토의정서'가 채택됩니다. 그러나 교토의정서 는 개도국의 대표주자인 중국이 빠진 상태였고, 채택 이후 미국과 일본 이 탈퇴함으로써 사실상 그 실효성을 잃고 맙니다.

국제사회는 교토의정서를 대체할 새로운 대안 마련에 나섭니다. 2015 년 12월 12일 파리 유엔기후변화협약에서 195개국이 합의 채택한 '파리 기후변화협약'이 바로 그것입니다. 195개국은 지구의 평균온도 상승을 산업화 이전 수준 대비 1.5℃ 이하로 제한하기 위한 노력 추구에 합의 합니다. 합의 내용 달성을 위해 각국은 자발적으로 온실가스 감축 목표 인 국가결정기여(NDC)를 정합니다. 우리나라는 2030년 배출량 목표를 2018년 대비 35% 이상 감축, 그리고 2050년 '탄소중립(Carbon Neutral)' 실 현을 목표로 제시합니다. 미국은 트럼프 행정부인 2020년 11월 협약을 탈퇴했다 바이든 정부인 2021년 1월 20일 다시 가입합니다.

파리기후변화협약 이후 각국은 온실가스 감축에 대한 구체적인 액션 플랜 마련에 나섭니다. 유럽연합(EU)은 2022년 7월, 액션 플랜 '그린 택 소노미(Green Taxonomy)'를 확정합니다. 'Green Taxonomy'는 '녹색산업', 즉 친환경 산업을 의미하는 'Green'과 '분류학'을 의미하는 'Taxonomy'의 합성어로 '녹색 분류체계', 즉 '환경적으로 지속 가능한 경제활동의 범위' 를 정하고 있습니다. EU는 Green Taxonomy에 원전과 천연가스를 포 함합니다. 단, 원전에 대해서는 방사성 폐기물의 안전 처리 등에 대한 조건이 붙고, 천연가스 역시 온실가스 배출량 제한 등의 조건이 붙습니다. 원전의 탄소중립 실현 도구로서의 측면을 원전의 위험성 및 사고 시의 비용보다 높게 평가하고 있습니다.

우리나라의 〈기후위기 대응을 위한 탄소중립·녹색성장 기본법〉과 'K-택소노미'

우리나라의 '한국형 녹색 분류체계 가이드라인'인 'K-택소노미(Korea Taxonomy)는 2021년 12월 최종안으로 정리된 후, 2022년 12월 개정을 거칩니다. K-택소노미 도입 취지입니다.

> "'녹색경제' 활동에 대한 명확한 원칙과 기준을 제시함으로써 더 많은 녹색자금이 녹색 프로젝트나 녹색기술에 투자될 수 있도록 지원하기 위해 개발되었다."[2]

K-택소노미는 특정 기술이나 산업활동이 '탄소중립'의 친환경에 해당되는지 여부를 판단할 수 있는 가이드라인이 됩니다. 〈기후위기 대응을 위한 탄소중립·녹색성장 기본법〉에서는 '탄소중립'을 이렇게 정의하고 있습니다.

> "대기 중에 배출·방출 또는 누출되는 온실가스의 양에서 온실가스 흡수의 양을 상쇄한 순배출량이 영(零)이 되는 상태를 말한다."[3]

K-택소노미의 녹색경제 활동은 세 가지 원칙을 갖습니다. 먼저, 다음 여섯 가지 환경 목표 중 하나 이상에 기여해야 한다는 원칙(SC; Substantial contribution)입니다. 바로 ① 온실가스 감축, ② 기후변화 적응, ③ 물의 지속 가능한 보전, ④ 순환경제로의 전환, ⑤ 오염 방지 및 관리 그리고 ⑥ 생물 다양성 보전, 여섯 가지입니다. 두 번째로는, 앞의 환경목표 달성 과정에서 다른 환경목표에 심각한 피해를 주지 않아야 한다는 원칙(DNSH; Do No Significant Harm)입니다. 그리고 마지막 세 번째로는, 인권, 노동, 안전, 반부패, 문화재 파괴 등 관련 법규를 위반하지 않아야 한다는 원칙(MS; Minimum Safeguard)입니다. K-택소노미는 '환경적으로 지속 가능한 경제활동의 범위'를 구체화함으로써 자연스레 친환경 사업에 대한 투자를 촉진하는 효과를 가져옵니다.

K-택소노미는 2021년 12월 안案에서는 제외되었던 원전을 2022년 12월 개정한 '전환부문'에 추가·포함합니다. 인구 밀집도와 GRDP(지역 내 총생산) 등을 고려할 때, 우리나라의 원전 사고 발생 시 치러야 할 추정 비용은 매우 높습니다. 한국전력의 2018년 〈균등화 발전원가 해외사례 조사 및 시사점 분석〉에 따르면, 일본의 후쿠시마 원전과 유사한 사고 발생 시 고리 원전 2,492조 원, 월성 원전 1,419조 원, 영광 원전 907조 원, 울진 원전 864조원의 비용이 발생할 것으로 추정됩니다. 이 규모는 2차 피해를 고려하지 않은 금액입니다.

정책은 그 정책을 뒷받침할 법을 필요로 합니다. 우리나라는 이산화탄소 증가 '0'를 목표로 하는 '탄소중립', 회사 사용 전력의 100%를 재생에너지로 충당하겠다는 기업들의 자발적 국제 캠페인인 'RE100(Renewable Electricity 100)', 경제활동을 친환경으로 유도하는 'K-택소노미', 기업의 사회적 책임투자로 환경(Environment)·사회(Social)·지배구조(Governance)와 같은 요소를 고려하는 'ESG' 등의 지원에 필요한 〈기후위기 대응을 위한 탄소중립·녹색성장 기본법〉(이하 '기본법')을 2021년 8월 제정, 운용해 오고 있습니다.

기본법의 목적입니다.

"기후위기의 심각한 영향을 예방하기 위하여 온실가스 감축 및 기후위기 적응대책을 강화하고 탄소중립 사회로의 이행 과정에서 발생할 수 있는 경제적·환경적·사회적 불평등을 해소하며 '녹색기술'과 '녹색산업'의 육성·촉진·활성화를 통하여 경제와 환경의 조화로운 발전을 도모함으로써, 현재 세대와 미래 세대의 삶의 질을 높이고 생태계와 기후체계를 보호하며 국제사회의 지속가능발전에 이바지하는 것을 목적으로 한다."[4]

지구온난화를 막기 위한 사회구성원의 기본 역할

지구온난화를 막기 위해서는 국제사회의 긴밀한 협력은 물론, 국가별 정부와 기업 그리고 국민의 상호 협조가 있어야 합니다. 기본법은 정부와 기업 그리고 국민의 역할을 법으로 명시합니다.

기업과 국민의 책무만 살펴보면 각각 다음과 같습니다.

"사업자는 제55조에 따른 '녹색경영'을 통하여 사업활동으로 인한 온실가스 배출을 최소화하고 '녹색기술' 연구개발과 '녹색산업'에 대한 투자 및 고용을 확대하도록 노력하여야 하며, 국가와 지방자치단체의 시책에 참여하고 협력하여야 한다."[5]

"국민은 가정과 학교 및 사업장 등에서 제67조 제 ①항에 따른 '녹색생활'을 적극 실천하고, 국가와 지방자치단체의 시책에 참여하며 협력하여야 한다."[6]

기본법과 K-택소노미에서 쓰이는 주요 용어의 의미를 알아보면, 먼저 '녹색경제'는 "화석에너지의 사용을 단계적으로 축소하고 '녹색기술'과 '녹색산업'을 육성함으로써 국가 경쟁력을 강화하고 지속 가능 발전을 추구하는 경제"[7]를 말합니다.

'녹색경영'은 '기업이 경영 활동에서 자원과 에너지를 절약하고 효율적으로 이용하며 온실가스 배출 및 환경오염의 발생을 최소화하면서 사회적·윤리적 책임을 다하는 경영[8]을 말합니다.

'녹색기술'은 '기후변화 대응 기술, 에너지 이용 효율화 기술, 청정생산 기술, 신·재생에너지 기술, 자원순환 및 친환경 기술 등 사회·경제 활동의 전 과정에 걸쳐 화석에너지의 사용을 대체하고 에너지와 자원을 효율적으로 사용하여 탄소중립을 이루고 녹색성장을 촉진하기 위한 기술[9]을 말합니다.

'녹색산업'은 '온실가스를 배출하는 화석에너지의 사용을 대체하고 에너지와 자원 사용의 효율을 높이며, 환경을 개선할 수 있는 재화의 생산과 서비스의 제공 등을 통하여 탄소중립을 이루고 녹색성장을 촉진하기 위한 모든 산업[10]을 말합니다.

'녹색생활'은 '국민의 생산·소비·활동 등 일상생활에서 에너지와 자원을 절약하고 녹색제품으로 소비를 전환함으로써 온실가스와 오염물질의 발생을 최소화하는 생활[11]을 말합니다. '녹색제품'은 '에너지·자원의 투입과 온실가스 및 오염물질의 발생을 최소화하는 제품[12]을 의미합니다.

'온실가스'는 대기 중에 온실효과를 일으키는 가스로 이산화탄소(CO_2), 메탄(CH_4), 아산화질소(N_2O), 수소불화탄소($HFCs$), 과불화탄소($PFCs$), 육불화황(SF_6) 여섯 가지를 주로 말합니다. 이 중 이산화탄소가 인위적으로 배출되는 온실가스의 60%, 메탄이 15~20%를 차지합니다.

이산화탄소의 인위적 발생의 80~85%는 화석연료 사용에 의한 것이고, 나머지 15~20%는 산림 훼손 등에 의한 것입니다. 따라서 '온실가스 감축'하면 일반적으로 '이산화탄소 발생 억제'를 말하고, 그중에서도 특히 '화석연료 사용의 억제'를 의미합니다.

'천하를 평안하게 한다(平天下평천하)'면,
그것은 바로 '인류공동체의 삶을 지속 가능하게 하는 것'

사람은 사회를 이루고 삽니다. 그런데 오늘날의 사회는 한 고장 또는 한 나라가 아닌 지구 전체입니다. 우리가 사는 사회를 한 나라로 한정한다면 우리는 단 하루도 살 수 없습니다. 당장 샐러드에 그리스산 올리브유를 넣을 수 없고, 필리핀산 몽키 바나나를 간식으로 먹을 수 없고, 농익은 산미의 에티오피아 커피를 즐길 수 없습니다. 희토류가 들어가는 대부분의 전자제품도 사용할 수 없으니 일상생활은 곧바로 20세기 초반으로 돌아가야 합니다. 상상할 수 없습니다.

'올바른 사고 능력'과 '윤리의식'를 갖추고 사전적 의미의 '평천하平天下', 즉 천하를 평안하게 한다면 그것은 마땅히 인류를 이롭게 하는 것이고, 그 인류를 이롭게 하는 것의 첫걸음이자 인류공동체 일원으로서의 의무라면 마땅히 인류가 지금도 살고 미래에도 살 수 있도록 하는 것입니다.

바로 지구를 잘 보존해 후대에 물려주는 것입니다. 인류공동체의 삶이 지속 가능하게 하는 것입니다.

문화 선진국

문화적으로 인류를 이롭고 행복하게 하는 국민·국가가 되어야

K- Culture,
세계인의 앞에 우뚝 서다

2021년 9월 20일은 대한민국 역사에서 매우 자랑스러운 날입니다. 대한민국의 '정치'와 '문화'가 세계의 '정치'와 '문화'를 대표해 전 인류 앞에 선 날이기 때문입니다.

제76차 유엔총회는 2021년 9월 20일 대한민국의 대통령과 대한민국의 아티스트를 '지속가능발전목표(SDG: Sustainable Development Goals)'를 주제로 한 유엔총회의 연설자로 세웠습니다.

'지속가능발전'은 '현재'와 '미래' 세대의 공존공영을 지향합니다. 유엔은 '현세대'의 대표로 팬데믹 상황 극복의 모범인 대한민국의 문재인 대통령을, 그리고 '미래 세대'의 대표로 세계의 청년들에게 노래로 희망을 전달하는 대한민국의 BTS(방탄소년단)를 유엔총회 단상에 오르게 했습니다.

BTS는 연설에 이어 유엔총회장 현장에서 사전 촬영된 2021년 7월 발표곡 'Permission to Dance' 영상을 선보였습니다. 유엔 공식 유튜브 계정의 'Permission to Dance'는 당일 오전 집계로만 1,390만 건이 넘는 조회수를 기록했습니다. BTS는 어두운 코로나19의 긴 터널 속에서 고통스러워하는 세계인들을 향해 이렇게 노래했습니다.

When the nights get colder(밤은 점점 추워지고)

And the rhythms got you falling behind(네가 뒤처지는 느낌이 들 때면)

Just dream about that moment(그 순간을 꿈꿔)

When you look yourself right in the eye, eye, eye(네가 네 자신을 바라볼 때)

Then you say(외쳐)

I wanna dance(나는 춤을 추고 싶다고)

The music's got me going(음악이 나를 움직이게 해)

Ain't nothing that can stop how we move, yeah(그 어떤 것도 우리를 막을 수 없어)

BTS는 코로나19로 지친 지구촌 사람들에게 밝은 희망을 전파했습니다.

하버드대 케네디 행정대학원의 석좌교수인 조셉 나이는 '힘(Power)'을 '자신의 목적을 달성하는 능력'으로 정의하며, '하드파워(Hard Power)'와 '소프트파워(Soft Power)'로 구분합니다. '하드파워'는 '자신이 원하는 것을 상대에게 하도록 하는 힘', 즉 '지배력'으로, 군사력이나 경제력과 같은 유형의 자원을 기초로 하고, '소프트파워'는 '자신이 원하는 것을 상대도 원하도록 하는 힘', 즉 '흡수력'으로, 보편적인 문화, 이데올로기와 같은 무형의 자원을 말합니다.[13]

BTS는 2013년 6월 13일 '2 COOL 4 SKOOL'로 데뷔했습니다. 그리고 2018년 이후, 팝의 본고장인 미국의 빌보드 메인 앨범 차트 '빌보드 200'에서 다섯 번 연속 1위를 하고, 메인 싱글 차트 '핫100'에서 협업곡 포함 6곡이 1위에 오르는 놀라운 성과를 거둡니다. 2022년 6월 13일, 데뷔 9주년을 기념해 마련한 BTS의 유튜브 방송은 동시 접속자 200만 명 이상을 기록합니다.

BTS를 글로벌 슈퍼스타이자 '21세기 팝의 아이콘'으로 만든 것은 대한민국 또는 소속사인 하이브가 아닙니다. BTS를 사랑하고 BTS의 음악을 좋아하는 전 세계 BTS의 팬덤, 아미(ARMY)입니다.

문화는 소비자가 그것을 사랑하고 좋아할 때 그들 스스로 나서서 그것을 적극적으로 원하고 지지합니다. 조셉 나이 교수가 말한 대로, 문화는 '하드파워(Hard Power)' 아닌 '소프트파워(Soft Power)'이기 때문입니다. BTS, 그리고 그 BTS를 낳은 대한민국의 문화를 세계인이 갈망하고 있습니다.

문화가 풍부하기 위한 최적의 환경, 대한민국

우리나라는 문화적으로 매우 유리한 조건을 갖추고 있습니다.

첫째, 역사가 유구합니다. 같은 땅, 같은 민족을 대상으로 이어지는 한 나라의 역사가 오래되었다는 것은 그만큼 축적된 유·무형의 자산이 많다는 것을 의미합니다. 물론 역사의 시간 크기만으로 유·무형의 자산이 오늘날 새롭게 그 가치를 드러낼 수 있는 것은 아닙니다. 축적된 자산과 함께 그것을 발전시켜 나갈 경제적 힘, 적극성·창의성이 있어야 합니다.

21세기 주요 선진국들의 역사는 사실 그리 깊지 않습니다. 미국이 건국 300년이 채 안 되었고, 영국이 9세기 후반 왕국 모습을 갖추기 시작했으니 이제 1,100년 남짓 되었고, 오늘날 독일·프랑스·이탈리아의 전신인 프랑크는 481년 건국되었으니 고대 로마 역사를 별도로 친다면 세 나라 역시 아직 1,600년이 안 되었습니다. 일본은 4세기 야마토(大和대화) 정권으로 국가가 시작된 이래 근대 이전까지 우리나라와 중국으로부터 문물을 가져갔습니다.

인류 역사상 최초로 문명을 일으킨 4대 문명 발상지는 지금의 이라크, 이집트, 인도 그리고 중국입니다.

이라크와 이집트는 찬란하고 유구한 역사문화 자산을 자랑하지만 오늘날 그 자산을 힘겹게 유지하고 있는 상태이고, 인도 역시 역사문화 자산 보존 이전에 국민들의 기본적인 의식주 해결에 쫓기는 상태이고, 중국은 1966년부터 10년 동안 진행된 문화대혁명 때 자기들의 역사문화 자산을 스스로 부정한 전력이 있을 뿐만 아니라 지금의 권위주의 체제에서는 개인의 창의성 발휘에 어느 정도 한계가 있을 수밖에 없습니다.

우리나라는 역사가 깊습니다. 그리고 거기에 세계 10대 선진국으로서의 경제적 힘과 함께 한강의 기적을 이루는 과정에서 축적된 자신감이 있습니다. 그 에너지가 때가 되어 폭발하고 있는 것이 지금의 '한류(K-culture)' 현상입니다.

두 번째로, 우리나라는 사계절이 뚜렷합니다. 사계절이 뚜렷하다는 것은 환경적으로 문화가 풍성하고 다양할 소지가 크다는 것입니다.

의衣·식食·주住 기준으로 보자면, 먼저 계절에 따라 옷을 바꿔 입어야 하니 천의 재질은 물론 옷의 디자인, 색상 등이 다양해질 수밖에 없습니다. 열대지방이나 극지에서는 옷 문화나 패션이 발달하기 쉽지 않습니다. 한쪽에서는 옷을 별로 필요로 하지 않고, 다른 한쪽에서는 추위를 막는 것이 우선 급선무일 뿐만 아니라 1년 내내 주로 겨울옷만을 필요로 하기 때문입니다.

먹는 것 역시 계절에 따라 나는 산물이 다르고 계절에 따라 입에 맞는 것이 다름으로써 음식 종류는 물론이고 그 요리 방법도 다양해질 수밖에 없습니다.

주거도 마찬가지입니다. 겨울에는 추위를 막고 여름에는 더위를 식힐 수 있어야 합니다. 그 다양한 필요를 충족시킬 수 있는 것이 바로 온돌과 같은 우리나라 고유의 난방 시스템입니다. 오늘날 아파트 구조에서도 우리나라는 일본이나 서양과 달리 방바닥을 덥히는 방식을 사용합니다.

세 번째로 우리나라는 3면이 바다로 둘러싸인 대륙 국가입니다. 따라서 대륙과 섬의 조건을 모두 지니고 있어 자연환경과 자연재료가 다양합니다. 우리나라처럼 전국 어디서나 사방으로 푸른 산을 볼 수 있는 나라는 그리 많지 않습니다. 또 차를 운전해 달리면 1시간 남짓에 바닷가에 이를 수 있는 나라 역시 많지 않습니다.

사람의 감성을 풍요롭게 하는 데 가장 영향을 미치는 것은 누가 뭐래도 자연입니다. 자연 속에서 여유를 느끼고, 자연 속에서 시와 노래가 나오고, 자연 속에서 사색에 잠깁니다. 또한 대륙과 섬의 조건을 모두 갖춘 환경은 당연히 자연으로부터 얻을 수 있는 재료를 풍부하게 합니다.

유구한 역사를 통한 유·무형의 축적된 자산, 뚜렷한 사계절, 섬과 대륙 조건을 함께 갖춘 환경은 다양한 경험 제공과 함께 도전적 자세를 불러일으킵니다. 적응하고 응전하는 과정에서 창의성이 발휘되고 창의성이 향상될 수밖에 없습니다. 문화가 풍부하기 위한 최적의 환경입니다.

경제 선진국에서
문화 강국으로

본격적인 K-culture, 즉 한류의 역사는 사실 그리 길지 않습니다. 이

제 겨우 25년입니다. 국가 차원에서 문화를 일종의 산업으로 인식하는 문화산업 정책은 1998년 들어선 김대중 대통령의 '국민의 정부' 때 본격적으로 시작됩니다. 1960년대 이후 지속된 경제성장에 의한 문화 소비력의 상승, 정치적 민주화로 인한 문화 생산의 자유화, 그리고 대기업과 자본의 문화 시장에 대한 관심 확산과 같은 여러 요인들을 배경으로 해서입니다.

2000년 전후로 우리나라 영화와 TV 드라마가 아시아권 나라들에서 방송되기 시작합니다. '한류 열풍(Korean Wave Fever)'의 출발입니다. 먼저 2003년, 드라마 〈겨울연가〉가 일본 NHK에서 방송되면서 우리나라 영상과 음악이 아시아인들의 관심을 크게 끌기 시작합니다. 2004년 〈대장금〉이 그 바통을 이어받고, 이후 드라마 〈주몽〉, 영화 〈쉬리〉와 〈엽기적인 그녀〉가 아시아인의 눈과 귀를 사로잡습니다.

2000년 후반 들어서는 걸 그룹, 보이 그룹의 K-팝이 아시아 시장을 제패하기 시작하고, 2010년을 넘어서면서 K-culture는 드디어 아시아를 벗어나 세계를 무대로 뻗어나가기 시작합니다. 기폭제는 2012년 전 세계인을 들썩이게 한 싸이의 '강남스타일'입니다. 빌보드 차트 2위까지 올랐던 '강남 스타일' 신드롬은 〈별에서 온 그대〉, 〈태양의 후예〉와 같은 드라마 흥행으로 이어집니다. 그리고 마침내 2020년, BTS가 빌보드 차트 앨범·싱글 차트 모두에서 1위에 오르는 K-culture 역사상 대사건을 연출합니다.

K-culture의 세계화는 당연히 노래에 그치지 않습니다. 2019년 칸영

화제 황금종려상 수상과 2020년 아카데미 영화제 4관왕에 빛나는 봉준호 감독의 〈기생충〉, 2020년 미국 선댄스 영화제에서 최고상인 심사위원대상 등 2관왕 수상과 2021년 제93회 아카데미 여우조연상(윤여정) 수상에 빛나는 정이삭 감독의 〈미나리〉, 2021년 넷플릭스 제작 콘텐츠 역사상 최고의 돌풍을 일으킨 황동혁 감독의 〈오징어 게임〉, 2022년 고레에다 히로카즈 감독의 영화 〈브로커〉 출연으로 칸영화제에서 남우주연상을 받은 송강호의 쾌거 등이 계속해서 이어집니다.

세계 인류가 모두 우리 민족의 문화를 이렇게 사모하도록 하지 아니하려는가?

김구 선생은 생전에 우리나라가 문화강국이 되길 꿈꿨습니다. 김구 선생은 선생의 유서라 할 수 있는 《백범일지》 〈나의 소원〉 마무리 부분에서 이렇게 말합니다.

"나는 우리나라가 세계에서 가장 아름다운 나라가 되기를 원한다. -중략- 오직 한없이 가지고 싶은 것은 높은 문화의 힘이다. 문화의 힘은 우리 자신을 행복되게 하고, 나아가서 남에게 행복을 주겠기 때문이다. -중략- 인류가 현재에 불행한 근본 이유는 인의가 부족하고, 자비가 부족하고, 사랑이 부족한 때문이다. 이 마음만 발달이 되면 현재의 물질력으로 20억이 다 편안히 살아갈 수 있을 것이다. 인류의 이 정신을 배양하는 것은 오직 문화이다. 나는 우리나라가 남의 것을 모방하는 나라가 되지 말고, 이러한 높고 새로운 문화의 근원이 되고, 목표가 되고, 모범이 되기를 원한다. 그래서 진정한 세계의 평화가 우리나라에서, 우리나라로 말미암아서 세계에 실현되기를 원한다. 홍익인간이라는 우리 국조 단군의 이상이 이것이라고 믿는다. 또 우리 민족의 재주와 정신과 과거의 단련이 이 사명을 달하기에 넉넉하고, 국토의 위치와 기타의 지리적 조건이 그러하다. -중략- 최고 문화로 인류의 모범이 되기로 사명을 삼는 우리 민족의 각원(各員)은 이기적 개인주의자여서는 안 된다. 우리는 개인의 자유를 극도로 주장하되, 그것은 저 짐승들과 같이 저마다 제 배를 채우기에 쓰는 자유가 아니요, 제 가족을, 제 이웃을, 제 국민을 잘 살게 하기에 쓰이는 자유다. 공원의 꽃을 꺾는 자유가 아니라 공원에 꽃을 심는 자유다. 우리는 남의 것을 빼앗거나 남의 덕을 입으려는 사람이 아니라, 가족에게, 이웃에게, 동포에게 주는 것으로 낙을 삼는 사람이다. -중략- 이러함으로써 우리나라의 산에는 삼림이 무성하고 들에는 오곡백과가 풍성하며, 촌락과 도시는 깨끗하고 풍성하고 화평한 것이다. 그리하여 우리 동포, 즉 대한 사람은 남자나 여자나 얼굴에는 항상 화기가 있고, 몸에서는 덕의 향기를 발할 것이다. -중략- 동포 여러분! 이러한 나라가 될진대 얼마나 좋겠는가. 우리네 자손을 이러한 나라에 남기고 가면 얼마나 만족하겠는가. -중략- 세계 인류가 모두 우리 민족의 문화를 이렇게 사모하도록 하지 아니하려는가. 나는 우리의 힘으로, 특히 교육의 힘으로 반드시 이 일이 이루어질 것을 믿는다. 우리나라의 젊은 남녀가 다 이 마음을 가질진대 아니 이루어지고 어찌하랴!"[14]

김구 선생은 애국자일 뿐만 아니라 선지자입니다. 21세기 초 세계 10대 선진국인 조국의 모습과 지구를 무대로 펼쳐질 K-culture 열풍을 미리 내다보고 우리가 취해야 할 자세를 당부하고 있습니다.

문화적으로 인류를 이롭고 행복하게 하는 국민·국가를 지향해야

문화 개념은 다의적입니다. 가장 넓은 의미로는 자연과 대립하는 개념으로, 자연이 아닌 모든 것이 문화에 해당합니다. 사람이 자연을 변화시켜 만든 물질적·정신적인 것 중 가치 있는 것들이 모두 문화입니다. 이때 문화는 물질문화와 정신문화로 나뉩니다.

오늘날 '문화' 하면, 일반적으로 그것은 예술 및 정신적 산물로서의 문화를 말합니다. 정치, 경제와 구별되는 문학, 예술, 종교, 학문, 교육, 패션, 방송, 영화 등을 포함하는 영역입니다. 대중사회 형성 이전, 엘리트층만 향유하던 '교양으로서의 문화' 개념이 대중문화로까지 확장된 것이죠.[15]

2021년 7월 2일 개최된 제68차 유엔무역개발회의(UNCTAD)는 대한민국을 개도국 그룹에서 선진국 그룹으로 지위 변경할 것을 만장일치로 가결했습니다. 개도국이 선진국으로 지위가 변경된 것은 1964년 UNCTAD 설립 이래 처음 있는 일입니다.

세계 10위의 경제 규모, G7 정상회의 참석 등 국제무대에서의 높아진 위상과 함께, 코로나19라는 전 세계적 위기 상황에서 개방성·투명성·민주성의 원칙을 고수하며 성공적으로 위기에 대처하는 모범을 보인 것 등이 반영된 결과입니다.

국제사회는 선진국이면서도 개도국 상황에 대한 충분한 이해와 함께 탈개도국이라는 매우 특별한 경험을 보유한 대한민국을 앞으로 더욱 주목할 것입니다.

자신을 객관적으로 아는 것은 남을 아는 것으로부터 시작됩니다. 2021년 현재, 우리나라 사람들 중 한두 번이라도 외국 여행을 다녀오지 않은 사람은 드뭅니다. 외국을 다녀온 사람들이 하나같이 하는 말이 우리나라처럼 살기 좋은 나라가 없다는 것입니다. 사실 우리나라같이 화장실 사용이 공짜이고, 음용 가능한 물을 무료로 얻을 수 있는 나라는 그리 많지 않습니다. 대중교통이 우리나라처럼 깨끗하고 사계절에 맞춰 냉·온방이 제대로 되는 나라 역시 별로 없습니다.

밤늦게 길거리를 다녀도 특별히 위험을 느낄 일이 없습니다. 도로나 지하철, 기차 노선이 사통팔달입니다. 도시나 농촌 어디를 가도 공기가 맑고 눈이 닿는 곳마다 푸른 숲이 있습니다. 복지 수준도 낮지 않습니다. 큰 병에 걸려도 크게 걱정하지 않습니다. 상당 부분을 의료보험이 책임지기 때문입니다. 우리도 모르는 사이 우리는 어느새 여느 선진국에 뒤지지 않는 매우 괜찮은 나라에 살고 있습니다.

사람은 사회 속에 삽니다. 국가 역시 국제사회 속에 존재합니다. 사회적 존재는 타인의 불행을 곁에 두고 자기 혼자만 행복할 수 없습니다. 깊은 산 오솔길 옆 자그마한 연못의 붕어들처럼 어느 한 마리가 죽게 되면 그 물도 썩어들어가 결국 아무것도 살 수 없게 됩니다.

한 사람이 지식과 윤리로 자신을 단련하고, 한 국가가 민주국가, 행복국가를 실현한다면 그 궁극의 지향점은 당연히 인류를 이롭게 하고 인류를 행복하게 하는 것이어야 합니다. 그것이 우리나라 헌법 전문에 나오는 '항구적인 세계평화와 인류 공영에 이바지'하는 것이고, 김구 선생이 말했던 '우리 자신을 행복되게 하고, 나아가 남에게 행복을 주는 것'입니다. 더불어 이 땅 이 민족의 시원인 단군신화에서의 '널리 인간 세계를 이롭게 하는' 홍익인간弘益人間 정신을 실행에 옮기는 것이기도 하고요.

답은 문화입니다. 문화적으로 인류를 이롭고 행복하게 하는 국민·국가를 지향해야 합니다.

3강령

.

자신을 먼저
갖추고 난 다음,
가까운 이들, 조직 및
사회 향상에 기여해야

《대학》의 뼈대이자 요점,
3강령

공자는 《대학》의 〈경문 1장〉을 이렇게 시작합니다.

"대학의 도는 '명덕을 밝히는 데'(明明德명명덕) 있으며, '백성을 새롭게 하는 데'(新民신민) 있으며, '지극한 선에 머무는 데'(止於至善지어지선) 있다."

大學之道 在明明德 在新民 在止於至善

대학지도 재명명덕 재신민 재지어지선[1]

주희가 공자의 3강령을 해설합니다.

"대학은 성인成人을 위한 학문이다. '명明'은 '밝히는 것'을 말한다. '명덕明德'은 '사람이 하늘로부터 부여받아 신령하고 어둡지 아니하여' '여러 이치를 갖춤으로써 모든 일에 대응한다'. 그러나 기질에 구속되고 욕심이 가리면 때로 어두워진다. 그렇지만 그 본체의 밝음은 일찍이 멈춘 적이 없다. 따라서 배우는 자는 그 명덕이 나오는 바에 근거해 그것을 밝혀 처음의 상태를 회복해야 한다. '신新'은 옛것을 고치는 것을 말하는 것이니, 스스로 명덕을 밝혔으면 마땅히 다른 이들에게 나아가 그들로 하여금 오래된 더러운 것을 제거하도록 하는 것이다. '지止'는 '일정한 곳에 이르러 여기서 머문다'는 의미이고, '지선至善'은 '이치상 마땅함의 극치'를 말한다. 명명덕明明德과 신민新民은 마땅히 모두를 지선至善의 상태에 있게 해 여기서 벗어나지 않게 하는 것이니, 필히 하늘의 이치를 다하고 터럭 하나만큼의 욕심도 내지 않는 것이다. 명명덕明明德, 신민新民 그리고 지어지선止於至善 세 가지는 《대학》의 뼈대이자 요점, 즉 3강령三綱領이다."

大學者 大人之學也 明 明之也 明德者 人之所得乎天 而虛靈不昧 以具衆理 而應萬事者也 但爲氣稟所拘 人欲所蔽 則有時而昏 然 其本體之明 則有未嘗息者 故學者 當因其所發而遂明之 以復其初也 新者 革其舊之謂也 言旣自明其明德 又當推以及人 使之 亦有以去其舊染之汚也 止者 必至於是 而不遷之意 至善 則事理當然之極也 言明明德新民 皆當止於至善之地 而不遷 蓋必其有以盡夫天理之極 而無一毫

人欲之私也 此三者 大學之綱領

대학자 대인지학야 명 명지야 명덕자 인지소득호천 이허령불매 이

구중리 이응만사자야 단위기품소구 인욕소폐 즉유시이혼 연 기본체

지명 즉유미상식자 고학자 당인기소발이수명지 이복기초야 신자 혁

기구지위야 언기자명기명덕 우당추이급인 사지 역유이거기구염지

오야 지자 필지어시 이불천지의 지선 즉사리당연지극야 언명명덕

신민 개당지어지선지지 이불천 개필기유이진부천리지극 이무일호

인욕지사야 차삼자 대학지강령²

《대학》은 사실 8조목이 아닌 3강령으로 시작됩니다. 공자의 가르침을 기록한 경문經文이 3강령으로부터 시작하고, 경문經文을 설명한 증자의 전문傳文 역시 10개 장 중, 앞 1장부터 4장까지가 3강령, 뒤 5장부터 10장까지가 8조목에 관한 것입니다.

《대학》 8조목과 3강령의 체계와 의미

구분	내용								비고
의의	대인지학大人之學: 한 사람의 제대로 된 성인成人이 되기 위한 학문								대학
방법	수기치인修己治人: 자신을 먼저 갖추고 난 다음, 가까운 이들, 조직 및 사회 향상에 기여한다								주자대전
3강령	명명덕明明德					신민新民, 지어지선止於至善			대학
8조목	① 격물	② 치지	③ 성의	④ 정심	⑤ 수신	⑥ 제가	⑦ 치국	⑧ 평천하	대학
의미1	입덕立德: 덕을 갖춤					입공立功: 사회에 기여			춘추좌전
의미2	공부					실천			주자어류
의미3	자리自利(자신의 깨달음 추구)					이타利他(다른 이들을 도움)			대승불교
의미4	학문(知知)		수양(行行)		학문·수양	응용과 확장(推行추행)			성학십도

강령은 어떤 것의 뼈대이자 요점입니다. 따라서《대학》의 3강령은 바로 '한 사람의 제대로 된 성인成人이 되기 위한 학문'(大人之學대인지학)인《대학》의 뼈대이자 요점입니다. 그리고 이 3강령을 보다 구체적·실천적으로 푼 것이 바로 8조목입니다. '성인成人을 위한 학문'인《대학》을 알고자 할 때, 요체는 3강령을 통해, 현실에서의 구체적인 의미는 8조목을 통해 알아볼 수 있습니다.

공자는《대학》〈경문 1장〉에서 8조목 간의 연결을 요약합니다.

"사물에 다가가 그 이치를 궁구하고(격물格物) 난 뒤 앎이 지극해지고(치지致知), 앎을 지극히 하고 난 뒤 뜻을 참되게 할 수 있고(성의誠意), 뜻을 참되게 하고 난 뒤 마음을 바르게 할 수 있고(정심正心), 마음을 바르게 하고 난 뒤 몸을 닦아 행실이 바르게 되고(수신修身), 몸을 닦아 행실을 바르게 하고 난 뒤 한집안을 가지런히 할 수 있고(제가齊家), 한집안을 가지런히 하고 난 뒤 한 나라를 안정되게 다스릴 수 있고(치국治國), 한 나라를 안정되게 다스리고 난 뒤 천하를 평안하게(평천하平天下) 할 수 있다."

物格而后知至 知至而后意誠 意誠而后心正 心正而后身修 身修而后家齊 家齊而后國治 國治而后天下平
물격이후지지 지지이후의성 의성이후심정 심정이우신수 신수이후가제 가제이후국치 국치이후천하평[3]

주희가 공자의 8조목을 3강령과 연결해 풀이합니다.

"격물格物은 사물의 이치 지극한 곳에 이르지 않음이 없는 것이고, 치지致知는 내 마음의 아는 바가 다하지 않음이 없는 것이다. 아는 것이 지극해지면 뜻을 참되게(誠意성의) 할 수 있고, 뜻이 참되게 되면 마음을 바르게(正心정심) 할 수 있다. 수신修身까지는 명명덕明明德에 관한 것이고, 제가齊家 이후는 신민新民에 관한 것이다. 격물과 치지는 지어지선止於至善의 그 머무를 곳을 아는 것이고, 성의부터는 모두 그 머무를 곳으로 가기 위한 행동 순서다."

物格者 物理之極處 無不到也 知至者 吾心之所知 無不盡也 知旣盡則
意可得而實矣 意旣實則心可得而正矣 修身以上 明明德之事也 齊家
以下 新民之事也 物格知至 則知所止矣 意誠以下則皆得所止之序也
물격자 물리지극처 무부도야 지지자 오심지소지 무부진야 지기진즉
의가득이실의 의기실즉심가득이정의 수신이상 명명덕지사야 제가
이하 신민지사야 물격지지 즉지소지의 의성이하즉개득소지지서야[4]

주자는 8조목의 ① 격물부터 ⑤ 수신까지가 3강령의 '명명덕明明德'에 해당되고, ⑥ 제가 이후 ⑧ 평천하까지는 '신민新民'에 해당되며, 명명덕明明德과 신민新民의 결과가 곧 '지어지선止於至善'이라 말하고 있습니다.

명덕明德은 다름 아닌
'이성 능력'과 '윤리적 태도'

3강령 중 신민新民과 지어지선止於至善은 그 의미가 대체로 명확합니다.

먼저, '신민新民'은, '신新'이 '새롭게 하다.'이고 '민民'이 '백성 또는 사람'이라는 뜻이니, '백성들을 새롭게 하다.' 또는 '다른 사람들에게 좋은 영향을 미치다.' 정도의 의미입니다. 마땅히 8조목에서, 다른 이들과 관계를 맺는 ⑥ 제가~⑧ 평천하 단계가 여기에 부합합니다.

'지어지선(止於至善)'은 '지극히 좋은 상태' 의미의 '지선(至善)', '~에서' 의미의 '어(於)', 그리고 '머무르다.' 의미의 '지(止)'이니, '지극히 좋은 상태에서 함께 머무르다.' 정도의 의미로, 마땅히 '내가 먼저 좋게 바뀌고 다른 사람이 함께 좋게 바뀌게 함으로써 모두가 매우 좋은 상태에 놓이게 되는 것'을 말합니다.

그런데 명명덕明明德은 일단 '명덕明德을 밝히다(明명)'라는 말인데, 여기에서 '명덕明德'의 의미가 다소 불명확합니다.

주희는 공자가 말한 명덕明德을 《대학》〈경문 1장〉에서 이렇게 해설합니다.

"'명덕明德은 '사람이 하늘로부터 부여받아 신령하고 어둡지 아니하여' '여러 이치를 갖춤으로써 모든 일에 대응한다'. 그러나 '기질에 구속되고 욕심이 가리면 때로 어두워진다'."

明德者 人之所得乎天 而虛靈不昧 以具衆理 而應萬事者也 但爲氣稟
所拘 人欲所蔽 則有時而昏
명덕자 인지소득호천 이허령불매 이구중리 이응만사자야 단위기품
소구 인욕소폐 즉유시이혼[5]

주희는《대학》의〈격물치지보망장〉과《주자대전》에서 각각 다음과
같이 말합니다.

"노력이 꾸준히 지속되다 어느 날 문득 활연관통豁然貫通 상태에 이르게
되면 '뭇 사물들의 표리정조表裏精粗에 이르지 않음이 없고' '마음속에
전체全體와 대용大用이 밝지 않음이 없게 되니', 전자를 일러 '격물格物'이
라 하고 후자를 일러 '치지致知'라 한다."

至於用力之久而一旦 豁然貫通焉 則衆物之表裏精粗 無不到 而吾心
之全體大用 無不明矣 此謂物格 此謂知之至也
지어용력지구이일단 활연관통언 즉중물지표리정조 무부도 이오심
지전체대용 무불명의 차위물격 차위지지지야[6]

"'격물格物은 단지 '하나의 사물에 나아가 그 한 사물의 이치(理리)를 극
진히 궁구하는 것'이고, '치지致知'는 단지 '사물의 이치(理리)를 궁구하여
얻는 것'이다."

格物 只是就一物上 窮盡一物之理 致知 便只是窮得物理

격물 지시취일물상 궁진일물지리 치지 편지시궁득물리[7]

명나라 때의 유학자 등림은 주희의 〈격물치지보망장〉 해설에서 이렇게 말합니다.

"자신의 마음이 '여러 이치를 하나의 전체적 형태로 갖춰(具衆理之全體구중리지전체)' '모든 일의 적용에 대응하게 되면(應萬事之大用응만사지대용)', 그런 이유로 밝지 아니함이 없게 된다. -중략- 마음의 '전체 이치(全體전체)'와 '큰 적용(大用대용)'에 밝지 아니함이 없게 되면 그것이 곧 대학에서의 치지致知다."

吾心 具衆理之全體 應萬事之大用 亦通其故 而無不明矣 -중략- 吾心之全體大用 無不明 卽經文 知至之謂也

오심 구중리지전체 응만사지대용 역통기고 이무불명의 -중략-오심 지전체대용 무불명 즉경문 지지지위야[8]

등림에 따르면 '치지致知'는 '① 여러 이치를 하나의 전체적 형태로 갖춰'(具衆理之全體구중리지전체), '② 모든 일의 적용에 대응하는 것'(應萬事之大用응만사지대용)입니다. '① 여러 이치를 하나의 전체적 형태로 갖추는 것'(具衆理之全體구중리지전체)은 곧, '여러 개별적 사실로부터 일반적인 법칙을 끌어내는' '귀납법'에 해당합니다. '② 모든 일의 적용에 대응하는 것'(應萬事之大用응만사지대용)은 '현실 문제에 기존의 원리 또는 법칙을 적용시켜 문제를 해결하는' '연역법'에 해당합니다. 주희는 〈격물치지보망장〉에서 이 두 가지를 간단히 '전체全體'와 '대용大用'으로 나타냅니다. 인간이 '지식'을 만드는 방식인 이 두 가지 '추리' 능력은 곧 인간만이 소유한 '사고 기능(사변이성)'으로서의 '이성 능력'입니다. '치지致知'가 '이성 능력'을 의미한다는 이야기입니다.

주희의 '명덕明德' 설명에서, '사람이 하늘로부터 부여받아 신령하고 어둡지 아니한 것'[9]은 다름 아닌 '이성'입니다. "'여러 이치를 갖춤으로써' '모든 일에 대응한다'"[10]는 것은 바로 앞에서 살펴본 대로 '귀납법'과 '연역법', 즉 '사고 기능'으로서의 '이성 능력'을 의미합니다. 그리고 '기질에 구속되고 욕심이 가리면 때로 어두워진다'[11]는 것은 이성에 바탕한 사람의 '윤리적 태도'가 그렇게 된다는 것입니다.

결국, 명명덕明明德에서의 목적어 '명덕明德'은 칸트에게 있어서의 '사변이성'과 '실천이성' 등으로 구성된 '가장 넓은 의미의 이성'[12]입니다. '이성 능력'은 '사변이성'이고, '윤리적 태도'는 '실천 이성'입니다. '명덕明德'의 구체적 의미는 가장 넓은 의미의 이성, 즉 '이성 능력'과 '윤리적 태도'입니다.

'함께 잘 사는 좋은 세상', '지어지선止於至善'을 꿈꾸다

공자는《대학》〈경문 1장〉에서 말합니다.

"사물에 본本과 말末이 있고 일에는 끝과 시작이 있으니, 선후를 알게 되면 도道에 가까워진다."

物有本末 事有終始 知所先後則近道矣
물유본말 사유종시 지소선후즉근도의[13]

주희는 공자의 이 말을 이렇게 해설합니다.

"명덕明德은 본本이 되고 신민新民은 말末이 되며, 그칠 곳을 아는 것이 일의 시작이고, 일을 성취하는 것은 일의 마무리다. 본本과 시작(始시)은 먼저 해야 할 것이고, 말末과 마무리(終종)는 나중에 해야 할 것이다."

明德爲本 新民爲末 知止爲始 能得爲終 本始所先 末終所後
명덕위본 신민위말 지지위시 능득위종 본시소선 말종소후[14]

3강령의 가르침은 다름이 아닙니다. 내가 먼저 '명덕明德'인 '윤리적 태도'와 사고 기능으로서의 '이성 능력'을 갖추는 '명명덕明明德'을 하는 것입니다. 그런 다음 주위 사람들에게 선한 영향을 미쳐 그들도 이 '윤리적 태도'와 '이성 능력'을 갖춰 좋은 사람이 되게끔 '신민新民'을 합니다. 그렇게 함으로써, 지극히 좋은 상태에서 모두 함께 행복하게 사는 '지어지선 止於至善'을 이루자는 것입니다.

한마디로, 좋은 세상을 만들어 함께 잘 살아보자는 것입니다.

9장

명명덕
明明德

·

이성 능력과
윤리적 태도를
갖추어야

주자는 《대학》〈경문 1장〉에서 이렇게 말합니다.

"명덕明德은 사람이 하늘로부터 부여받아 신령하고 어둡지 아니하여, 여러 이치를 갖춤으로써 모든 일에 대응한다. 그러나 기질에 구속되고 욕심이 가리면 때로 어두워진다. 그렇지만 그 본체의 밝음은 일찍이 멈춘 적이 없다. 따라서 배우는 자는 그 명덕이 나오는 바에 근거해 그것을 밝혀 처음의 상태를 회복해야 한다."

明德者 人之所得乎天 而虛靈不昧 以具衆理 而應萬事者也 但爲氣稟 所拘 人欲所蔽 則有時而昏 然 其本體之明 則有未嘗息者 故學者 當 因其所發而遂明之 以復其初也
명덕자 인지소득호천 이허령불매 이구중리 이응만사자야 단위기품 소구 인욕소폐 즉유시이혼 연 기본체지명 즉유미상식자 고학자 당 인기소발이수명지 이복기초야[1]

인간은 '가능태(Potentiality)'로서의 '이성'을 지니고 있습니다. 칸트에 따르면 '이성'은 좁게는 '추리 능력', 즉 '알고 있는 것을 바탕으로 알지 못하는 것을 미루어 생각하는 능력'을 의미하고, 가장 넓게는 '사변이성·실천

칸트가 말하는 이성의 세 가지 차원[2]

구분	인간의 의식작용 전체							비고
	사변 이성(지식 능력 일반)			실천 이성	판단력	상상력	감정 등	
	이성	지성	감성					
	추리¹	개념화²	현상 수용³					
① 가장 넓은 의미의 이성	●	●	●	●	●	●	●	
② 넓은 의미의 이성	●	●	●					'순수이성 비판'의 이성
③ 좁은 의미의 이성	●							

1. 알고 있는 것을 바탕으로 알지 못하는 것을 미루어 생각
2. 현상을 12가지 범주로 판단해 개념화
3. 사물의 현상 수용

이성·판단력·상상력·감정 등'과 같은 '사람의 의식 작용 전체'를 말합니다. '사람이 하늘로부터 부여받아 신령하고 어둡지 아니한 것'이라면 그것은 기본적으로, 그리고 명백히 '이성'입니다.

인간 '윤리'의 근원은 둘입니다. 하나는 '선한 본성'이고 다른 하나는 칸트가 말한 '가장 넓은 의미의 이성' 요소 중 하나인 '실천이성'입니다. '실천이성'은 '스스로에게 도덕적인 실천의 의지를 규정하는 이성'입니다. 따라서 사람의 윤리를 말할 때, 그 윤리는 이 두 가지를 모두 포함합니다.

'명명덕明明德'은 '명덕明德을 밝히는 것'입니다. '명덕明德'은 하늘이 인간에게 부여한 것, 곧 '이성'입니다. 그리고 칸트의 가장 넓은 의미에서의 '이성'은 '이성 능력'과 스스로 윤리적으로 행동할 것을 규정하는 '윤리

적 태도', 둘입니다.

이 장은 첫째, '이성 - 자신의 이성 능력을 갖춰야', 두 번째, '윤리 - 윤리적 태도를 갖춰야' 순서로 알아봅니다. 참고로, '이성 능력'과 '윤리적 태도'를 향상시키는 구체적인 방법은 이 책 1장의 '격물格物 - 항상 주의 깊게 자연과 인간을 탐구해야'부터, 4장 '정심正心 - 마음이 몸의 주인이 되게 해야'까지, 8조목의 앞 1 - 4 조목에서 깊이 다루었습니다.

이성

자신의 '이성 능력'을 갖춰야

'이성을 향상시키는 것' 자체가
바로 인간이 성장하는 것

고대 로마시대의 정치가이자 철학자인 키케로는 《법률론》〈제1권〉에서 이렇게 말합니다.

"신은 인간이 다른 만물의 영장이 되기를 바랐으므로 다른 점들은 모두 접어두더라도, 인간의 본성 자체가 갈수록 발전한다는 그 점만은 분명한 것으로 보아두세. 인간의 본성은 비록 아무도 가르쳐주지 않았어도 최초의 초보적 개념에서 사물들의 종류들을 파악했고 거기서 출발해 스스로 '이성'을 강화하고 완성해 나간다네."[3]

키케로가 여기에서 말하는 본성은 인간이 타고나는 '이성'을 말합니다.

이성은 '가능태(Potentiality)'로 주어집니다. 즉, 인간이 태어날 때 '이성'을 장착하고 태어나긴 하지만 그것은 완성 형태가 아닌 불완전한 상태로입니다. 따라서 인간은 성장하면서 불완전한 '가능태' 상태의 이성을 성숙한 '현실태' 상태로 향상시켜 나갑니다. 아니 정확하게 말하면, 성장하면서 이성을 향상시켜 나가는 것이 아니라 이성을 향상시켜 나가는 것 자체가 바로 인간이 성장하는 것입니다.

사회는 사람을 성인과 미성년으로 나눕니다. 그 기준은 나이입니다. 성인과 미성년을 가르는 기준인 나이의 의미는 그 사회에서 그 정도 나이가 되면 이성이 상당히 성숙된 것으로 보자는 '사회적 합의'입니다. 그 '이성이 상당히 성숙한 것'은 생활에서 법적 권리·의무의 주체로서 사리 분별이 가능한 정도의 수준을 말합니다. 그런데 현실에서 이성 향상 속도나 이성의 정도는 사람에 따라 천차만별입니다. 어떤 이는 법적 성인이 되기 한참 전인데도 이성적으로 상당히 성숙하고, 또 어떤 이는 내일모레 손자를 볼 나이인데도 아직 이성적으로 매우 미성숙합니다. 정신장애 및 질환 등의 특별한 이유가 없는데도 나이에 비해 이성적으로 많이 미성숙하다면 그것은 전적으로 본인 탓입니다. 스스로 이성 능력 향상을 위한 노력을 게을리했기 때문입니다.

이성은 자연과 인간 그리고 사회를 항상 주의 깊게 탐구하고, 그런 탐구를 통해 자연의 이치와 인간 및 인간 집단의 속성 등을 정확히 이해하려 노력하는 과정에서 향상됩니다.

배우고, 생각하고,
그리고 실행하라

이성 능력의 향상은 먼저 '배움'과 '생각' 그리고 '실행'이 함께함으로써 이루어집니다. 공자는 《논어》〈위정〉 편에서 이렇게 말합니다.

"배우기만 하고 스스로 생각하지 않으면 제대로 알 수가 없고, 혼자 생각만 할 뿐 배우지 않으면 위험하다."

學而不思則罔 思而不學則殆

학이불사즉망 사이불학즉태[4]

직접적인 경험을 통해 배우는 것은 말 그대로 산 경험이어서 오랫동안 생생한 느낌으로 남습니다. 독서나 강의 등을 통한 간접적인 경험은 생생한 느낌은 못 주지만 적은 비용과 시간으로 많은 내용을 체계적으로 간접경험할 수 있습니다. 직접적인 경험과 간접적인 경험 두 방식은 각각 장단점이 있으면서 동시에 서로 보완적입니다.

경험은 직접적이든 간접적이든 자기 스스로 생각하는 과정을 거쳐 '자기 것'이 됩니다. 직접 경험한 것에 대해서는 대상의 속성과 현상들의 인과관계를 주로 숙고하고, 간접적 경험들은 그 내용상의 논리 적절성, 그리고 특히 주장하는 이의 관점 등이 적절한지를 따져봅니다.

생각을 통해 경험을 걸러, 그 경험이 자기 것이 되었으면, 다음에는 그것을 직접 주장하거나 실행으로 옮겨봅니다. 주장이나 실행이 기대했던 결과를 가져오거나 예상치 못한 특별한 문제를 발생시키지 않으면 그것은 이제 어느 정도 확신해도 좋은 지식이 됩니다. 그리고 그 지식을 얻기까지의 과정 숙달은 이성 능력의 향상으로 이어집니다.

《논어》〈공야장〉 편에서 "계문자가 언제나 세 번 생각하고 행동에 옮긴다는 말을 듣고 공자가 '두 번이면 족하다'라고 말했다"[5]는 내용은 생각이 지나쳐 실행이 약화되는 일이 있어서는 안 된다는 가르침입니다. 이성 능력의 향상은 '배움', '생각', 그리고 '실행'을 통해 이루어집니다.

분해하지 않으면 일깨워주지 아니하고, 애태워하지 않으면 말해 주지 아니한다

적극적으로 배우려 해야 합니다. 공자는 《논어》〈술이〉 편에서 배우는 자세에 대해 말합니다.

"분해하지 않으면 일깨워주지 아니하고, 애태워하지 않으면 말해 주지 아니하고, 네 귀퉁이 중 하나를 들어주는데도 다른 세 귀퉁이를 유추해 내지 못하면 다시는 더 일러주지 않는다."

不憤不啓 不悱不發 擧一隅不以三隅反 則不復也

불분불계 불비불발 거일우불이삼우반 즉불부야[6]

발이 네 개 달린 의자와 같은 물건에 비유한 배우는 자의 자세에 대한 가르침입니다. 네 개의 발이지만 결국 한 몸이니 하나의 발에 대해 말해 주면, 다른 세 개의 상태가 어떠한지를 곧바로 유추類推할 수 있어야 한다는 것입니다. 하나의 발에 대해 말해 주었는데도 다른 세 개의 상태를 미루어 알지 못한다면 그것은 배움에 대해 아무 생각도 없고 의욕도 없는 자세라는 것입니다. 그런 자는 가르치지 않겠다고 공자가 말한 것입니다.

《논어》〈위령공〉 편에서 공자는 다시 한 번 배우는 자의 자세를 강조합니다. "어찌해야 할까 어찌해야 할까 하고 애타하지 않는 자는 나도 어찌할 수 없다"[7]라는 내용입니다. 가르치지 않겠다는 것이 아니라 아예 가르칠 수 없다고 말하고 있습니다.

지금 너는 스스로 자신의 한계를 긋고 있다

자신의 능력에 한계를 그어서는 안 됩니다. 《논어》〈옹야〉 편에서 염구가 스승 공자에게 말했습니다. "저는 스승님의 가르침을 좋아하지 않는 것은 아니나 능력이 부족합니다."[8] 그러자 공자가 말합니다.

"능력이 부족하다고 하는 자는 도중에 그만두니, 지금 너는 스스로 자신의 한계를 긋고 있다."

力不足者 中道而廢 今女畫
역부족자 중도이폐 금여획[9]

사람들은 힘들여 노력하기 싫을 때 흔히 자신은 그럴 능력이 안 된다고 말합니다. 능력 부족은 자기 자신도 어찌할 수 없는 것이니 자기가 책임질 일이 없습니다. 마음이 편해집니다. 그런데 문제는 이런 일이 거듭되면서 자신이 퇴보하게 된다는 것입니다. 비인간적입니다. 맹자는 이런 이들을 위해 《맹자》 〈고자장구상〉에서 위로 혹은 질타를 합니다.

"무릇, 같은 무리는 대체로 서로 닮으니 어찌 유독 인간에 있어서만 그것을 의심하리오. 성인도 나와 같은 인간일 뿐이다."

凡同類者 擧相似也 何獨至於人而疑之 聖人與我同類者
범동류자 거상사야 하독지어인이의지 성인여아동류자[10]

같은 고양이나 같은 개들 간에 큰 차이가 날 일이 없습니다. 고양이들은 같은 고양이니 서로 비슷할 수밖에 없고, 개들 역시 같은 개이니 서로 비슷할 수밖에 없습니다. 사람도 마찬가지입니다. '나는 능력이 안 된다'라고 말할 것이 아니라 '나는 힘들여 노력할 생각이 없다'라고 솔직히 말해야 합니다. 그렇게 하기 싫다면 같은 인간으로서 자기 편의주의적 자기 비하를 멈추고 맹자의 경고를 받아들여야 합니다.

자본주의의 바이블《국부론》을 쓴 애덤 스미스는 이렇게 말합니다.

"예를 들어 철학자와 거리의 짐꾼처럼 전혀 다른 모습을 지닌 사람 간의 차이도 천성이라기보다는 습관, 관행 그리고 교육에서 비롯된 것으로 여겨진다."

The difference between the most dissimilar characters, between a philosopher and a common street porter, for example, seems to arise not so much from nature, as from habit, custom, and education.[11]

처음부터 사람 간에 자질 차이가 있는 것이 아니라는 이야기입니다. 누구나 공자와 같은 현자가 되고, 애덤 스미스와 같은 철학자·경제학자가 될 수 있다는 이야기입니다. 바로 그들이 했던 그것들을 따라 함으로써. 삶에서 숙제가 주어지면 능력 평가를 대기에 앞서 일단 노력해 보아야 합니다. 자신의 능력에 미리 한계를 그어서는 안 됩니다.

곤란을 겪고 난 다음에도 배우지 않는 자는 사람 중 하등이다

이성 능력이 부족하면 우리는 한 인간으로 제대로 설 수 없고 좋은 시민도 될 수 없습니다. 누군가 자신을 대리할 존재가 필요했기에 조물주는 인간에게 이성을 부여했습니다. 단, '가능태(Potentiality)'로입니다. 그 의도는 충분히 짐작이 갑니다. 가능태로 부여한 것은 이성의 기본 속성이 '자유의지'인 만큼 그 '자유의지'를 발현할 기회를 충분히 확보해 주기 위해서입니다. 처음부터 '현실태(Actuality)'로 주어진 이성이라면, 그것은 이성의 기본 속성인 '자유의지'의 활용 기회를 원천 차단하는 것이 될 테니까요. 물론 완벽한 현실태로 이성이 부여되면 그것은 바로 신 자체이니, 신이 자신을 넘볼 그런 존재를 만들 리도 만무하고요. '가능태(Potentiality)'의 이성을 향상시켜 '현실태(Actuality)'로 만드는 것은 우리 각자의 몫입니다.

우리가 살고 있는 사회, 기업, 공동체는 구성원의 상당한 이성 능력 수준을 필요로 합니다. 결국, 우리가 이성 향상에 힘을 기울이지 않으면 한 명의 괜찮은 인간으로 존재하기도 힘들고, 좋은 사회구성원도 될 수 없습니다.

공자는 《논어》〈계씨〉 편에서 배움에 대한 개인 본인의 책임을 준엄하게 묻습니다.

"태어날 때부터 아는 자는 상등이고, 배워서 아는 자는 그다음이고, 곤란을 겪은 뒤 배운 자는 그다음 다음이고, 곤란을 겪고 난 다음에도 배우지 않은 자는 사람 중 하등이다."

生而知之者上也 學而知之者次也 困而學之又其次也 困而不學 民斯
爲下矣

생이지지자상야 학이지지자차야 곤이학지우기차야 곤이불학 민사
위하의[12]

우리는 삶에서 이성 능력 부족으로 여러 가지 곤란을 겪습니다. 상황
을 정확히 읽어내지를 못하거나 자기 생각을 제대로 정리하지 못하고,
수시로 언론의 의도된 왜곡이나 정치인의 현란한 말재주에 넘어가 사회
퇴보에 일조하기도 합니다. 수시로 곤란을 겪으면서도 이성 향상에 나
서지 않는다면 그것은 공자의 지적대로 하등입니다. 자신을 존중하지
않는 행위입니다. 스스로에게 비인간적입니다.

02

윤리

'윤리적 태도'를 갖춰야

물질과 물질이 어울리면
거기에 끌려갈 뿐

《맹자》〈고자장구상〉에서 공도자가 스승인 맹자에게 "같은 사람인데 어떤 이는 대인大人이 되고 어떤 이는 소인小人이 되는 것은 무슨 까닭입니까?"[13]라고 묻자, 맹자가 "대체大體를 따르면 대인大人이 되고 소체小體를 따르면 소인小人이 되는 것이다"[14]라고 대답합니다.

공도자가 다시 묻기를, "같은 사람인데 어떤 이는 대체大體를 따르고 어떤 이는 소체小體를 따르는 것은 무엇 때문입니까?"[15]라고 말합니다. 맹자가 대답합니다.

"귀나 눈과 같은 신체 기관은 생각하는 기능이 없어 물질에 가리워지니, 물질과 물질이 어울리면 거기에 끌려갈 뿐이다. 마음은 생각할 수 있으니 생각하면 얻고 생각하지 않으면 얻지 못한다. 이것은 하늘이 인간에게만 부여한 것이니 생각하는 마음을 먼저 앞세우면 눈과 귀는 그 생각을 빼앗을 수 없다. 이것이 오로지 대인大人이 되는 이유다."

耳目之官 不思而蔽於物 物交物則引之而已矣 心之官則思 思則得之
不思則不得也 此天之所與我者 先立乎其大者 則其小者弗能奪也 此
爲大人而已矣
이목지관 불사이폐어물 물교물즉인지이이의 심지관즉사 사즉득지
불사즉부득야 차천지소여아자 선립호기대자 즉기소자불능탈야 차
위대인이이의[16]

대체大體는 사람의 마음을, 소체小體는 귀나 눈과 같은 사람의 감각을 말합니다. 그리고 대인大人은 윤리적인 이를, 소인小人은 윤리적이지 못한 이를 말합니다. 귀나 눈과 같은 감각은 물질적이어서 오로지 물질적 만족만을 추구합니다. 그 결과는 탐욕이고 탐욕은 곧 윤리에 반합니다. 생각은 사리 분별로, 의미를 추구하고 보편성을 지향합니다. 그 결과는 합리와 윤리입니다.

그래서 맹자는 감각에 이끌리는 이는 되는 대로 사는 소인小人이 되고, 생각에 의지하는 이는 윤리적인 대인大人이 된다고 말합니다.

윤리는 사람이 취할 수 있는 가장 고상한 행위로 그 자체가 목적이어야

칸트는 '정언명령定言命令(Categorical Imperative)'을 말합니다. 정언명령은 '한 행위를 그 자체로서, 어떤 다른 목적과 관계없이, 객관적-필연적인 것으로 표상하는 그런 명령[17]입니다. 칸트는 《실천이성비판》에서 말합니다.

> "너의 의지의 준칙이 항상 동시에 보편적 법칙 수립의 원리로서 타당할 수 있도록, 그렇게 행위하라."[18]

정언명령은 자기 스스로에게 내리는 자기 의무적 명령입니다.

윤리는 이성적 존재인 사람이 취할 수 있는 가장 고상한 행위로, 그 자체가 목적입니다. 아니, 목적이어야 합니다. 윤리가 목적 아닌 수단이 되는 순간 그것은 더 이상 윤리 아닌, 세상에서 가장 교활한 장사가 됩니다.

윤리적 행위를 수단으로 삼거나 윤리적 행위에 대한 보상을 혹여 기대해도 좋다면, 그 대상으로는 오직 '자기만족'으로서의 '행복'이 있을 뿐입니다. 이때의 윤리는 형식상으로는 이제 '윤리' 아닌 거래적 '합리'가 됩니다. 그런데 이때의 거래적 '합리'는 거래 상대가 타인 아닌 자기 스스로가 되며, 거래 대가로 기대하는 '행복'은 오로지 자기 자신에게만 '가치·의미'가 있을 뿐 다른 이들에게는 무용한 것이며, 거래 과정에서 필연적으로 다른 타인 누군가에게 이익을 유발한다는 특징을 지닙니다. 따라서 '자신의 행복을 위한 윤리적 행동'은 '형식상으로는' '합리'에 근거한 '이성적 행위'이지만, '내용상으로는' '이타성'에 근거한 '윤리적 행위'가 됩니다.

칸트의 '스스로에게 도덕적인 실천의 의지를 규정하는 이성'인 정언명령의 실천이성은 개인적으로는 '이성'에 해당될 수 있지만, 사회적으로는 명백한 '윤리적 행위'입니다. 그래서 칸트는 '가장 넓은 의미의 이성'에서는 이 '실천이성'을 포함하고, '넓은 의미의 이성'에서는 '실천이성'을 포함하지 않습니다.

'실천이성'이 갖는 '합리'와 '이타성' 또는 '이성'과 '윤리'의 이중성 때문입니다.

자연의 경이로움·생동감·평화로움, 가정이 주는 안도감·따스함이 아이들 성품을 온화하게 해

어떻게 하면 윤리적 태도를 향상시킬 수 있을까요? 맹자는 《맹자》 〈진심장구하〉에서 이렇게 말합니다.

"마음을 수양하는 데 욕심을 줄이는 것보다 더 좋은 방법은 없다. 그 사람됨이 욕심이 적으면 본성이 제대로 보존되지 않고 있다 할지라도 그 정도가 작을 것이고, 그 사람됨이 욕심이 많으면 본성이 보존되어 있더라도 그 정도가 작을 것이다."

養心莫善於寡欲 其爲人也寡欲 雖有不存焉者 寡矣 其爲人也多欲 雖有存焉者 寡矣
양심막선어과욕 기위인야과욕 수유부존언자 과의 기위인야다욕 수유존언자 과의[19]

사람들이 윤리적이지 못한 원인의 핵심이 바로 욕심이니 그 욕심을 줄이면 윤리가 향상될 것이라는 이야기입니다. 그런데 윤리는 그 근원에 따라 둘로 나뉩니다. 하나는 맹자의 성선설에 의한 '본성'에 근거한 윤리이고, 다른 하나는 바로 앞에서 다룬 칸트의 '이성'에 근거한 윤리입니다.

'본성'과 관련된 윤리적 태도 향상은 주로 미성년에 해당됩니다. '신동기의 인성 공부 시리즈' 1권 《부모의 인성 공부》가 바로 그것들에 대한 것입니다. 본성과 관련된 윤리는 논리적으로는 향상시킨다기보다 보존·유지하는 것입니다.

맹자의 성선설性善說을 따르면, 본성은 '선善'하니 잘 보존하고 유지해야 할 대상으로 향상의 대상이 아닙니다. 선한 본성의 보존·유지는 미성년을 대상으로 하는 만큼 부모와 선생님 등 주위 어른들의 윤리적 모범 보이기와 말로 하는 꾸준한 강조가 주효합니다. 자기 판단력인 이성이 아직 미숙한 상태인 만큼, 반복적으로 눈으로 보고 귀로 듣는 사이 자신도 모르게 화선지에 먹물 스미듯 선한 윤리적 태도가 습관으로 자리 잡도록 합니다.

따라서 평소 부모가 자녀 앞에서 물질에 지나치게 집착하는 말이나 행동을 하지 않는 것이 중요합니다. 언어 습관에서 너무 돈, 돈 하거나 평소 행동에서 물질·외형에 과도하게 신경 쓰는 모습을 보이면 자녀 역시 삶의 다른 요소들은 하찮게 여기고 오로지 돈만을 앞세우기 쉽습니다. 물질에만 삶의 의미를 두게 되는 거죠. 이때 하찮게 취급되는 삶의 요소에는 윤리적 태도뿐만 아니라 부모 등 소중한 이들에 대한 연민, 사랑도 당연히 포함됩니다.

성장하는 자녀를 위해 부모가 해주어야 할 무엇보다 중요한 일은 평소 밝고 따뜻한 환경을 조성해 주는 것입니다. 어릴 적 정서는 그 사람의 일생에 영향을 미칩니다. 자연에서 느끼는 경이로움·생동감·평화로움, 가정이 주는 안도감·따스함과 같은 것들은 사람의 성품을 온화하게 합니다. 온화함은 인·의·예·지와 같은 선한 본성과 잘 어울리고 지나친 탐욕과는 거리를 둡니다. 물론 윤리적 태도와는 매우 가깝고요.

'가치 지향적 행복론' 추구가
지나친 욕심을 줄여

'이성'과 관련된 윤리적 태도 향상은 성인에 해당됩니다. 사람들은 의식하든 의식하지 않든 예외 없이 행복을 지향합니다. 그런데 그 행복의 기준이 대부분 물질 지향적입니다. 물질 지향적 행복론은 사실 현명한 행복론이 못 됩니다. 그것은 '이성적'이지 않기 때문입니다.

물질 지향적 행복은 마땅히 '물질적 만족'을 추구합니다. 따라서 물질 지향적 행복론의 행복 공식은 '만족도=결과치/기대치[20]로 나타낼 수 있습니다.

공식에서 '만족도', 즉 '행복도'를 높이기 위해서는 '결과치'를 높이거나 '기대치'를 낮춰야 합니다. 그런데 사람들은 일반적으로 많이 가지면 많이 가질수록 '기대치'도 함께 높입니다. 그 결과, '만족도', 즉 '행복도'가 높아지지 않습니다. 기대치, 즉 욕심을 낮추거나 최소한 그대로 유지해야 하는데 그렇게 하지 못하는 거죠. 많이 가진 사람은 많이 가진 대로 적게 가진 사람은 적게 가진 대로 모두 행복하지 못한 이유가 바로 여기에 있습니다.

행복의 크기가 부의 크기와 반드시 비례하지 않는다는 '사실', 만족도 기준의 행복 공식에서 '부(결과치)'를 키우는 것 이상으로 '욕심(기대치)'을 줄일 필요가 있다는 '논리'를 인정한다면, 사람들은 행복에 대한 관점을 바꿀 것입니다. 바로 '물질 지향적(만족도 기준) 행복론'에서 '가치 지향적(자기실현) 행복론'으로입니다.

'행복 가치(Happiness Value)'를 지향하는 '가치 지향적(자기실현) 행복론'은 자신을 행복하게 하는 '행복 가치(Happiness Value)'를 성인에 이르기 전 일찍이 찾아내, 그 '행복 가치' 실현에 도움되는 '직업'을 정하고, 그 '직업'에 맞춰 '전공' 등의 경로를 정하고, 그 경로를 밟기 위해 10대 때부터 차근차근 준비를 해나가는 행복 추구 방식입니다. 일찍부터 이 계획에 따라 자신의 '행복 로드맵(Road Map for Happiness)'을 작성하고, 계속 수정·보완해 가면서 자신의 행복 실현에 한 걸음 한 걸음 접근해 가는 식이죠.²¹

행복은 이 세상 모든 이들이 바라는 궁극의 지향점입니다. 지구상 모든 동식물이 태양을 향하듯 사람들의 하루 24시간 모든 생각, 모든 행동의 초점은 자신의 '행복'입니다. 따라서 행복 실현 수단의 중심이 '물질'에서 '가치'로 바뀐다는 것은 사람들의 모든 생각과 행동의 관점이 '욕심'에서 '자기실현'으로 전환된다는 것을 의미합니다. 사람들의 '윤리적 태도'가 크게 향상될 수밖에 없습니다.

'사실'과 '논리'를 중시하고 따르는 태도는 이성에서 비롯됩니다. 이 책 'I편 8조목'의 '1장 격물格物'과 '2장 치지致知'에서 다루고 있는 내용이 바로 이성 능력을 높이는 것에 대해서입니다. 이성 능력의 향상은 보이지 않던 것을 볼 수 있게 합니다. 남들을 뒤쫓아 또는 막연하게 바라던 것을 '사실'과 '논리'의 좌표 위에 올려놓고 보게 되니 그것은 당연지사입니다.

주자는 《논어》〈양화〉 편에서 이렇게 말합니다.

"작게는 등창을 빨고 엉덩이의 치질을 핥으며 크게는 자기를 낳은 아

비와 임금을 죽이니, 모두 자신이 가진 부귀를 잃으면 어쩔까 하고 애태우는 데서 생긴다."

小則吮癰舐痔 大則弑父與君 皆生於患失而已
소즉연옹지치 대즉시부여군 개생어환실이이[22]

지나친 욕심을 자제하는 것은 '윤리적 태도' 향상을 위한 것이기 이전, 최소한 인간이 짐승의 길로 들어서지 않기 위한 것이기도 하다는 이야기입니다.

10장

신민
新民

·

사람들에게
선한 영향을
미쳐야

주자는 '백성을 새롭게 한다'는 의미의 '신민新民'에 대해 《대학》〈경문 1장〉에서 이렇게 해설합니다.

> "'신新'은 옛것을 고치는 것을 말하는 것이니, 스스로 명덕明德을 밝혔으면 마땅히 다른 이들에게 나아가 그들로 하여금 오래된 더러운 것을 제거하도록 하는 것이다."
>
> 新者 革其舊之謂也 言旣自明其明德 又當推以及人 使之 亦有以去其舊染之汚也
> 신자 혁기구지위야 언기자명기명덕 우당추이급인 사지 역유이거기 구염지오야[1]

스스로 명덕明德, 즉 '이성 능력'과 '윤리적 태도'를 갖춘 다음, 다른 이들도 자신과 같이 '이성 능력'과 '윤리적 태도'를 갖출 수 있도록 하라는 것입니다.

사람은 인지 발달 상태를 기준으로 두 부류로 나뉩니다. 미성년자와 성인 두 부류입니다. 미성년자와 성인은 사물과 상황을 받아들이는 인지 발달 수준이 다른 만큼 신민新民의 방법도 다릅니다. 먼저, 미성년자에 주효한 신민新民 방법은 '고무鼓舞'와 '진작振作'입니다.

주자는 《대학》〈전문 2장〉에서, 증자가 "백성을 새롭게 한다"[2]고 한 말을 이렇게 해설합니다.

"북을 쳐 춤추게 하는 것(鼓舞고무)을 일러 작作이라 하니, 스스로 새로운 백성으로 떨쳐(振진) 일어나게 하는 것을 말한다."

鼓之舞之之謂作 言振起其自新之民也
고지무지지위작 언진기기자신지민야[3]

'고무鼓舞'의 한자 뜻은 '북을 쳐 춤을 추게 하다'이고, 오늘날 사전적 의미는 '힘을 내도록 격려하여 용기를 북돋움'입니다. 그리고 '작作'은 뒤에 오는 한자 '진振'과 더해져, 오늘날 '진작振作'이라는 말로 쓰이며, 의미는 '떨쳐 일으킴'입니다. 고무鼓舞와 뜻이 통합니다.

북소리는 사람을 흥분시킵니다. 그래서 잔치 자리에서 흥을 돋울 때 또는 옛날 전장에서 병사들을 고무시킬 때 북을 쳤습니다. 모두 사람의 '감정'을 움직여 의도한 행동을 유도하기 위해서입니다.

사리 분별이 가능한 성인에 대한 신민新民은 가급적 상대로 하여금 자신의 자존감을 소중히 여기게 하는 방식이 바람직합니다. 자존감自尊感

은 '스스로 품위를 지키고 자기를 존중하는 마음'으로, 이성적 존재를 이성적 존재이게끔 하는 핵심 기제입니다. 자존감을 가진 이는 자신의 뇌 기능에 문제가 생겨 정상적인 사고와 행동을 할 수 없는 상황을 두려워합니다. 또, 자신이 금수와 다름없는 하찮은 존재라는 것을 스스로 인정할 수밖에 없는 상황에 놓이는 것을 고통스러워합니다.

자존감自尊感, 즉 '스스로 품위를 지키고 자기를 존중하는 마음'은 다른 데서 오지 않습니다. '이성'과 '자유의지' 속성상, 자신이라는 존재가 이 세상 모든 것들의 주체이자 중심이고 또 유일무이한 존재라는 것을 분명히 인식하고, 이성적 존재로서 진정한 '이성' 기능을 충실히 하는 데서 나옵니다. 이때의 '이성'은 앞서 말한 칸트의 '가장 넓은 의미의 이성', 즉 추리력을 중심으로 하는 '이성 능력'과 스스로 자신에게 규정한 윤리인 실천이성의 '윤리적 태도' 둘 모두를 포함한 '이성'입니다.

이 장은 두 주제로 살펴봅니다. 첫째, '신민新民의 대상 – 신민新民은 먼저 사람을 사랑하여야', 두 번째, '신민新民의 방법 – 신민新民은 상대에 맞는 적절한 방법을 취해야'입니다.

신민新民의 대상

신민新民은 먼저 사람을 사랑하여야

짐승과 함께 무리 지어
살 수는 없는 노릇이니

사람은 무리를 이루고 삽니다. 작게는 가정으로부터 크게는 지구촌의 인류사회로 무리를 이룹니다. 무리를 짓고 사는 데는 이유가 있습니다. 자연 또는 다른 인간 무리의 위협으로부터 안전을 확보하기 위해, 분업과 협업을 통한 필요 재화·용역의 충족을 위해, 감정 공유·지적 교류와 같은 교류 욕구의 충족을 위해 등 다양한 이유들입니다.

그런데 이런 인간 무리의 사회에서 만약 어느 한 사람만 탁월하게 똑똑하고 나머지는 모두 바보들이라면 똑똑한 사람 입장에서는 어떤 생각을 하게 될까요? 탁월하게 똑똑한 이는 기쁘고 행복할까요? 똑똑한 이는 다른 이들과 비교해 자기 혼자 탁월하니 기뻐할 수 있습니다. 그러나 그것은 잠시뿐이기 쉽습니다. 그는 곧 불편함과 함께 절망의 고독에 빠질 것입니다. 왜냐하면 바보들과의 분업·협업으로 이룬 안전 유지, 재화·용역의 생산 수준이 그의 기대에 못 미칠 것이고, 교류 욕구의 충족은 자기를 이해하고 인정할 수준의 친구가 없으니 아예 기대조차 할 수 없을 것이기 때문입니다.

탁월하게 똑똑한 그는 '왕을 한다면 사람 무리에서 왕을 하고 싶지, 숲 속 동물의 왕을 하고 싶지는 않다'는 생각을 하게 될 것입니다.

인간은 다른 이들보다 탁월하고자 하는 욕망을 갖지만 동시에 마음과 정신을 함께 나눌 친구를 필요로 합니다. 《논어》〈미자〉 편에서 공자가 말합니다.

"짐승과 함께 무리 지어 살 수는 없는 노릇이니, 내가 사람의 무리와 함께하지 않는다면 누구와 함께할 수 있겠는가? 세상에 도道가 서 있다면 굳이 나서서 내가 그들을 가르쳐 바꾸려 하지 않을 것이다."

鳥獸不可與同群 吾非斯人之徒與而誰與 天下有道 丘不與易也
조수불가여동군 오비사인지도여이수여 천하유도 구불여역야[4]

공자도 자신의 마음을 나누고 세상 이치를 함께 논할 친구가 필요했습니다. 그러기에 사람들을 가르쳐 그들을 향상시키는 일, 즉 신민新民은 공자에게 선택 아닌 사명이었습니다.

군자는 시간이 갈수록 위로 발전하고, 소인은 시간이 갈수록 아래로 퇴보한다

신민新民의 첫 번째 대상은 가정입니다. 공자는 《논어》〈헌문〉 편에서 말합니다.

"군자는 시간이 갈수록 위로 발전하고, 소인은 시간이 갈수록 아래로 퇴보한다."

君子上達 小人下達

군자상달 소인하달[5]

사람의 품성은 대체로 어릴 때 형성됩니다. 부모가 일상적으로 '공중도덕을 무시'하면 자녀도 '공중도덕을 무시'하는 데 거리낌이 없게 됩니다. 부모의 '불합리한 언행'이나, '본질 아닌 외면을 중시하는 태도' 역시 마찬가지입니다. 자녀는 부모의 그런 행동을 닮습니다. 그런데 문제는, 닮는 데 그치지 않고 공자의 말처럼 시간이 지나면서 점점 더 그쪽으로 심하게 기운다는 것입니다. 우리나라 속담의 '바늘 도둑이 소도둑 된다' 처럼.

자녀가 주변 사람들에게 환영받지 못하고, 성인이 되어 인생이 망가지기를 원하는 부모는 이 세상에 단 한 명도 없을 것입니다. 어떻게 해야 할까요? 방법이 있습니다. 그것도 매우 간단합니다. 자녀가 일찍이 이를테면 '소인'이 아닌 '군자' 소질을 갖도록 하는 것입니다. 그러면 시간이 지나면서 그쪽으로 더욱 기울어져 나중에 자라서는 매우 훌륭한 사람이 되고야 말 것입니다.

그렇게 하기 위해서는 부모가 일찍부터 자녀의 '이성 능력'과 '윤리적 태도'를 높이는 신민新民을 해야 합니다. 그런데 가정에서의 신민新民은 비교적 어렵지 않습니다. 가정교육은 '보고 배우는 것'이 주효한 만큼 부모만 꾸준히 '모범'을 보이면 됩니다. 항상 공중도덕을 지키고, 타인의 고통을 외면하지 않고, 이성 향상과 사물·상황의 본질을 읽는 데 도움이 되는 책을 가까이하는 것입니다.

'왜 윤리적이지 않으면 안 되는가(Know-Why)?'가 윤리 교육의 주제가 되어야

신민新民의 두 번째 대상은 생산활동을 하는 회사입니다. 5륜 중 하나인 군신유의君臣有義의 오늘날 의미는 '조직의 상사와 부하 사이에는 옳음(義의)이 있어야'입니다.

기업과 같은 조직은 기본적으로 윤리적이지 않으면 지속 가능할 수 없습니다. 오늘날 사회적으로 강조되는 ESG(Environment·Social·Governance) 같은 기업의 사회적(비재무적) 책임에 대한 것을 특별히 고려하지 않더라도 그렇습니다.

　기업활동은 '분업'과 '협업'으로 이루어집니다. 기업은 유기체 자체가
아닌 이상 완벽하게 유기적으로 움직일 수 없습니다. 모든 구성원이 최
대한 자발적으로 협조할 때 가까스로 진짜 유기체에 어느 정도 가깝게
돌아갈 수 있습니다. 자발적인 협조가 이뤄지려면 기업이 지향하는 가
치가 '윤리적'이어야 하고, 또한 구성원 모두가 '윤리적'이어야 합니다.

　또, 분업과 협업 체계에서 의사소통과 협업이 제대로 이뤄지는 데는
구성원의 상당한 '이성 능력'이 요구됩니다. 그런데 대부분 기업에서 '이
성 능력' 향상을 위한 신민新民은 사실 크게 문제되지 않습니다. 사내외
연수 등을 통해 상시적으로 '이성 능력' 향상을 위한 교육이 이뤄지기 때
문입니다. 기업 신민新民에 있어 문제는 주로 '윤리적 태도' 향상과 관련
된 신민新民입니다.

　기업에서 '윤리적 태도'의 향상을 위한 교육 역시 이뤄집니다. 그런
데 그 내용이 주로 '무엇이 윤리인가(Know-What)?'에 초점이 맞춰져 있
습니다. 윤리 관련 문제가 발생했을 때 본인이 '무엇이 윤리인가(Know-
What)?'를 몰라 문제를 일으키는 경우는 사실 거의 없습니다. 윤리적으
로 문제가 있다는 것을 번연히 알면서도 잘못을 저지르는 경우가 대부
분입니다. 그 사람의 가슴속에 '자발적 윤리 브레이크가'가 마련되어 있
지 않기 때문입니다.

　윤리 교육의 주제가 '무엇이 윤리인가(Know-What)?'가 아닌, '왜 윤리적

이지 않으면 안 되는가(Know-Why)?'로 바뀌어야 합니다. 그것은 단순한 지식이 아닌 철학의 영역이고, 당위를 넘어선 이성적 윤리의 영역입니다. '왜 윤리적이지 않으면 안 되는가(Know-Why)?' 주제의 신민新民은 사람들에게 자신의 존재 의미, 그리고 앞으로 자신이 살아가야 할 삶의 방향과 같은 것들을 진지하게 생각하게 합니다. 그 결과, 사람들은 각자 자신의 가슴속에 '자발적 윤리 브레이크' 하나를 장착합니다.

삼류를 대리인으로 선택한 국민 vs. 절망의 바다를 희망의 역사로 바꾼 자기희생적 국민

신민新民의 마지막 세 번째 대상은 사회입니다. 국민은 일류인데 기업은 이류, 정치는 삼류라는 말을 자주 듣습니다. 일부 정치인들의 몰염치와 기상천외한 궤변을 보고 듣다 보면 정치가 삼류라는 지적은 분명 맞습니다. 그런데 국민이 일류라는 데는 일단 머리가 갸웃합니다. 동의하기 어렵습니다. 논리상으로 어폐가 있기 때문입니다. 한 사회의 주인은 국민이고, 그 국민이 대리인으로 선택한 이들이 바로 정치인들일진대, 일류가 형편없는 삼류를 자신들의 대리인으로 선택할 리 만무하기 때문입니다.

우리나라에 여행 온 외국인이 수백만 원의 현금을 분실했습니다. 그런데 시민의 신고로 몇 시간 지나지 않아 그 돈을 되찾았습니다. 2007년 12월 7일 서해안 태안 앞바다에 1만 2,547kl의 원유가 유출되었습니다.

전국에서 연인원 130만 명이 자원봉사로 나서 24개월 만에 바다를 다시 사고 이전으로 되돌렸습니다. 수백만 원의 분실된 현금을 찾아주고 서로 내 일처럼 나서 기름 범벅의 바다를 원상회복한 기적을 보면 분명 우리나라 국민은 일류입니다.

삼류를 대리인으로 선택한 국민과 절망의 바다를 희망의 역사로 바꾼 자기희생적 국민은 서로 다른 국민이 아닙니다. 같은 국민입니다. 무엇이 문제일까요?

공자의 명덕明德은 '이성 능력'과 '윤리적 태도'입니다. 21세기 우리나라 사회의 불행은 적지 않은 정치인이 '윤리적 태도'를 심각하게 결여하고 있다는 것입니다. 그리고 스스로의 손으로 그런 저열한 이들을 선택한 것을 볼 때 국민 역시 '이성 능력'에 결함이 있다는 것을 인정하지 않을 수 없습니다. '사실'과 '논리'에 근거한 이성에 눈감고, 허상·감정·탐욕에 무젖어 자신들의 대리인을 선택한 것이라고 생각할 수밖에 없습니다.

'윤리적 태도'로는 작은 것 하나라도 내 것 아니면 탐하지 않고 불가능을 기적으로 바꿀 정도의 이타성을 지니면서, '이성 능력' 행사에 있어서는 투철하지 못한 것이 바로 우리의 모습입니다.

국민이 일류이고, 기업이 일류이고, 정치도 일류인 그런 지어지선止於至善의 나라

수신·제가·치국·평천하修身齊家治國平天下와 명명덕·신민·지어지선明明德·新

民·止於至善의 핵심은 다름 아닌 '이성 능력'과 '윤리적 태도'입니다. 수신과 명명덕의 구체적인 대상이 바로 '이성 능력'과 '윤리적 태도'이고, 그것을 가정·직장·사회에 확산시켜 나가는 것이 제가·치국·평천하와 신민新民의 실체이고, 그 결과인 지어지선止於至善이 바로 고양된 '이성 능력'과 높은 수준의 '윤리적 태도'를 지닌 사람들이 모여 사는 상식적인 사회, 공정한 사회, 품격 있는 사회이니까요. 그렇다면 우리 사회를 대상으로 한 신민新民은 어떻게 해야 할까요?

해법 자체는 명료합니다. 국민들이 명덕明德, 즉 '이성 능력'과 '윤리적 태도' 중 부족한 부분인 '이성 능력'을 회복하는 것입니다. 허상·감정·탐욕이 아닌 사실과 논리에 입각해 신중하게 대리인을 선택하는 것입니다. 그러면 시간이 지나면서 정치에서 몰상식·몰염치한 궤변들이 사라지고, 그 빈 공간을 공정과 윤리가 채우게 될 것입니다.

우리가 할 일은 단순히 '사실'과 '논리'에 비춰 진지하게 우리의 대리인을 선택하는 정도입니다. 그런데 그 결과는 사회 전체의 '이성 능력'과 '윤리적 태도'의 고양입니다. 2,500년 전 공자가 꿈꾸고, 이후 2,500년 내내 동양사회의 염원이었던 수신·제가·치국·평천하修身·齊家·治國·平天下의 지어지선止於至善이 21세기 이 땅에서 실현되는 것입니다.

'국민이 일류이고, 기업이 일류이고, 정치도 일류'인 그런 지어지선止於至善의 나라. 세계인이 부러워할 나라를 국민 각자가 마음 한번 크게 고쳐먹으면 가능한 일이라니! 한번 해볼 만하지 않습니까?

공자는 사람들을 가르치기를 끝까지 포기하지 않았습니다. 사람을 수단 아닌 목적으로 여겼기 때문입니다. 인간은 다행인지 불행인지 운명적으로 이성적 존재로 태어났습니다. 따라서 인간은 누구나 이성적 존재로 살 수밖에 없습니다. 이성적 존재는 마땅히 이성을 고양시킬 때, 그리고 짐승과 달리 인간의 도리를 다할 때 행복합니다.

명명덕明明德을 하고, 그리고 신민新民에 나서는 것은 매우 인간적입니다. 인간을 매우 사랑하지 않는다면 가능하지 않은 일입니다. 아니, 아예 나서지도 않을 일입니다.

신민新民의 방법

신민新民은 상대에 맞는 적절한 방법을 취해야

배우는 자의 자질과 상황에 맞춰
가르치는 내용과 방법을 달리해야

자로가 《논어》〈선진〉 편에서 스승인 공자에게 "배운 것은 곧 행동에 옮겨야 합니까?"[6]라고 묻자, 공자가 "아비와 형이 있으니, 어찌 배웠다고 그것을 곧장 행동에 옮길 수 있겠느냐?"[7]라고 대답합니다. 이번에는 염유가 스승인 공자에게 똑같이 묻습니다. "배운 것은 곧 행동에 옮겨야 합니까?"[8] 공자가 "배운 대로 행동에 옮겨야 한다"[9]라고 대답합니다.

그러자 다른 제자 공서화가 "자로가 '배운 것은 곧 행동에 옮겨야 합니까?' 하고 물으니 스승님께서 '아비와 형이 있지 않느냐' 하시고, 염유가 '배운 것은 곧 행동에 옮겨야 합니까?' 하고 물으니 스승님께서 '배운 대로 행동에 옮겨야 한다'라고 말씀하시니, 제가 헷갈려서 감히 여쭙니다"[10]라고 묻습니다. 그러자 공자가 대답합니다.

"염유는 매사에 망설이니 바로 행동으로 옮겨야 한다고 말한 것이고, 자로는 매사에 곧이곧대로 실행에 나서니 너무 서두르지 않도록 한 것이다."

求也 退故進之 由也 兼人故退之
구야 퇴고진지 유야 겸인고퇴지[11]

자로와 염유는 둘 다 공자의 공문십철孔門十哲(공자의 제자 가운데 특히 학덕이 뛰어난 10명. 안회, 민자건, 염백우, 염옹, 재아, 자공, 염유, 자로, 자유, 자하를 이른다)에 들어가는 제자들입니다. 그런데 두 사람은 성격이 대조적이었습니다. 자로는 소박하면서 성급하고 거친 직진형이었습니다. 그래서 공자는 자로에게 옳다고 해서 무조건 덤벼들어 일을 저지르지 말고 아비와 형의 이야기도 들으면서 천천히 행동으로 옮기라고 타일렀습니다.

염유는 '일문삼현一門三賢', 즉 배다른 형인 염백우, 염옹과 함께 3형제가 공문십철孔門十哲에 속합니다. 염유는 정치와 이재에 능했습니다. 그러나 성격이 매우 소극적이었습니다. 스스로 자신의 능력에 한계를 긋는 인물이었습니다. 그래서 그것을 잘 알고 있는 공자가 그에게는 배운 것을 곧바로 실행에 옮겨야 된다고 말했습니다.

공자의 가르침은 요즘 말로 눈높이 교육입니다. 배우는 자의 자질과 상황에 맞춰, 가르치는 내용과 방법을 달리하는 맞춤 교육 방식입니다.

미성년자에 대한 신민新民은 어른들의 모범, 부모·선생님과의 대화 그리고 독서가 주효

'이성 능력'과 '윤리적 태도' 향상을 돕는 신민新民의 대상은 이성 성숙도를 기준으로 크게 미성년자와 성인으로 나눌 수 있습니다. 미성년자와 성인은 사리 분별 능력에 차이가 있는 만큼 신민新民의 방법과 수단, 신민新民을 통해 기대하는 목표가 다릅니다. 즉, 사리 분별 능력 정도에 맞춰 '이성 능력'과 '윤리적 태도'의 향상 방법을 달리합니다.

먼저, 미성년자를 대상으로 한 신민新民의 '이성 능력' 향상 목표는 '상식 갖춘 민주시민'입니다.

신민新民 방법 요약

신민의 대상		주요 방법	주요 수단	목표
미성년	이성 능력	고무, 진작	모범, 대화, 독서	상식 갖춘 민주시민
	윤리적 태도			선한 본성의 보존
성인	이성 능력	자존감 정립	독서, 강의	생각하는 민주시민
	윤리적 태도			'자발적 윤리 브레이크' 마련

만 19세면 고등학교를 졸업할 나이입니다. 일반계 고등학교를 기준

으로 할 때, 고등학교 졸업은 아직 한 명의 직업인으로는 준비가 부족한 상태입니다. 그러나 국가 주인으로서의 시민의식은 충분히 갖출 수 있는 때입니다. 초·중·고 12년간 사회과목에 충실했다면 경제체제 구분인 자본주의와 사회주의(또는 공산주의) 각각의 장단점, 정치체제 구분인 민주주의와 권위주의(또는 전제주의, 독재) 각각의 본질 정도는 헷갈릴 일이 없고, 시민 된 자로서의 권리와 의무의 균형에 대해서도 충분히 인지되어 있을 때입니다.

혹시라도 경제체제와 정치체제를 혼동하고, 권리와 의무의 균형이라는 대원칙을 망각하고, 자유·평등 개념을 자기 편의적으로 인식하고, 시민의 공복일 뿐인 대통령을 조선시대의 왕과 같은 상전으로 여기는 이가 있다면 그것은 교과과정의 문제가 아닌 입시 위주의 잘못된 학습 방식, 개인의 사회과목 학습 소홀 등 때문이라 할 수 있습니다.

미성년자에 대한 '윤리적 태도' 향상의 목표는 기본적으로 '선한 본성의 보존'입니다. 선한 본성을 타고난 존재인 인간은 일단 윤리적으로 그 선한 본성을 잘 보존하고 강화하는 것이 중요합니다. 사고와 행동 습관에 있어 자연스럽게 선한 쪽으로 생각하고 행동하게끔 마음과 몸에 익혀야 합니다.

미성년자의 '상식 갖춘 민주시민'과 '선한 본성의 보존'은 주위 어른들의 모범, 부모·선생님과의 대화 그리고 독서 등을 통해 정신과 몸에 익힐 수 있습니다.

이 중 무엇보다 강력한 방법은 주위 어른들의 일상에서의 '모범'입니다. 부모와 선생님이 정치·경제·문화 등에 대한 기본적인 소양과 올바른 시민의식을 지니고, 행동으로 평소 아이들에게 보여주면 아이들은 가랑비에 옷 젖듯 올바른 시민의 소질을 갖추게 됩니다.

두 번째는 '대화'입니다. 부모·선생님과의 대화를 통해 아이들은 암기나 습관 이상의, 이성·윤리에 대한 '원리 이해'를 할 수 있습니다. 이때 익힌 원리는 아이의 평생 원칙으로 자리 잡기 쉽습니다. 대화를 통한 학습은 아이들만 성장시키지 않습니다. '가르치고 배우는 과정에서 가르치는 이와 배우는 이가 함께 성장하는' 교학상장敎學相長'이 이뤄집니다.

'독서'는 부모·선생님이 채워주지 못한 이성과 윤리의 깊이와 넓이를 채워주고, 더불어 스스로 생각하는 힘을 길러줍니다. '이성'은 기본적으로 사고력이지만 사고력에 앞서 어휘력, 그리고 개념 및 지식 배경에 대한 이해를 필요로 합니다. 책은 이것들을 제공하는 핵심 수단입니다. 물론 책은 읽는 이로 하여금 생각을 하게 만듭니다. 그런데 이때의 책 읽기는 비판적 책 읽기여야 합니다. 독서는 저자와 대화를 하는 것이지 그냥 저자를 추종하는 것이 아닙니다. 대화의 힘은 책을 많이 읽을수록, 또 읽어도 원리를 다룬 책을 많이 읽을수록 더욱 강력해집니다.

미성년에 대한 신민新民의 주요 방법은 고무鼓舞와 진작振作입니다. 사람이 어리다는 것은 아직 성장하는 중이고, 생각과 행동에 이성보다 감정이 더 크게 작용한다는 이야기입니다. 따라서 대상이 어릴수록 그 신민新民 방법은 미래를 향한 가능성에 촛점을 맞춘, 감정을 북돋우는 고무鼓舞·진작振作과 같은 방식이 적절합니다.

성인의 신민新民은 '생각하는 민주시민'과 '자발적 윤리 브레이크 마련'으로 완성

성인을 대상으로 하는 신민新民, 즉 '이성 능력'과 '윤리적 태도'의 향상 목표는 '생각하는 민주시민'과 '자발적 윤리 브레이크 마련'입니다. 성인成人은 인간으로서 완성된 존재라는 의미입니다. 그것은 곧 현실적으로 이성 능력이 상당히 갖춰진 인간이라는 이야기입니다.

이성 능력이 갖춰졌다면 그는 정치·경제·문화적으로 건강해야 합니다. 그것은 곧 '정치적'으로는 한 사회의 주인인 시민으로서 주어진 권리와 의무를 다할 수 있어야 하고, '경제적'으로는 독립적으로 자신과 가족의 생계를 책임질 수 있어야 하고, '문화적'으로는 독립된 이성적 존재로서 '스스로 품위를 지키고 자기를 존중하는 마음'인 자존감自尊感이 정립된 상태여야 합니다.

'생각하는 민주시민'은 한 사회의 주인 된 역할을 하되, 그 역할은 학교교육·개인적 경험·독서 등을 통해 축적된 상식과 지식에 입각해 자기 스스로의 독립적 생각에 의한 것이어야 합니다.

인간 사회에는 언제나 기득권 세력이 존재합니다. 기득권 세력은 끊임없이 그 사회구성원들을 그들의 기득권 유지에 유리한 방향으로 유도하려 합니다. 따라서 상식과 지식에 입각해 스스로 독립적인 생각을 하지 못하면 우리는 자신도 모르는 사이 누군가에게 조종되는 마리오네트로 전락합니다. 그렇게 되면 우리는 시민도 아니고, 한 사회의 주인도 아니고, 심지어 독립된 이성적 존재도 아니게 됩니다. 사회 역시, 이름만 민주주의이지 현실은 동물의 왕국이 됩니다. 한 줌밖에 안 되는 육식동물 야수들이 대다수의 순한 초식동물을 지배하는 동물의 왕국.

'자발적 윤리 브레이크'는 '한 사람의 이성 중심에 자리한 최고법정으로, 자신의 자유의지와 신념으로 세운 윤리 잣대로 자신의 행위에 대해 스스로 판단을 내리는 기제'입니다. '자발적 윤리 브레이크'는 자존감自尊感에 근거합니다. '스스로 품위를 지키고 자기를 존중하는 마음'인 그 자존감입니다.

사람은 자유와 자기 의지를 가진 이성적 존재인 이상, 비이성적 존재의 속성을 회피하면서 이성적 존재만의 고유 속성에 충실할 때 스스로를 존중할 수 있고 또 인간적으로 진실로 행복할 수 있습니다.

탐욕은 다른 동물들에게도 있고 인간에게도 있습니다. 다른 동물들에게서는 찾아볼 수 없으면서 오직 인간에게만 가능한 것은 이타적 행동, 즉 윤리입니다. 그런데 윤리는 현실에서 자연스러운 경향이 아닙니다. 자기 의지가 작용하지 않으면 취하기 어렵습니다. 인간은 '자기의지'로 '윤리적'이기를 선택할 때 스스로를 존중하게 되고, 또 행복합니다. 인간만의 고유 속성인 '윤리적 행동'을 선택해서 그렇고, 마찬가지로 인간만의 고유 속성인 '자기 의지'를 적극적으로 활용해서 그렇습니다.

자존감을 가진 이는 자신이 짐승과 다름없음을 인정하지 않으면 안 되는 상황에 놓일 것을 가장 두려워합니다. 자존감을 중요하게 여기는 이들은 자신의 가슴속에 '자발적 윤리 브레이크' 하나 모두 장착하고 있기 때문입니다.

'생각하는 민주시민'과 '자발적 윤리 브레이크 마련'을 위한 주요 수단은 성인인 만큼 독서와 강의입니다. 그런데 이때 중요한 것은 책과 강의가 다루고 있는 내용의 깊이입니다. 책과 강의는 고전과 같은 본질, 원리를 다루고 있는 내용이 좋습니다. '생각하는 민주시민'으로서 사람의 말과 사회현상의 이면까지 읽어내는 능력을 키우기 위해 그렇고, '자발적 윤리 브레이크 마련'은 '무엇이 윤리인가(Know-What)?'가 아닌 '왜 윤리적이지 않으면 안 되는가(Know-Why)?'의, 철학으로서의 윤리 영역이기 때문에 그렇습니다.

여기에서는 신민新民의 대상을 일률적으로 미성년자와 성인 둘로 나눴습니다. 현실에서는 미성년자보다 더 미성숙한 성인도 많고, 반대로 성인보다 더 성숙한 미성년자도 당연히 있습니다. 그때는 마땅히 거기에 맞춰 신민新民의 방법과 수단을 선택하고 목표도 정해야 할 것입니다.

11장

지어지선
止於至善

·

지선至善의
마무리,
그것은
인성人性

공자가 《대학》〈경문 1장〉에서 말합니다.

"머물 곳(止지)를 알면 정해진 목표(定정)가 서고, 정해진 목표가 서면 안정(靜정)될 수 있고, 안정되면 편안(安안)할 수 있고, 편안하면 숙려(慮려)할 수 있고, 숙려하면 정한 목표를 달성(得득)할 수 있다."

知止而后有定 定而后能靜 靜而后能安 安而后能慮 慮而后能得
지지이후유정 정이후능정 정이후능안 안이후능려 여이후능득[1]

주희가 공자의 말을 해설합니다.

"머물 곳(止지)은 마땅히 멈춰야 할 곳이니 바로 지선至善이 있는 곳이다. 지선至善을 알면 마음속에 정한 방향이 있게 된다. 안정(靜정)은 마음이 이리저리 헤매지 않는 것을 말한다. 편안함(安안)은 불안이 없는 상태를 말한다. 숙려(慮려)는 일을 꼼꼼하게 처리하는 것을 말한다. 목표 달성(得득)은 머물 곳에 이른 것을 말한다."

止者 所當止之地 卽至善之所在也 知之則志有定向 靜謂心不妄動 安

謂所處而安 慮謂處事精詳 得謂得其所止

지자 소당지지지 즉지선지소재야 지지즉지유정향 정위심불망동 안
위소처이안 여위처사정상 득위득기소지[2]

'지어지선止於至善'은 '머무를' '지止', '~에서' 의미의 '어於', '지극할' '지至',
'좋을' '선善'으로, '지극히 좋은 곳에서 함께 머무르다'는 의미입니다. 공
자와 주희는 '머무를 곳'인 지선至善, 즉 '지극히 좋은 상태'를 알면 목표가
정해지고, 목표가 정해지면 헤맬 일이 없고, 헤맬 일이 없으면 마음이
편하고, 마음이 편하면 생각을 깊이 할 수 있어 결국 목표인 '지극히 좋
은 상태'에 이를 수 있다고 말합니다.

격물格物·치지致知·성의誠意·정심正心·수신修身·제가齊家·치국治國·평천하平
天下 8조목은 궁극적으로 '지선至善'으로 가기 위한 것이고, 지어지선止於至
善과 함께 3강령을 이루는 명명덕明明德·신민新民 역시 마땅히 '지선至善'에
이르기 위한 것입니다. '지선至善'은 일의 시작이고, 일의 마무리입니다.

그렇다면 지선至善, 즉 '지극히 좋은 상태'는 구체적으로 어떤 모습일까
요? 이상 아닌 현실에서 '지극히 좋은 상태'는 어디까지 기대해도 좋을
까요?

이 장은 두 주제로 살펴봅니다. 첫째, '역사의 의미 - 인류의 역사는 지
선至善을 향한 장도長途', 둘째, '이성의 향상 - 지선至善의 마무리, 그것은
인성人性'입니다.

역사의 의미

인류의 역사는 지선^{至善}을 향한 장도^{長途}

대승불교의 지선^{至善},
'상구보리 하화중생^{上求菩提 下化衆生}'

대승불교에서는 교도들을 '보살^{菩薩}'이라 부릅니다. '깨달음을 추구하는 중생'이라는 의미입니다. '보살^{菩薩}'은 '보리살타^{菩提薩埵}'의 약어이고, '보리살타^{菩提薩埵}'는 고대 인도어 'Bhodhi-Sattva'의 한자 음역어입니다. 'Bhodhi'는 '지혜', '깨달음'을 의미하고 'Sattva'는 '중생'을 의미하니 둘이 합해진 'Bhodhi-Sattva', 즉 보리살타 또는 보살은 '깨달음을 추구하는 중생'이 됩니다.

대승불교에서 보살의 삶은 '상구보리 하화중생^{上求菩提 下化衆生}'을 실천하는 것입니다. '위로는 불교의 지혜인 보리^{菩提}를 추구하고, 아래로는 고통받는 중생^{衆生}들을 교화해 지혜를 얻을 수 있도록 한다'는 의미입니다.

한마디로 보살은 두 가지를 추구합니다. 자신의 깨달음과 다른 이들도 깨달을 수 있도록 돕는 것입니다. 전자는 '스스로 깨달음이라는 이익을 추구하는' '자리^{自利}'를 하는 것이고, 후자는 '다른 이들도 깨달음이라는 이익을 갖도록 도와주는' '이타^{利他}'를 하는 것입니다. '자리^{自利}'를 하는 것은 '지혜^{智慧}'를 추구하는 것이고, '이타^{利他}'를 하는 것은 '자비^{慈悲}'를 베푸는 행위입니다.

따라서 대승불교의 보살은 '상구보리 하화중생^{上求菩提 下化衆生}'의 기치 아래, '자리^{自利}'를 통해 자신의 '지혜^{智慧}'를 추구하고 '이타^{利他}'를 통해 다른 이들에게 '자비^{慈悲}'를 행함으로써, 탐욕의 사바세계를 부정잡예가 사라진 청정의 불국토로 만들고자 합니다. 한마디로 '좋은 세상'을 만들자는 이야기입니다.

미국 〈독립선언서〉와 프랑스 〈프랑스 인권선언〉의 지선^{至善}, '자유롭고 평등한 세상'

오늘날 민주주의의 본격적인 역사는 1776년 미국의 건국과 1789년 프랑스혁명으로부터 시작됩니다.

1774년 봄, 영국 의회가 식민지였던 북미의 보스턴 항구 폐쇄 등을 내용으로 하는 법을 통과시키자 북미 13개 주는 1차 대륙회의를 엽니다. 그리고 이듬해 무력 투쟁에 들어가고 다시 1년 뒤인 1776년 7월 4일 마침내 영국으로부터 독립을 선언하는 〈독립선언서〉를 발표합니다.

〈독립선언서〉는 선언 이유를 밝힌 후, 이어 "모든 인간은 평등하게 태어났고, 창조주는 양도할 수 없는 일정한 권리를 인간에게 부여했으며, 생명권과 자유권과 행복 추구권은 이러한 권리에 속한다"[3]라고 말합니다.

일찍이 인류사에 존재한 적 없었던, '모든 사람이 평등하고 자유롭고 자기의 행복을 추구할 수 있는' 신세계를 선언합니다.

프랑스대혁명은 1789년 7월 14일 파리 시민의 바스티유 감옥 공격으로 본격적으로 불타오릅니다. 한 달 여가 지난 1789년 8월 26일 국민의회는 〈프랑스 인권선언〉을 발표합니다.

"제1조 인간은 자유롭고 평등한 권리를 지니고 태어나서 살아간다. 사회적 차별은 오로지 공공이익에 근거할 경우에만 허용될 수 있다", "제3조 모든 주권의 원리는 본질적으로 국민에게 있다. 어떤 단체나 개인도 국민으로부터 직접 나오지 않는 어떤 권력도 행사할 수 없다"[4]와 같은 내용들입니다.

북미에 이어 이번에는 구대륙의 프랑스에서 지금까지 없었던 신세계를 선언합니다. 모두, 모든 사람이 행복할 수 있는 좋은 세상을 만들겠다는 선언입니다.

토머스 모어의 지선至善,
'유토피아'

르네상스 영향을 크게 받은 토머스 모어는 1516년《유토피아》를 씁니다.

유토피아에서는 하루 6시간 일하고 8시간 잠을 잡니다. 저녁을 먹고 난 다음에는 오락을 하면서 쉽니다. 필요한 물건이 있으면 시장의 창고에 가서 들고 옵니다. 돈을 지불할 필요 없이 그냥 가져오면 됩니다. 모든 것이 공유이기 때문입니다.

금은으로는 오줌 누는 요강을 만들거나 노예를 묶는 사슬과 족쇄를 만들어 사람들이 금은을 경멸하도록 합니다. 국가는 꼭 필요한 일 말고는 시민들이 육체적 봉사에서 벗어나 정신적 자유와 교양의 함양에 전념하도록 합니다. 거기에 삶의 행복이 있기 때문입니다.[5]

토머스 모어가《유토피아》를 쓴 이유는 당시 영국 사회가 안고 있는 여러 악폐들을 지적하기 위해서였습니다. 남의 등에 올라타 빈둥빈둥 살아가는 유한계급들, 전쟁을 즐기는 군주, 수백 년간 대를 이어 농사를 지어왔던 농노들의 공유지에 대한 영주들의 사유화 시도, 즉 인클로저 (Enclosure) 같은 부당한 현실을 비판하기 위해서였습니다.

'존재하지 않는(U)' '땅(topia)'이지만, 중세 끝자락을 곤고히 버티며 살아가는 이들에게 희망의 메시지를 주기 위한 것이었습니다. 어느 시대 어느 곳에서나 가난한 이들이 꿈꾸는 염원의 이상향, '좋은(U)' '땅(Topia)' '유토피아(Utopia)' 말입니다.

공자의 지선至善,
'대동사회'

유토피아는 동양 고대에도 있었습니다. 바로 《예기》에서 공자가 말한 대동사회가 그것입니다. 《예기》〈제9예운〉편에서 공자가 말합니다.

"큰 도가 행해지면 천하가 만인의 것이 된다. 어진 이와 능력 있는 이를 선발해 신의를 가르치고 화목을 닦게 하니 사람들이 제 부모만을 부모로 여기지 않고 제 자식만을 자식으로 여기지 않는다. 노인들이 편안하게 삶을 마칠 수 있도록 하며, 장정들에게는 할 일이 주어지고, 아이들은 마음껏 자라게 한다. 홀아비와 과부, 고아와 자식 없는 노인 그리고 병든 이들이 모두 먹고살 수 있도록 하고 남자들은 모두 직업이 있고 여자들은 모두 시집을 간다. 재물은 헛되이 낭비되는 것을 싫어하니 사람이 혼자 움켜쥐고 있을 수 없고, 힘은 사람의 몸 안에 갇혀 있기를 싫어하니 자기 자신만을 위해 사용할 수 없다. 이렇게 되면 자기 개인 이익만 꾀하는 생각이 사라지게 되어 도둑과 반란이 사라지고 사립문을 잠글 필요가 없게 된다. 이런 세상을 일러 대동大同이라 한다."

大道之行也 天下爲公 選賢與能 講信脩睦 故人不獨親其親 不獨子其子 使老有所終 壯有所用 幼有所長 矜寡孤獨廢疾者 皆有所養 男有分女有歸 貨惡其棄於地也 不必藏於己 力惡其不出於身也 不必爲己 是故謀閉而不興 盜竊亂賊而不作 故外戶而不閉 是謂大同
대도지행야 천하위공 선현여능 강신수목 고인부독친기친 부독자기

자 사로유소종 장유소용 유유소장 긍과고독폐질자 개유소양 남유분
여유귀 화오기기어지야 불필장어기 역오기불출어신야 불필위기 시
고모폐이불흥 도절란적이부작 고외호이불폐 시위대동[6]

대동大同은 동양의 유토피아였습니다. 사유재산이 사라진 사회, 그것
이 공자에게는 지상천국이었습니다.

마르크스의 지선至善,
'공산사회'

마르크스는 《독일 이데올로기》와 《고타강령 초안 비판》에서 각각 이
렇게 공산사회를 그리고 있습니다.

"내가 하고 싶은 그대로 오늘은 이 일 내일은 저 일을 하는 것, 아침에
는 사냥하고 오후에는 낚시하고 저녁에는 소를 치며 저녁 식사 후에는
비판하는 것."[7]

"공산주의 사회의 더 높은 단계에서, 즉 개인이 분업에 복종하는 예속
적 상태가 사라지고 이와 함께 정신노동과 육체노동 사이의 대립도 사
라진 후에; 노동이 생활을 위한 수단일 뿐만 아니라 그 자체가 일차적
인 생활 욕구로 된 후에; 개인들의 전면적 발전과 더불어 생산력도 성
장하고, 조합적 부의 모든 분천이 흘러넘치고 난 후에 ─ 그때 비로소

부르주아적 권리의 편협한 한계가 완전히 극복되고, 사회는 자신의 깃발에 다음과 같이 쓸 수 있게 된다: 각자는 능력에 따라, 각자에게는 필요에 따라!"[8]

마르크스는 19세기 산업자본주의 단계 상황에서, 자본주의사회의 경제 운동법칙을 밝혀 자본주의사회를 비판할 목적으로 《자본론》을 집필했습니다. 비판은 대안을 동반합니다.

마르크스는 일찍이 17세에 김나지움을 졸업하면서 쓴 졸업 에세이에서 자신의 일생이 인류의 행복과 해방을 향한 것이 될 것이라고 밝히면서, "온 힘을 다해 인류에 기여할 수 있는 일을 택한다면 -중략- 우리는 초라하고 제한된 이기적인 기쁨을 향유하지는 않을 것이다. 우리의 행복은 수백만 명의 행복이 될 것이기 때문이다"[9]라고 말했습니다.

학자로서 마르크스는 만인이 행복할 수 있는 대안으로 '과학적 사회주의'를 내놨습니다.

종교·혁명·문학·사상이 지향한 궁극, '지선至善'

인류 역사는 '지선至善'을 찾아가는 장도長途입니다. 종교·혁명·문학·사상이 지향한 궁극이 모두 '지극히 좋은 세상', '지선至善'의 지상 실현이었습니다.

지금 우리는 지선至善으로 가는 길 어디쯤에 있는 것일까요? 지선至善까지는 앞으로 얼마나 더 가야 하는 것일까요? 아니, 지선至善이 있긴 있는 것일까요? 우리가 호흡하고 있는 지금 이 시대 이 상황이 혹시 인류역사 내내 그렇게도 갈구해 온 지선至善인 것은 아닐까요? 이상 아닌 현실에서의 '지선至善'.

이성의 향상

지선至善의 마무리, 그것은 인성人性

역사 발전의 종점,
민주정

헤겔(1770-1831)은 인류 역사 발전을 4단계로 인식합니다. ① 동양 세계,
② 그리스 세계, ③ 로마 세계 그리고 ④ 게르만 세계입니다.

헤겔에 있어 '동양 세계'는 가부장적인 자연적 공동체로 아직 인간의
정신이 자연으로부터 미분화된 상태를 의미합니다. '그리스 세계'는 노
예제 도시국가로 개인의 의식이 외부의 힘에 좌우되는 상태를 의미합니
다. '로마 세계'는 시스템을 갖춘 국가로 내부적으로는 귀족정과 민주정
이 갈등하고 외부적으로는 황제 한 사람이 여러 다른 민족들을 억압하

는 상태를 의미하고, 마지막 '게르만 세계'는 객관적 진리와 자유의 화해가 실현된 상태를 의미합니다.[10]

4단계 각각에 대한 헤겔 인식의 적절성 여부는 일단 차치하고, 헤겔은 역사 발전에 종점終點이 있다고 보았습니다. 그리고 그에게 그 종점은 '모든 인간에게 평등하게 자유가 주어지는 과정', 곧 게르만 세계였습니다. 프랑스혁명과 나폴레옹 시대, 민주정의 등장을 목격한 헤겔에게는 19세기 초반이 바로 그 역사 발전의 종점이었습니다.[11]

민주정은 국민이 그 국가의 주인인 정치제도입니다. 오늘날의 민주정은 대의제 민주정으로, 국민은 스스로 선출한 대표자를 통해 주인으로서의 권력을 행사합니다. 바로 국회의원 등의 의원들을 선출함으로써 '입법'에 참여하고, 행정부의 대통령을 비롯한 지방자치단체장들을 선출함으로써 '법률의 집행'에 참여합니다.[12]

신동기는《이 정도는 알아야 할 정치의 상식》에서 "자연 상태 아닌 국가 환경에서, 자신에게 적용될 규칙을 스스로 정하는 것보다 더 큰 자유는 없다"[13]라고 말합니다. 그것이 직접민주주의든 대의제 방식의 간접민주주의든. 헤겔은 섣부른 인정이긴 했지만 프랑스혁명으로 인한 왕정의 붕괴와 민주정의 등장을 보면서 이제 역사는 더 이상 발전할 것이 남아 있지 않다고 판단했습니다. '민주정'이 역사 발전의 종점이라고 생각했습니다. 헤겔에게는 '민주정'이 공자가 말한 '지극히 좋은 세상', 즉 '지선至善'이었습니다.

'정치혁명의 구조'가 말하는 '정치발전 3단계'와 '사회 행복 총량'의 변화

신동기는 《이 정도는 알아야 할 정치의 상식》에서 '정치혁명의 구조'를 말합니다. 정치는 3단계로 발전하는데, 1단계는 기존의 '왕정'에 '민주정'이 도전하는 '정치혁명&대립 단계'이고, 2단계는 기존의 '자본주의'에 '사회주의'가 도전하는 '경제혁명&대립 단계'이고, 3단계는 기존의 '보편성·획일성'에 '개별성·다양성'이 도전하는 '문화혁명&대립 단계'라는 이야기입니다.

정치 발전에 있어, '정치 영역'에서 가장 먼저 혁명&대립이 일어나는 것은 '왕정'에서 '민주정'으로의 전환이 그 사회의 행복 총량을 가장 크게 증가시키기 때문입니다. 한 사람만이 자유롭던 상황에서 모든 이가 자유로운 상황으로 바뀌니 그 사회의 행복 총량이 수직 상승할 수밖에 없습니다.

경제체제의 '경제혁명&대립'이 가져온 혼합경제(Mixed Economy)는 그 사회의 행복 총량을 정치혁명 때만큼은 아니지만 상당히 증가시킵니다. 빈익빈 부익부를 완화시켜 경제적 평등도가 높아지니 사회적 총효용, 즉 사회적 행복 총량이 상당히 늘어날 수밖에 없습니다.

세 번째 단계인 '문화혁명&대립'에서는 사회적 행복이 그리 크게 늘지 않습니다. 정치혁명&대립이나 경제혁명&대립 때처럼 사회적 큰 틀을 바꾸는 것이 아니고, 사회구성원의 기호·욕구 다양화에 따라 그 기호·욕구 대립 그룹 간 미세한 조정이 이뤄지는 단계이기 때문입니다. 사회적 행복 총량이 늘더라도 조금 늘 뿐입니다.

우리나라는 자신이 누리고 있는 다양한 복지가 '자본주의(Capitalism) 적'이 아닌, '사회주의(Socialism)적'이라는 것을 잘 인식하지 못하는 이들도 있고, 심지어 정치를 하는 이나 그들을 자신의 대리인으로 선택하는 국민이나 정치의식이 아직 왕정 시대에 머물러 있는 이들도 있습니다. 그러나 전반적으로는, '정치혁명의 구조' 3단계 중, 첫 번째 '민주주의'와 두 번째 '혼합경제' 복지국가를 이루고, 현재 마지막 세 번째인 '문화혁명&대립 단계' 진행 중에 있습니다.[14]

성적 소수자(LGBT)에 대한 기존의 사회통념이 바뀌는 중이고, 인권을 넘어 동물권이 사회적 중요 이슈가 되고, 먹는 행위가 생명 유지를 위한 숭고한 의식 아닌 예능이 되고 게임이 되는 때입니다. 그것은 곧, 더 나은 세상으로 가기 위해, 즉 '사회적 행복 총량'을 늘리기 위해 우리가 '제도적으로' 할 수 있는 것으로 이제 남아 있는 것이 별로 없다는 이야기입니다.

21세기 이 땅의 지선至善은
'제도' 아닌 '사람'의 문제

대한민국 사회는 알렉시스 드 토크빌이 "보통선거제는 가난한 사람들에게 사회에 대한 통치권을 부여하는 것이다"[15]라며 우려했던 그 보통선거제를 완전히 정착시켰습니다. 다수결에 의한 민주주의가 완성되었다는 이야기입니다.

경제체제로는 의료보험제도, 연금제도, 실업수당 등을 비롯한 다양한 복지제도의 도입으로 비교적 짧은 시간에 상당한 수준의 사회안전판을 갖췄습니다.

그리고 문화적으로는 다양한 분야에서 현재 미세한 클릭 조정이 한참 이루어지고 있는 중입니다.

정치적으로 '민주주의', 경제적으로 '복지'가 상당히 이뤄지고, 도로, 공원 등의 사회간접자본이 거의 세계 최고 수준인 상태에서 이 땅의 사람들이 행복하지 못하다면, 즉 '지극히 좋은 상태에서 머무는' '지어지선止於至善'이 아니라면 그 원인의 상당 부분은 마땅히 제도 아닌 다른 영역에 있습니다. 맞습니다. '사람'입니다.

한 사회의 '이성 능력'이 향상되면 그 사회는 그만큼 더 공정해지고 제도적으로뿐만 아니라 실질적으로 민주주의 사회가 됩니다. 사람들이 사실과 논리를 따져 각자 독립적으로 판단해 적극적으로 사회 참여에 나서니, 언론과 정치인들의 말장난이 개재될 가능성이 크게 낮아집니다. 당연히 그들이 원하는 방향으로 사람들을 끌고 갈 수 없게 됩니다. '민주주의'에 맞게 시민이 참주인이 되는 사회가 됩니다.

한 사회의 '윤리적 태도'가 향상되면 그 사회는 지상천국에 가까워집니다. 한 사람의 윤리적 행동은 주위 여러 사람을 기쁘게 하는데, 도처에서 그런 일들이 일어나니 세상이 온통 배려와 감사로 넘쳐흐르게 될 테니까요.

우리 사회는 제도로서의 지선至善은 거의 완성되었습니다. 제도가 할 수 있는 역할은 이제 그리 많이 남아 있지 않습니다. 혹시 지금 우리 사는 이곳이 '지극히 좋은 사회', '지선至善'이 아니라는 생각이 든다면 각자 결심을 해야 합니다. 지금보다 좀 더 '이성'적인 사람이 되고, 지금보다 좀 더 윤리적인 사람이 되겠다는 결심을.

우리가 사는 세상을 '지극히 좋은 사회', '지선至善'으로 만드는 것은 불가능하지 않습니다. 아니, 전혀 불가능한 일이 아닙니다. 어찌 보면 매우 쉽기까지 합니다. 우리 각자가 인간으로서의 '인간성'을 회복하고, 추구하면 됩니다. 본래 인간에게 주어진 '선한 본성'을 회복하고, 그리고 가능성으로 주어진 '이성'을 추구하면 됩니다. 한마디로 '인성人性'을 갖추는 것입니다. 그렇습니다, '인성人性'입니다.

'자발적 윤리 브레이크'라는 새로운 말을 듣고 나왔습니다.

불교에 삼륜청정三輪淸淨이라는 말이 있습니다. '3개의 바퀴가 맑고 깨끗해야 한다'는 말입니다. 누군가에게 베풀었을 때, '수자受者', 즉 '누구에게 베풀었는지', '시자施者', 즉 '누가 베풀었는지', 그리고 '시물施物', 즉 '무엇을 베풀었는지', 이 세 가지를 베푼 즉시 마음에서 지워버려야 한다는 것입니다. 한마디로, 남에게 베풀고 난 다음 상대에게 생색을 내거나 뻐기는 마음을 가져서는 안 된다는 것입니다. 생색을 내거나 뻐기는 마음을 가지면 그것 자체로 이미 그는 자신의 선행에 보답을 받은 것이라는 이야기입니다.

삼륜청정을 알고 나서부터 나는 누군가에게 도움을 주었을 때 나를 지켜보는 또 다른 나를 의식하지 않을 수 없게 되었습니다. '다른 이에게 도움을 주었으면 그것으로 끝내야지 상대에게 생색내거나 뻐기는 마음을 가져서는 안 된다'고 경고하고 있는 또 다른 나를. 생색은 어떻게든 청정淸淨해 보지만 뻐기는 마음까지 청정淸淨하기는 쉽지 않습니다.

어찌 되었든 바깥으로 생색내는 행동에 브레이크가 걸리기 시작했습니다. 삼륜청정이라는 말을 몰랐으면 모르겠지만 그것을 안 이상 의식하지 않을 수가 없습니다. 삼륜청정의 무엇이 나를 그렇게 제어하게 된 것일까요?

그것은 삼륜청정의 가르침 자체가 특별한 것이어서가 아닙니다. 나 자신이 '이성적으로' 거기에 동의했기 때문입니다. 베풀고 난 다음 생색을 내고 뻐기는 마음을 갖는다면 그것은 거래에 지나지 않는다는 것을요. 상대방을 위해 수고를 하고 그 수고의 '대가'로 우쭐한 마음을 갖는 것이니. 그렇게 되면 베푼 행위 자체는 선善이지만, 그 베푸는 마음 자체는 순수한 선善이 아니게 되는 것이죠. 나의 마음과 행동에 브레이크를 거는 것에는 삼륜청정 말고도 몇 가지가 더 있습니다.

칸트는 말합니다.

"너 자신의 인격에서나 다른 모든 사람의 인격에서 인간을 항상 동시에 목적으로 대하고, 결코 한낱 수단으로 대하지 않도록, 그렇게 행위하라."[1]

나를 자주 괴롭히는 말입니다. 사람을 수단으로 인식하지 말라는 것인데 그게 어디 현실에서 쉽냐는 거죠. 최대한으로 상대를 인격적 존재로 존중하고 나의 이익만을 위한 수단으로 삼지 않으려 노력할 뿐입니다. 상대가 자신만의 이익을 위해 나를 수단으로 삼는 것을 내가 원치 않는 바이니, 나 또한 그렇게 하지 않으려고 노력할 수밖에요.

칸트의 가르침이 내 마음과 행동에 브레이크로 작용한다면 맹자의 가르침은 엑셀로 작용합니다. 브레이크가 옳지 못한 일을 하려는 것을 말린다면, 엑셀은 옳은 삶을 살겠다는 생각을 다지게 합니다. 맹자의 가르침을 머리에 떠올리면 그때마다 가슴이 뜨거워집니다.

맹자의 '대장부大丈夫론'입니다.

"세상에서 가장 넓은 집에 살며(仁인), 세상에서 가장 바른 자리에 서며(禮예), 세상에서 가장 큰길을 걷는다(義의). 벼슬에 나가면 백성과 함께 이것들을 행하고 자리에서 물러나면 홀로 행한다. 부귀가 자신을 방탕으로 이끌지 못하도록 하며, 빈천이 자신을 비굴하게 만들지 못하도록 하며, 위협이 자신을 굴복시키지 못하게 한다. 이런 이를 일러 대장부라 한다."

居天下之廣居 立天下之正位 行天下之大道 得志 與民由之 不得志 獨
行其道 富貴不能淫 貧賤不能移 威武不能屈 此之謂大丈夫
거천하지광거 입천하지정위 행천하지대도 득지 여민유지 부득지 독

행기도 부귀불능음 빈천불능이 위무불능굴 차지위대장부[2]

참으로 기상이 드높고 푸르릅니다. 그야말로 최고의 인간상입니다. 인간이라면 누구나 우러를 지표입니다.

'자발적 윤리 브레이크'는 사실 '양심'의 다른 이름에 지나지 않습니다. 차이가 있다면, '양심'은 규정적이고 포괄적인 반면, '자발적 윤리 브레이크'는 자기 설득적이고 구체적이라는 정도의 차이입니다. 자기 설득적이라는 것은 생각이 있는 사람이라면 그 주장에 동의하지 않을 수 없다는 것이고, 구체적이라는 것은 말 그대로 구체적이어서 현실적이고 명확하다는 이야기입니다.

따라서 '자발적 윤리 브레이크' 내용을 알고 그 내용을 가까이하다 보면, 누구나 자신도 모르는 사이 그것이 자신의 행동 기준으로 조금씩 자리 잡게 됩니다. 물론 그러기 위해서는 어느 정도는 이성적이어야 하고, 허위의식 아닌 진실한 자존감自尊感을 지녀야 합니다. '이치에 맞는 말'에는 자신의 호불호와 상관없이 동의할 정도의 이성, 그리고 스스로를 이성을 가진 인격적 존재로 여기는 그런 정도의 자존감自尊感.

맹자는 말합니다.

"사람이 부끄러워하는 마음을 유지하느냐 그러지 않느냐는 매우 큰 일이다."

恥之於人大矣

치지어인대의[3]

주희가 풀이합니다.

"부끄러워하는 마음은 사람이 본래 가지고 있는 수오지심羞惡之心이니, 그것을 보존하면 성현의 길로 나아가고 그것을 잃어버리면 짐승의 길로 들어서게 된다. 따라서 그것을 보존하는 것을 매우 큰 일로 삼아야 한다."

恥者 吾所固有羞惡之心也 存之則進於聖賢 失之則入於禽獸 故所繫爲甚大

치자 오소고유수오지심야 존지즉진어성현 실지즉입어금수 고소계위심대[4]

부끄러운 행동을 하면서 부끄러워하는 마음마저 없다면 그는 이미 짐승의 길에 들어선 자라는 것입니다. 인간이 '스스로를 짐승으로 전락하게 해서는 안 된다는 것', 가장 강력한 '자발적 윤리 브레이크'입니다.

독자님의 행복을 빕니다.

2024년 2월

• 주석

1. 이이, 동호문답, 2014, 아카넷, 147-8면
2. "Men become sound and good because of three things. These are nature, habit, and reason. First, nature: a man must be born, and he must be born a man and not some other animal; so too he must have body and soul with certain characteristics. It may be of no advantage to be born with some of these qualities, because habits cause changes; for there are some qualities which by nature have a dual possibility, in that subsequent habits will make them either better or worse. Other creatures live by nature only; some live by habit also to some extent. Man, however, lives by reason as well: he alone has reason, and so needs all three working concertedly. Reason causes men to do many things contrary to habit and to nature, whenever they are convinced that this is the better course." Aristotle, The politics, 1992, Penguin classics, p429-30
3. 대학중용, 2000, 학민문화사, 대학 1면 참조
4. 禮義法度者 應時而變者也 예의법도자 응시이변자야, 권오석 역해, 장자(외편), 2012, 홍신문화사, 207면
5. 논어, 2003, 학민문화사, 1권 210면
6. 대학중용, 2000, 학민문화사, 대학 11면 참조
7. 大人之學 대인지학, 대학중용, 2000, 학민문화사, 대학 34면
8. 記誦詞章 기송사장, 대학중용, 2000, 학민문화사, 대학 27면
9. 虛無寂滅 허무적멸, 대학중용, 2000, 학민문화사, 대학 28면
10. 權謀術數 권모술수, 대학중용, 2000, 학민문화사, 대학 28면
11. 대학중용, 2000, 학민문화사, 대학 11면
12. 不待求之民生日用彛倫之外 부대구지민생 일용이륜지외, 대학중용, 2000, 학민문화사, 대학 24면
13. 是通言學之初終 시통언학지초종, 대학중용, 2000, 학민문화사, 대학 10면

Ⅰ편

1. 네이버지식백과 '군자' 참조
2. 좌구명 저, 신동준 역주, 춘추좌전, 2020, 인간사랑, 하권 41면 참조
3. 박일봉 편저, 장자 잡편, 2015, 육문사, 532면
4. 求知至善之所在 구지지선지소재, 이황 편집, 한형조 독해, 성학십도, 2018, 한국학중앙연구원출판부, 258면
5. 已知至善之所在 이지지선지소재, 이황 편집, 한형조 독해, 성학십도, 2018, 한국학중앙연구원출판부, 258면
6. 대학중용, 2000, 학민문화사, 중용 239면
7. 求得止至善之事 구득지지선지사, 이황 편집, 한형조 독해, 성학십도, 2018, 한국학중앙연구원출판부, 258면
8. 已得止至善之序 이득지지선지서, 이황 편집, 한형조 독해, 성학십도, 2018, 한국학중앙연구원출

판부, 258면

9. 대학중용, 2000, 학민문화사, 중용 239면

10. 新民求得止至善之事 신민구득지지선지사, 이황 편집, 한형조 독해, 성학십도, 2018, 한국학중앙 연구원출판부, 258면

11. 新民得止至善之序 신민득지지지선지서, 이황 편집, 한형조 독해, 성학십도, 2018, 한국학중앙연구 원출판부, 258면

12. 이황 편집, 한형조 독해, 성학십도, 2018, 한국학중앙연구원출판부, 258면 참조

13. 대학중용, 2000, 학민문화사, 대학 46면

14. 논어, 2003, 학민문화사, 3권 464면

15. 大人之學 대인지학, 대학중용, 2000, 학민문화사, 대학 34면

1장

1. 대학중용, 2000, 학민문화사, 대학 85면 참조

2. 대학중용, 2000, 학민문화사, 대학 85-6면 참조

3. 대학중용, 2000, 학민문화사, 대학 85-6면

4. 변원종, 주자학과 육왕학, 2008, 한국학술정보, 209면 재인용

5. 변원종, 주자학과 육왕학, 2008, 한국학술정보, 210면 재인용

6. 네이버지식백과, 한국민족대백과 '격물치지' 참조

7. 이황 편집, 한형조 독해, 성학십도, 2018, 한국학중앙연구원출판부, 291면 재인용 참조

8. 네이버 어학사전 참조

9. 네이버지식백과, 교육학용어사전 '과학' 참조

10. 네이버지식백과, 두산백과&교육학용어사전 등 참조

11. 네이버지식백과, 두산백과 '인문과학' 참조

12. 변원종, 주자학과 육왕학, 2008, 한국학술정보, 209면 재인용

13. 프랜시스 베이컨, 김홍표 역, 신기관, 2014, 지식을만드는지식, 3면

14. 권오석 역해, 장자(외편), 2012, 홍신문화사, 188면

15. 맹자, 2009, 학민문화사, 2권 268면

16. 키케로, 성염 역, 법률론, 2013, 한길사, 79면

17. 대학중용, 2000, 학민문화사, 중용 195-6면

18. 맹자, 2009, 학민문화사, 2권 586면

19. 애덤 스미스, 박세일·민경국 공역, 도덕감정론, 2010, 비봉출판사, 243-4면

20. 표준국어대사전 '지향성'

21. 아리스토텔레스, 최민홍 역, 윤리학, 2001, 민성사, 10면

22. 논어, 2003, 학민문화사, 3권 298면

23. 변원종, 주자학과 육왕학, 2008, 한국학술정보, 213면 재인용

24. 변원종, 주자학과 육왕학, 2008, 한국학술정보, 225면 재인용

25. 대학중용, 2000, 학민문화사, 중용 239면

26. 변원종, 주자학과 육왕학, 2008, 한국학술정보, 305면 재인용

27. 맹자, 2009, 학민문화사, 1권 387면

28. 맹자, 2009, 학민문화사, 1권 387면

29. B. Russell, The History of Western Philosophy, 1972, Simon&Schuster, p.92

30. B. Russell, The History of Western Philosophy, 1972, Simon&Schuster, p258

31. 임마누엘 칸트, 백종현 역, 판단력비판, 2010, 아카넷, 158면

32. 논어, 2003, 학민문화사, 1권 503면

33. 플루타르크, 이성규 역, 플루타르크 영웅전 전집, 2003, 현대지성사, 392면

34. 대학중용, 2000, 학민문화사, 대학 74면

35. 이한우 역, 대학집주, 2000, 이화문화출판사, 74면

36. 프랜시스 베이컨, 김홍표 역, 신기관, 2014, 지식을만드는지식, 6면

37. 논어, 2003, 학민문화사, 2권 457면

38. 논어, 2003, 학민문화사, 3권 7-8면

39. 표준국어대사전 '정치'

40. 초등사회개념사전 '언론' 참조

41. 표준국어대사전 '시민'

2장

1. 대학중용, 2000, 학민문화사, 대학 85-6면

2. 변원종, 주자학과 육왕학, 2008, 한국학술정보, 216면 재인용

3. 데이비드 보더니스, 김민희 역, E=mc², 2002, 생각의나무, 21-4면 참조

4. 네이버지식백과, 물리학백과&화학대사전 '사고실험' 참조

5. 대학중용, 2000, 학민문화사, 대학 53면

6. 권덕주 역해, 서경, 혜원출판사, 377면

7. 왕양명, 김동휘 평역, 전습록, 2010, 신원, 522면

8. 왕양명, 김동휘 평역, 전습록, 2010, 신원, 522면

9) 임마누엘 칸트, 백종현 역, 순수이성비판, 2008, 아카넷, 290면 참조

10. 임마누엘 칸트, 백종현 역, 순수이성비판, 2008, 아카넷, 274면

11. 임마누엘 칸트, 백종현 역, 순수이성비판, 2008, 아카넷, 239면 참조

12. 임마누엘 칸트, 백종현 역, 순수이성비판, 2008, 아카넷, 23-4, 531면 참조

13. 임마누엘 칸트, 백종현 역, 순수이성비판, 2008, 아카넷, 23-4, 531면 참조

14. 임마누엘 칸트, 백종현 역, 순수이성비판, 2008, 아카넷, 24-5면 참조

15. 표준국어대사전 '추리' 참조

16. 임마누엘 칸트, 백종현 역, 순수이성비판, 2008, 아카넷, 24-5, 531면 참조

17. 르네 데카르트, 이현복 역, 방법서설, 2011, 문예출판사, 186면

18. 움베르토 에코, 이윤기 역, 장미의 이름, 2002, 열린책들, 300면 참조

19. 요한묵시록 8:6-9:12 참조

20. 임마누엘 칸트, 백종현 역, 순수이성비판, 2008, 아카넷, 24-5, 531면 참조

21. 표준국어대사전 '사유' 참조

22. 표준국어대사전 '구성' 참조

23. 표준국어대사전 '추리'

24. 네이버지식백과, 두산백과 '추리' 참조

25. 표준국어대사전 '연역법'

26. 네이버 지식백과, 수학백과 '연역법'

27. 이한우 역, 대학집주, 2000, 이화문화출판사, 83면 참조

28. 이한우 역, 대학집주, 2000, 이화문화출판사, 83면 참조

29. 네이버지식백과, 두산백과 '지식'

30. 행정학 사전 '지식'

31. 표준국어대사전 '귀납법'

32. 버트런드 러셀, 최민홍 역, 서양철학사, 2002, 집문당, 298면 참조

33. 버트런드 러셀, 최민홍 역, 서양철학사, 2002, 집문당, 72면 참조

34. 르네 데카르트, 이현복 역, 방법서설, 2011, 문예출판사, 22면 참조

35. 버트런드 러셀, 최민홍 역, 서양철학사, 2002, 집문당, 295면 참조

36. 버트런드 러셀, 최민홍 역, 서양철학사, 2002, 집문당, 295면 참조

37. 네이버지식백과, 두산백과 '지식'

38. 네이버지식백과, 행정학사전 '지식'

39. 버트런드 러셀, 최민홍 역, 서양철학사, 2002, 집문당, 299면

40. 네이버지식백과, 두산백과 '연역법' 참조

41. 버트런드 러셀, 최민홍 역, 서양철학사, 2002, 집문당, 299면 참조

42. 네이버지식백과, 두산백과 '연역법' 참조

43. 이한우 역, 대학집주, 2000, 이화문화출판사, 83면 참조

44. 프랜시스 베이컨, 김홍표 역, 신기관, 2014, 지식을만드는지식, 3면

45. 프랜시스 베이컨, 김홍표 역, 신기관, 2014, 지식을만드는지식, 14면 참조

46. 임마누엘 칸트, 백종현 역, 순수이성비판, 2008, 아카넷, 23-4, 531면 참조

47. 대학중용, 2000, 학민문화사, 대학 28면

48. 대학중용, 2000, 학민문화사, 대학 27면

49. 대학중용, 2000, 학민문화사, 대학 28면

50. 표준국어대사전 '비판'

51. 표준국어대사전 '비난'

52. 네이버지식백과, 교육학용어사전 '비판적 사고'

53. 김희정 등, 비판적 사고를 위한 논리, 2021, 아카넷, 21-43면 참조

54. 표준국어대사전 '추론' 참조

55. 김희정 등, 비판적 사고를 위한 논리, 2021, 아카넷, 50&56면 참조

56. 네이버지식백과 '추리와 논리' 참조

57. 네이버지식백과 '추리와 논리' 참조

58. 르네 데카르트, 이현복 역, 방법서설, 2011, 문예출판사, 303면 재인용

59. 표준국어대사전 '연역법' 참조

60. 표준국어대사전 '귀납법'

61. 이한우 역, 대학집주, 2000, 이화문화출판사, 83면 참조

62. 窮得物理盡后我之知識亦無不盡處 궁득물리진후아지지식역무부진처, 변원종, 주자학과 육왕학, 2008, 한국학술정보, 216면 재인용

3장

1. 대학중용, 2000, 학민문화사, 중용 239면

2. 대학중용, 2000, 학민문화사, 중용 239면

3. 임마누엘 칸트, 백종현 역, 실천이성비판, 2009, 아카넷, 360면

4. 대학중용, 2000, 학민문화사, 대학 90면

5. 대학중용, 2000, 학민문화사, 대학 90-2면

6. 厭然 消沮閉藏之貌 此言小人陰爲不善而陽欲揜之 암연 소저폐장지모 차언소인음위불선이양욕
   엄지, 대학중용, 2000, 학민문화사, 대학 97면

7. 성경, 야고보서 2:14-17

8. 맹자, 2009, 학민문화사, 2권 413면

9. 플라톤, 이병길 역, 국가론, 2002, 박영사, 58-9면 참조

10. 대학중용, 2000, 학민문화사, 대학 90면

11. 대학중용, 2000, 학민문화사, 대학 91-2면

12. 맹자, 2009, 학민문화사, 2권 274면

13. 欲自修者 知爲善以去其惡 則當實用其力 而禁止其自欺 욕자수자 지위선이거기악 즉당실용기력
    이금지기자기, 대학중용, 2000, 학민문화사, 대학 91면

14. 禁止之辭 금지지사, 대학 중용, 2000, 학민문화사, 대학 91면

15. 대학중용, 2000, 학민문화사, 대학 90면 참조

16. 임마누엘 칸트, 백종현 역, 실천이성비판, 2009, 아카넷, 203면

17. 難言也 난언야, 맹자, 2009, 학민문화사, 1권 212면

18. 맹자, 2009, 학민문화사, 1권 213-20면

19. 임마누엘 칸트, 백종현 역, 실천이성비판, 2009, 아카넷, 268면

20. 맹자, 2009, 학민문화사, 2권 290면

21. 맹자, 2009, 학민문화사, 2권 291면 참조

22. 맹자, 2009, 학민문화사, 2권 418면

23. 맹자, 2009, 학민문화사, 2권 418면

4장

1. 대학중용, 2000, 학민문화사, 대학 105면

2. 대학중용, 2000, 학민문화사, 대학 105면

3. 이한우 역, 대학집주, 2000, 이화문화출판사, 94면

4. 변원종, 주자학과 육왕학, 2008, 한국학술정보, 375면 재인용

5. 변원종, 주자학과 육왕학, 2008, 한국학술정보, 375면 재인용

6. 변원종, 주자학과 육왕학, 2008, 한국학술정보, 376면 재인용

7. 변원종, 주자학과 육왕학, 2008, 한국학술정보, 378면 재인용

8. 변원종, 주자학과 육왕학, 2008, 한국학술정보, 379면 재인용

9. 변원종, 주자학과 육왕학, 2008, 한국학술정보, 380면 재인용

10. 플라톤&아리스토텔레스, 최명관 옮김, 향연·파이돈·니코마코스 윤리학, 2001, 을유문화사, 151면

11. 왕양명, 김동휘 평역, 전습록, 2010, 신원, 527면

12. 我塵尾安在 아진미안재, 왕양명, 김동휘 평역, 전습록, 2010, 신원, 527면

13. 왕양명, 김동휘 평역, 전습록, 2010, 신원, 550면

14. 鈞是人也 或爲大人 或爲小人 何也 균시인야 혹위대인 혹위소인 하야, 맹자, 2009, 학민문화사,
    2권 313-4면

15. 맹자, 2009, 학민문화사, 2권 314면

16. 맹자, 2009, 학민문화사, 2권 314면

17. 釣是人也 或從其大體 或從其小體 何也 균시인야 혹종기대체 혹종기소체 하야, 맹자, 2009, 학민문화사, 2권 314면
18. 맹자, 2009, 학민문화사, 2권 314면
19. 플라톤&아리스토텔레스, 최명관 옮김, 향연·파이돈·니코마코스 윤리학, 2001, 을유문화사, 143면 참조
20. 플라톤&아리스토텔레스, 최명관 옮김, 향연·파이돈·니코마코스 윤리학, 2001, 을유문화사, 144면
21. 플라톤&아리스토텔레스, 최명관 옮김, 향연·파이돈·니코마코스 윤리학, 2001, 을유문화사, 144면
22. 先立乎其大者 선립호기대자, 맹자, 2009, 학민문화사, 2권 314면
23. 논어, 2003, 학민문화사, 3권 300-1면
24. 대학중용, 2000, 학민문화사, 대학 109면
25. 이한우 역, 대학집주, 2000, 이화문화출판사, 95면

5장

1. 대학중용, 2000, 학민문화사, 대학 57면
2. 이한우 역, 대학집주, 2000, 이화문화출판사, 53면
3. 이황 편집, 한형조 독해, 성학십도, 2018, 한국학중앙연구원출판부, 295면 참조
4. 대학중용, 2000, 학민문화사, 대학 57-8면
5. 여정덕 편, 허탁 등 역주, 주자어류, 2001, 청계, 3권 150면
6. 대학중용, 2000, 학민문화사, 중용 194면
7. 五者 廢其一 非學也 오자 폐기일 비학야, 대학중용, 2000, 학민문화사, 중용 194면
8. 네이버지식백과, 표준국어대사전 '이성'
9. 최대림 역해, 근사록, 2012, 홍신문화사, 237면
10. 대학중용, 2000, 학민문화사, 중용 239면
11. 대학중용, 2000, 학민문화사, 대학 112면
12. 이한우 역, 대학집주, 2000, 이화문화출판사, 98면
13. 네이버지식백과, 그리스로마 신화 인물백과 및 '디케' 및 국가기록원 헌법이야기 '아스트라이아' 참조
14. 대학중용, 2000, 학민문화사, 중용 23면
15. 대학중용, 2000, 학민문화사, 중용 24면
16. 변원종, 주자학과 육왕학, 2008, 한국학술정보, 225면 재인용
17. 변원종, 주자학과 육왕학, 2008, 한국학술정보, 305면 재인용

6장

1. 대학중용, 2000, 학민문화사, 대학 117-8면
2. 대학중용, 2000, 학민문화사, 대학 121면
3. 性善 성선, 맹자, 2009, 학민문화사, 1권 357면
4. 人之性惡 인지성악, 최대림 역해, 순자, 1991, 홍신신서, 323면
5. 여정덕 편, 허탁 등 역주, 주자어류, 2000, 청계, 2권 772-3면 참조
6. 義包智 의포지, 여정덕 편, 허탁 등 역주, 주자어류, 2000, 청계, 2권 728면
7. 대학중용, 2000, 학민문화사, 중용 167면
8. 易子而敎之 역자이교지, 맹자, 2009, 학민문화사, 1권 571면

9. 성경, 잠언 19:18

10. B. Russell, The History of Western Philosophy, 1972, Simon&Schuster, p.756

11. 논어, 2003, 학민문화사, 3권 361면

12. 논어, 2003, 학민문화사, 1권 272면

13. 논어, 2003, 학민문화사, 1권 272면

14. 네이버지식백과, 경제학 사전 '효용'

15. 신동기&신태영, 오늘, 행복에 한 걸음 더 다가갑니다, 2018, m31, 36-73면 참조

16. 신동기&신태영, 오늘, 행복에 한 걸음 더 다가갑니다, 2018, m31, 33면 참조

17. 신동기&신태영, 오늘, 행복에 한 걸음 더 다가갑니다, 2018, m31, 36-145면 참조

18. 신동기&신태영, 오늘, 행복에 한 걸음 더 다가갑니다, 2018, m31, 146-66면 참조

7장

1. 대학중용, 2000, 학민문화사, 대학 130면

2. 대학중용, 2000, 학민문화사, 대학 134-5면

3. 惠而不知爲政 혜이부지위정, 맹자, 2009, 학민문화사, 2권 4면

4. 歲十一月 徒杠成 十二月 輿梁成 民未病涉也 세십일월 도강성 십이월 여량성 민미병섭야, 맹자, 2009, 학민문화사, 2권 5면

5. 맹자, 2009, 학민문화사, 1권 509면

6. 장 자크 루소, 이환 역, 사회계약론, 2002, 서울대학교출판부, 123면

7. 장 자크 루소, 이환 역, 사회계약론, 2002, 서울대학교출판부, 121면

8. 알렉시스 드 토크빌, 임효선 등 역, 미국의 민주주의, 2005, 한길사, 763면

9. 알렉시스 드 토크빌, 임효선 등 역, 미국의 민주주의, 2005, 한길사, 287면

10. 레닌, 문성원 등 역, 국가와 혁명, 2013, 아고라, 146면

11. 카를 마르크스&프리드리히 엥겔스, 최인호 등 역, 카를 마르크스&프리드리히 엥겔스 저작선집, 2004, 박종철출판사, 6권 191면

12. 장 자크 루소, 이환 역, 사회계약론, 2002, 서울대학교출판부, 40면

13. 알렉시스 드 토크빌, 임효선 등 역, 미국의 민주주의, 2005, 한길사, 829면

14. 알렉시스 드 토크빌, 임효선 등 역, 미국의 민주주의, 2005, 한길사, 692-3면

15. Plato, Republic, 2008, Oxford world's classics, p31

16. 맹자, 2009, 학민문화사, 2권 538면

17. 맹자, 2009, 학민문화사, 1권 543면

18. 맹자, 2009, 학민문화사, 2권 200-201면

19. 대학중용, 2000, 학민문화사, 대학 160면

20. 맹자, 2009, 학민문화사, 1권 30-31면

21. 대학중용, 2000, 학민문화사, 중용 185면

22. 논어, 2003, 학민문화사, 3권 221면

23. 논어, 2003, 학민문화사, 3권 20면

24. 논어, 2003, 학민문화사, 3권 32면

25. 맹자, 2009, 학민문화사, 1권 444면

26. 맹자, 2009, 학민문화사, 2권 148면

8장

1. 서울신문 2022. 7. 19. 일자, https://www.seoul.co.kr/news/newsView.php?id=20220719500205& wlog_tag3=daum 참조
2. 한국형 녹색 분류체계 가이드라인, 1.배경 및 필요성
3. 기후위기 대응을 위한 탄소중립·녹색성장 기본법, 제2조3
4. 기후위기 대응을 위한 탄소중립·녹색성장 기본법 제1조
5. 기후위기 대응을 위한 탄소중립·녹색성장 기본법 제5조②항
6. 기후위기 대응을 위한 탄소중립·녹색성장 기본법 제5조③항
7. 기후위기 대응을 위한 탄소중립·녹색성장 기본법 제2조 15
8. 기후위기 대응을 위한 탄소중립·녹색성장 기본법 제55조
9. 기후위기 대응을 위한 탄소중립·녹색성장 기본법 제2조16
10. 기후위기 대응을 위한 탄소중립·녹색성장 기본법 제2조17
11. 기후위기 대응을 위한 탄소중립·녹색성장 기본법 제67조 ①항
12. 기후위기 대응을 위한 탄소중립·녹색성장 기본법 제66조 ④항
13. 네이버지식백과, 21세기정치학대사전 '하드파워/소프트파워' 참조
14. 김구, 도진순 주해, 백범일지, 2001, 돌베개, 431-3면
15. 네이버지식백과, 한국민족문화대백과 '문화' 참조

Ⅱ편 3강령

1. 대학중용, 2000, 학민문화사, 대학 34면
2. 대학중용, 2000, 학민문화사, 대학 34-41면
3. 대학중용, 2000, 학민문화사, 대학 52면
4. 대학중용, 2000, 학민문화사, 대학 53면
5. 대학중용, 2000, 학민문화사, 대학 34-36면
6. 대학중용, 2000, 학민문화사, 대학 86면
7. 변원종, 주자학과 육왕학, 2008, 한국학술정보, 209면 재인용
8. 이한우 역, 대학집주, 2000, 이화문화출판사, 83면 참조
9. 人之所得乎天 而虛靈不昧 인지소득호천 이허령불매, 대학중용, 2000, 학민문화사, 대학 34면
10. 以具衆理 而應萬事者也 이구중리 이응만사자야, 대학중용, 2000, 학민문화사, 대학 34면
11. 爲氣稟所拘 人欲所蔽 則有時而昏 위기품소구 인욕소폐 즉유시이혼, 대학중용, 2000, 학민문화사, 대학 36면
12. 임마누엘 칸트, 백종현 역, 순수이성비판, 2008, 아카넷, 23-4면 참조
13. 대학중용, 2000, 학민문화사, 대학 44면
14. 대학중용, 2000, 학민문화사, 대학 44-5면

9장

1. 대학중용, 2000, 학민문화사, 대학 34-6면
2. 임마누엘 칸트, 백종현 역, 순수이성비판, 2008, 아카넷, 23-4면 참조
3. 키케로, 성염 역, 법률론, 2013, 한길사, 78면

4. 논어, 2003, 학민문화사, 1권 158면
5. 季文子三思而後行 子聞之 日 再斯可矣 계문자삼사이후행 자문지 왈 재사가의, 논어, 2003, 학민문화사, 1권 391면
6. 논어, 2003, 학민문화사, 2권 25면
7. 不曰 如之何如之何者 吾末如之何也已矣 불왈 여지하여지하자 오말여지하야이의, 논어, 2003, 학민문화사, 3권 225면
8. 非不說子之道 力不足也 비불열자지도 역부족야, 논어, 2003, 학민문화사, 1권 464면
9. 논어, 2003, 학민문화사, 1권 464면
10. 맹자, 2009, 학민문화사, 2권 268면
11. A. Smith, The Wealth of Nations, 2003, Bantam Classic, p. 25
12. 논어, 2003, 학민문화사, 3권 298면
13. 鈞是人也 或爲大人 或爲小人 何也 균시인야 혹위대인 혹위소인 하야, 맹자, 2009, 학민문화사, 2권 313-4면
14. 從其大體爲大人 從其小體爲小人 종기대체위대인 종기소체위소인, 맹자, 2009, 학민문화사, 2권 314면
15. 鈞是人也 或從其大體 或從其小體 何也 균시인야 혹종기대체 혹종기소체 하야, 맹자, 2009, 학민문화사, 2권 314면
16. 맹자, 2009, 학민문화사, 2권 314면
17. 네이버지식백과, 서울대학교철학사상연구소 '정언명령' 참조
18. 임마누엘 칸트, 백종현 역, 실천이성비판, 2009, 아카넷, 91면
19. 맹자, 2009, 학민문화사, 2권 594면
20. 신동기&신태영, 오늘, 행복에 한 걸음 더 다가갑니다, 2018, m31, 66면
21. 신동기&신태영, 오늘, 행복에 한 걸음 더 다가갑니다, 2018, m31, 146-166면 참조
22. 논어, 2003, 학민문화사, 3권 362면

10장

1. 대학중용, 2000, 학민문화사, 대학 37-8면
2. 作新民 신작민, 대학중용, 2000, 학민문화사, 대학 67면
3. 대학중용, 2000, 학민문화사, 대학 67면
4. 논어, 2003, 학민문화사, 3권 418면
5. 논어, 2003, 학민문화사, 3권 134면
6. 聞斯行諸 문사행저, 논어, 2003, 학민문화사, 2권 366면
7. 有父兄在 如之何其聞斯行之 유부형재 여지하기문사행지, 논어, 2003, 학민문화사, 2권 366면
8. 聞斯行諸 문사행저, 논어, 2003, 학민문화사, 2권 366면
9. 聞斯行之 문사행지, 논어, 2003, 학민문화사, 2권 366면
10. 由也問聞斯行諸 子曰 有父兄在 求也問聞斯行諸 子曰 聞斯行之 赤也惑敢問 유야문문사행저 자왈 유부형재 구야문문사행저 자왈 문사행지 적야혹감문, 논어, 2003, 학민문화사, 2권 366면
11. 논어, 2003, 학민문화사, 2권 366면

11장

1. 대학중용, 2000, 학민문화사, 대학 42면

2. 대학중용, 2000, 학민문화사, 대학 42면

3. 네이버지식백과, 세계를 바꾼 연설과 선언의 '미국 독립선언', https://terms.naver.com/entry.naver?docId=1720336&cid=47336&categoryId=47336

4. 네이버지식백과, 세계를 바꾼 연설과 선언의 '프랑스 인권선언', https://terms.naver.com/entry.naver?docId=1720337&cid=47336&categoryId=47336

5. 토머스 모어, 나종일 역, 유토피아, 2007, 서해문집, 82-102면 참조

6. 이상옥 역저, 예기, 2003, 명문당, 618면

7. 카를 마르크스&프리드리히 엥겔스, 최인호 등 역, 카를 마르크스&프리드리히 엥겔스 저작선집, 2004, 박종철출판사, 1권 214면

8. 카를 마르크스&프리드리히 엥겔스, 최인호 등 역, 카를 마르크스&프리드리히 엥겔스 저작선집, 2004, 박종철출판사, 4권 377면

9. 네이버지식백과, 서울대학교철학사상연구소 '칼 마르크스' 참조

10. 헤겔, 임석진 옮김, 법철학, 2012, 한길사, 586-90면 참조

11. 네이버지식백과, 두산백과 '역사의 종언' 참조

12. 알렉시스 드 토크빌, 임효선 등 역, 미국의 민주주의, 2005, 한길사, 118면 참조

13. 신동기, 이 정도는 알아야 할 정치의 상식, 2019, m31, 126면

14. 신동기, 이 정도는 알아야 할 정치의 상식, 2019, m31, 171-99면 참조

15. 알렉시스 드 토크빌, 임효선 등 역, 미국의 민주주의, 2005, 한길사, 287면

맺음말

1. 임마누엘 칸트, 백종현 역, 실천이성비판, 2009, 아카넷, 378면

2. 맹자, 2009, 학민문화사, 1권 444면

3. 맹자, 2009, 학민문화사, 2권 418면

4. 맹자, 2009, 학민문화사, 2권 418면

• 참고문헌

· 공동번역 성서(가톨릭용), 1992, 대한성서공회
· 권덕주 역해, 서경, 혜원출판사
· 권오석 역해, 장자(외편), 2012, 홍신문화사
· 기후위기 대응을 위한 탄소중립·녹색성장 기본법
· 김구, 도진순 주해, 백범일지, 2001, 돌베개
· 김희정 등, 비판적 사고를 위한 논리, 2021, 아카넷
· 네이버어학사전
· 네이버지식백과
· 논어, 2003, 학민문화사
· 대학중용, 2000, 학민문화사
· 데이비드 보더니스, 김민희 역, E=mc², 2002, 생각의나무
· 레닌, 문성원 등 역, 국가와 혁명, 2013, 아고라
· 르네 데카르트, 이현복 역, 방법서설, 2011, 문예출판사
· 맹자, 2009, 학민문화사
· 박일봉 편저, 장자 잡편, 2015, 육문사
· 버트런드 러셀, 최민홍 역, 서양철학사, 2002, 집문당
· 변원종, 주자학과 육왕학, 2008, 한국학술정보
· 서울신문
· 신동기, 이 정도는 알아야 할 정치의 상식, 2019, m31
· 신동기&신태영, 오늘, 행복에 한 걸음 더 다가갑니다, 2018, m31
· 아리스토텔레스, 최민홍 역, 윤리학, 2001, 민성사
· 알렉시스 드 토크빌, 임효선 등 역, 미국의 민주주의, 2005, 한길사
· 애덤 스미스, 박세일·민경국 공역, 도덕감정론, 2010, 비봉출판사
· 여정덕 편찬, 허탁 등 역주, 주자어류, 2001, 청계
· 왕양명, 김동휘 평역, 전습록, 2010, 신원
· 움베르토 에코, 이윤기 역, 장미의 이름, 2002, 열린책들
· 이상옥 역저, 예기, 2003, 명문당
· 이이, 동호문답, 2014, 아카넷
· 이한우 역, 대학집주, 2000, 이화문화출판사
· 이황 편집, 한형조 독해, 성학십도, 2018, 한국학중앙연구원출판부
· 임마누엘 칸트, 백종현 역, 순수이성비판, 2008, 아카넷
· 임마누엘 칸트, 백종현 역, 실천이성비판, 2009, 아카넷
· 임마누엘 칸트, 백종현 역, 판단력비판, 2010, 아카넷
· 장 자크 루소, 이환 역, 사회계약론, 2002, 서울대학교출판부
· 좌구명 저, 신동준 역주, 춘추좌전, 2020, 인간사랑

· 초등사회개념사전
· 최대림 역해, 근사록, 2012, 홍신문화사
· 최대림 역해, 순자, 1991, 홍익신서
· 카를 마르크스&프리드리히 엥겔스, 최인호 등 역, 카를 마르크스&프리드리히 엥겔스 저작선집, 2004, 박종철출판사
· 키케로, 성염 역, 법률론, 2013, 한길사
· 토머스 모어, 나종일 역, 유토피아, 2007, 서해문집
· 표준국어대사전
· 프랜시스 베이컨, 김홍표 역, 신기관, 2014, 지식을만드는지식
· 플라톤, 이병길 역, 국가론, 2002, 박영사
· 플라톤&아리스토텔레스, 최명관 옮김, 향연·파이돈·니코마코스 윤리학, 2001, 을유문화사
· 플루타르크, 이성규 역, 플루타르크 영웅전 전집, 2003, 현대지성사
· 한국형 녹색 분류체계 가이드라인(K-택소노미)
· 행정학 사전
· 헤겔, 임석진 옮김, 법철학, 2012, 한길사
· Aristotle, The politics, 1992, Penguin classics
· A. Smith, The Wealth of Nations, 2003, Bantam Classic
· B. Russell, The History of Western Philosophy, 1972, Simon&Schuster
· Plato, Republic, 2008, Oxford world's classics